MÉMOIRES
D'UNE IDÉALISTE

COULOMMIERS
Imprimerie Paul BRODARD.

MÉMOIRES
D'UNE IDÉALISTE

PAR

MALWIDA DE MEYSENBUG

TRADUITS DE L'ALLEMAND

Avec une Préface de GABRIEL MONOD, membre de l'Institut

TOME PREMIER

ORNÉ DE QUATRE PORTRAITS

PARIS
LIBRAIRIE FISCHBACHER
(SOCIÉTÉ ANONYME)
33, RUE DE SEINE, 33
—
1900

PRÉFACE

L'auteur des *Mémoires d'une Idéaliste* est une des figures les plus originales de la littérature allemande contemporaine. Son nom, Malwida Von Meysenbug, et plus encore ce titre d'Idéaliste, sous lequel, seul, elle a d'abord voulu être connue, quand elle fit paraître anonymement son premier volume, pourraient faire croire qu'elle est de vieille souche allemande. Il n'en est rien pourtant. Son père, M. Philippe Rivalier, descendait d'une famille de huguenots français, réfugiés en Hesse, mais germanisés par des mariages allemands. Il reçut le titre de baron de Meysenbug, de l'Électeur Guillaume I de Hesse-Cassel, dont il fut le conseiller et l'ami. Quand Malwida naquit, l'avant-dernière de dix enfants, la famille ne portait déjà plus que ce nouveau nom, mais on pourrait peut-être retrouver chez elle la marque de son origine française, dans la simplicité limpide de son style, dans l'instinct démocratique qui l'a amenée à rompre avec les traditions nobiliaires et conservatrices du milieu où elle avait été élevée, dans ses idées républicaines, dans le besoin impérieux de logique qui l'a obligée, dès que l'esprit critique s'est éveillé en elle, à s'émanciper absolument de tout lien d'église ou de dogme et à se créer une existence indépendante conforme à ses principes. Rien ne lui est plus étranger, plus antipathique que ces compromis par lesquels tant d'Allemands concilient la liberté la plus hardie de la pensée avec le respect de toutes les formes et de toutes les formules consacrées, par lesquels un Hégel reste un membre fidèle de l'Église officielle, un sujet fidèle de la monarchie, tout en révélant le néant de toutes les conceptions religieuses ou politiques qui prétendent à l'absolu. Si pénétrée qu'elle soit de poésie allemande, de critique allemande et même de mysticisme allemand, elle est à bien des égards fille du xviiie siècle et de la Révolution Française, et son idéalisme est un mélange très particulier de rationalisme français, d'esthétisme gœthéen et de bouddhisme schopenhauerien. On ne doit pas s'étonner si, en 1869, elle a publié d'abord en français le premier volume de ses Mémoires. Sans qu'elle s'en rendît peut-être bien compte elle-même, ce n'était pas dans l'Allemagne réaliste, conservatrice et militaire dominée par l'ascendant impérieux de M. de Bismarck, c'était en France qu'elle croyait trouver le public le mieux préparé à la comprendre. Elle s'était fait illusion, mais cette illusion est caractéristique pour elle et honorable pour nous.

Mlle de Meysenbug a raconté, avec une sincérité pleine de charme, dans la première partie de ses Mémoires, comment, élevée dans une famille luthérienne et conservatrice, elle se dégagea des opinions religieuses et politiques dans lesquelles elle avait été nourrie, en partie par le besoin d'indépendance et de réflexion qui était en elle, en partie par l'influence des hommes qui formaient alors le parti de la jeune Allemagne et surtout de Théodore Althaus. Un roman sentimental se mêla à ce roman d'idées; tous deux aboutirent à une cruelle déception. Althaus trahit le cœur qui l'avait pris pour guide; la réaction de 1849 dissipa tous les rêves de liberté démocratique et d'union nationale conçus en 1848 par les patriotes allemands. Mlle de Meysenbug accepta avec un égal courage le double malheur qui anéantissait toutes ses espérances d'avenir.

Il lui eût été facile, avec quelques concessions aux opinions de sa famille, de se faire une vie douce et heureuse selon le monde, en suivant les sentiers battus. Un de ses frères devait devenir ministre à Carlsruhe; un autre, passé au catholicisme, devait se faire en Autriche une carrière brillante et y arriver au poste de Ministre d'État. Pour elle, elle ne voulut réclamer aucun sacrifice, aucune aide même, d'une famille qui blâmait ses convictions et ses actes; elle résolut de ne rien devoir qu'à elle-même. Après s'être consacrée quelque temps au collège d'une communauté libre, fondée à Hambourg par un groupe de révolutionnaires, mais que la fureur réactionnaire de la Prusse ne laissa pas subsister, elle dut en 1852 émigrer en Angleterre et y vivre, non sans peine, de leçons et de travaux de traductions.

Les premières relations qu'elle y forma furent naturellement avec les réfugiés politiques de toutes nations qui s'étaient alors donné rendez-vous à Londres. Kossuth et Pulsky, Mazzini et Orsini, Herzen et Ogareff, Ledru-Rollin et Louis Blanc, Karl Schurz et Kinkel, agitateurs et proscrits de tous pays et de toute doctrine, s'étaient retrouvés là. On verra dans ses Mémoires un tableau fidèle de cette société bigarrée où s'agitaient tant d'illusions incorrigibles, tant de stériles regrets, tant de rêves généreux et féconds. La haute et fine intelligence de Mlle de Meysenbug, le charme de son caractère, de ce mélange unique de distinction aristocratique, d'intrépidité, de poésie et de candeur, lui valurent tout de suite de nombreuses amitiés, non seulement dans le monde des proscrits, mais aussi dans la société anglaise où les Stansfield, les Cobden, les Schwabe surent apprécier ses rares qualités.

C'est au foyer d'Alexandre Herzen, le grand écrivain russe, le fondateur de l'*Étoile Polaire*, puis de la *Cloche*, qu'elle contracta les plus fortes attaches. Elle se chargea de l'éducation des filles de l'illustre proscrit, et après s'être occupée de la petite Olga Herzen en Angleterre, elle l'emmena en 1862 en Italie, où elle a toujours résidé depuis lors. Là, dans un pays de lumière et de beauté, où les côtés esthétiques et gœthéens de sa nature trouvèrent leur naturel épanouissement, elle sentit se développer ses aptitudes littéraires. Mais pour elle, la littérature ne pouvait être un pur rêve d'art; elle devait être action, action humanitaire et moralisatrice. Elle avait été dès sa jeunesse froissée par la situation subordonnée, dépendante de la femme, par le néant des existences de jeunes filles, vivant dans l'attente du mariage, pour qui toute pensée personnelle, toute activité spontanée sont interdites, qui attendent toujours d'autrui la détermination, non seulement de leur destinée, mais de leur être même. Elle voulut leur enseigner à être elles-mêmes, leur droit et leur devoir de faire elles-mêmes leur vie. Elle crut ne pouvoir mieux le leur enseigner qu'en racontant sa propre histoire.

À ce premier récit, publié en français en 1869, et qui, au milieu de l'agitation des années qui précédèrent et suivirent la chute de l'Empire, ne fut connu et goûté que d'un cercle restreint de lecteurs, s'ajoutèrent bientôt des œuvres nouvelles. La fille adoptive, à qui elle avait consacré le meilleur de ses forces, se maria en 1873. La santé délicate de Mlle de Meysenbug ne lui permit pas de la suivre en France; elle resta fixée en Italie et trouva dans le travail la meilleure diversion à sa solitude et au sacrifice qu'elle avait fait en laissant partir celle qui était devenue toute sa famille. Elle devint la collaboratrice littéraire de plusieurs journaux importants, la *Gazette de Francfort*, la *Nouvelle Presse de Vienne*, le *Nouveau Journal de Zurich*, etc.

En 1884, elle publia un volume de pensées (*Stimmungsbilder*), qui est à la fois la confession des plus nobles aspirations d'un cœur de femme et un *sursum corda* adressé à celles qui n'ont pas su se faire une foi personnelle et un idéal de vie.

L'année suivante paraissait un recueil de récits et

nouvelles (*Gesammelte Erzaehlungen*), où un don délicat d'observation psychologique et pittoresque se mêle à un profond sentiment de générosité humaine, à ce souffle de moralité large et forte qui est l'inspiration constante de sa vie comme de ses écrits. Enfin, elle composa un roman, *Phaedra* (1885), où elle a agité avec l'audace d'une pensée hardie et d'un cœur sans tache les plus graves problèmes moraux. Elle en a placé l'action en France, au moment de la Guerre et de la Commune, comme si un invincible attrait la ramenait toujours vers cette terre privilégiée et malheureuse à la fois, vouée depuis un siècle à la révolution perpétuelle, où toutes les controverses politiques et sociales prennent une forme dramatique et tragique.

Ce n'est pas toutefois à ses œuvres d'imagination que Mlle de Meysenbug a dû sa réputation littéraire et son influence morale. Malgré l'insuccès relatif de son premier volume, elle sentait toujours que ce qu'elle pouvait donner de meilleur et de plus utile aux autres, c'était elle, son propre cœur, l'exemple et les souvenirs de sa propre vie, le riche trésor de ses expériences, de ses observations et de ses pensées. Dès le lendemain de la guerre de 1870, elle avait entrepris de traduire en allemand et de continuer ses

Mémoires. De grands événements avaient bouleversé l'Europe et elle avait vu se fonder par le fer et le sang, par les victoires de la puissance despotique et militaire de la Prusse qu'elle avait tant détestée, cette unité allemande dont elle avait salué l'aurore en 1848, au Parlement démocratique de Francfort. Son patriotisme allemand avait accueilli avec allégresse la réalisation de son rêve de jeunesse, mais, fidèle à son idéalisme, elle avait fait entendre à ceux mêmes qui dirigeaient les destinées de la nouvelle Allemagne, une noble protestation contre la conquête qui arrachait deux provinces à la France, contrairement aux vœux de leurs habitants. Elle sentait qu'il était plus nécessaire que jamais de rappeler à ses concitoyens, enivrés par les triomphes de la force, par les succès du réalisme bismarckien, par le merveilleux développement industriel et commercial qui suivit la création de l'Empire, les traditions idéalistes qui avaient rendu l'Allemagne si grande au temps même de son humiliation politique, et qui, malgré tout, sont les forces durables qui conduisent le monde. En 1876, paraissait, en trois volumes, une édition allemande des *Mémoires* contenant l'histoire de sa jeunesse, et le récit de tout son séjour en Angleterre jusqu'à son départ pour l'Italie en 1862, avec la fille de Herzen.

XIII

Les *Mémoires d'une Idéaliste* trouvèrent en Allemagne un très chaleureux accueil. Ils répondaient aux aspirations d'une foule d'âmes qui n'avaient pas oublié les généreuses espérances de 1848 ou qui se sentaient incomplètement satisfaites par la puissance matérielle et la prospérité du nouvel Empire. De tous côtés lui arrivèrent des témoignages enthousiastes d'admiration; on la remerciait des consolations et de la force qu'elle avait apportées à une foule d'âmes inquiètes ou désolées; on lui écrivait pour lui demander des conseils, des directions de vie et de pensée; on vint en foule, comme en pèlerinage, au modeste appartement qu'elle occupe à Rome, non loin du Colisée. Il se forma spontanément, par la seule puissance de sa parole, toute une petite communauté libre de disciples et d'admiratrices dont beaucoup ne l'ont jamais vue et pour qui Mlle de Meysenbug joue de loin ce rôle de guide spirituel qu'elle avait déjà eu jadis au collège de Hambourg. Les années, tout en diminuant ses forces physiques, ont glissé sur elle sans rien enlever à la fraîcheur de sa mémoire et de son imagination, à la netteté de sa pensée, à sa capacité d'aimer et de jouir. Elles n'ont fait que pacifier et harmoniser à la fois son âme et ses traits, lui enseigner l'indulgence pour les erreurs humaines, sans rien enlever à la vigueur de ses indignations contre le mal, donner à son regard et à sa pensée une sérénité puisée dans sa croyance au progrès humain et à la réalité de l'idéal. L'idéalisme de sa jeunesse avait une allure de négation et de combat; il était une protestation contre les superstitions matérialistes, les dogmes arbitraires et les étroitesses des religions positives. Son idéalisme d'aujourd'hui est devenu une conception religieuse de l'Univers, où son âme trouve toutes les espérances et les certitudes de la foi.

On trouvera l'expression de cette foi dans le livre qu'elle a écrit, à quatre-vingts ans, au sortir d'une grave maladie qui faillit l'emporter au printemps de 1897 : *Le soir de la vie d'une Idéaliste (Der Lebensabend einer Idealistin)*. Elle y a mêlé une sorte de testament spirituel, les enseignements pleins d'un noble optimisme qui ont été pour elle le fruit d'une longue vie de vertueux labeur, à d'attachants récits de ses séjours dans diverses régions de l'Italie, à Ischia et à Sorrente, sur la côte de l'Adriatique ou dans les Alpes dolomitiques, et aux souvenirs des relations qui ont embelli son existence dans ces trente dernières années, avec Wagner, Liszt, Nietzsche, Minghetti et d'autres personnalités éminentes. L'amitié de Wagner a joué un grand rôle dans la vie de Malwida de

Meysenbug. C'est en partie par Wagner qu'elle a été amenée à étudier la philosophie de Schopenhauer qui devait avoir une si forte prise sur sa pensée; elle trouva dans l'œuvre de Wagner la réalisation de son idéal d'art : une grande conception philosophique manifestée par l'action humaine dans le drame, élevé à une hauteur métaphysique par la musique, qui ajoute à l'expression définie des sentiments et des idées la révélation des mystères de l'infini et de l'inexprimable. Bayreuth devint comme la patrie de son esprit et elle s'y serait fixée si sa santé le lui avait permis. Du moins elle resta pour les hôtes de Wahnfried comme une sœur et une mère.

Elle écrivait son livre l'année même où l'enfant d'adoption, qui l'avait quittée pour vivre en France, dans le pays d'origine de la famille Rivalier, célébrait le vingt-cinquième anniversaire de son mariage. La « petite Olga », devenue Mme Gabriel Monod, put venir, avec son mari et ses enfants, célébrer à Rome ses noces d'argent et y recevoir ce volume de pensées et de souvenirs comme le plus précieux de ses présents de noces.

Depuis lors, Mlle de Meysenbug ne s'est pas reposée. Elle a écrit un article pour le *Gœthe's Jahrbuch* de l'an prochain; ce travail achevé, elle en a entrepris un autre sur l'affaire Dreyfus, qui a naturellement ému en elle toutes ses puissances d'indignation et de compassion.

Malgré les années (elle a aujourd'hui quatre-vingt-trois ans), Malwida de Meysenbug reste fidèle à toutes les aspirations de sa jeunesse. Les beautés de la nature et de l'art la trouvent aussi enthousiaste que lorsqu'à vingt ans elle découvrait le Midi et rêvait d'Italie et de Grèce. Elle salue avec joie le progrès des idées qui étaient ébauchées en 1850 dans la communauté libre de Hambourg : émancipation des femmes, ascension de la classe ouvrière à une pleine conscience de ses droits et de sa force, union de la bourgeoisie cultivée et du peuple. Elle se sent ferme et heureuse dans sa foi religieuse et philosophique, où la morale active du Christianisme se mêle à la sérénité contemplative de l'Inde. Elle a appris de Gœthe que la vraie liberté se trouve, non dans la révolte et le désordre, mais dans les règles librement choisies ou librement acceptées, que la vie est un art, et qu'il y a toujours accord entre le bien et le beau. Elle a dépouillé la doctrine de Schopenhauer de son cynisme pessimiste et humoristique pour n'en garder que le noble idéalisme : compassion pour toutes les misères humaines; détachement contemplatif de toutes les réalités inférieures et de toutes les passions éphémères. Sa vie commencée dans le trouble et les épreuves, a pris, avec les années, par les efforts d'une volonté et d'une pensée toujours maîtresses d'elles-mêmes et tournées vers l'idéal, une harmonie sereine. Sa personne et ses livres auront été une prédication d'énergie, de noblesse, de pureté et de beauté.

GABRIEL MONOD.

L'édition française des *Mémoires d'une Idéaliste*, que nous publions aujourd'hui, se compose du texte légèrement retouché du volume publié en 1869 et de la traduction des deux autres volumes, due à la plume élégante et fidèle de Mlle Adèle Fanta, la directrice de l'enseignement de l'allemand à l'École Normale de Sèvres et à la Maison de la Légion d'Honneur de Saint-Denis.

Les deux portraits qui accompagnent cette traduction sont la reproduction, le premier d'une photographie de 1873, le second d'un admirable pastel de Lenbach, exécuté il y a peu d'années.

G. M.

AVANT-PROPOS DE L'AUTEUR

J'étais assise un jour au bord d'une des blanches falaises qui sont comme la forteresse naturelle de la fière Albion. Les vagues de l'Océan se brisaient à mes pieds, contre le roc de cette terre de la liberté, qui avait été pour moi, comme pour beaucoup d'autres, la terre de l'exil. Je pensais à ma patrie de là-bas, au delà des mers, à la lutte douloureuse que j'avais soutenue pour me faire une vie conforme à mes convictions. Je songeais aussi à l'heure où l'émancipation des femmes, désormais conquise, leur assurerait, avec le droit incontesté de développer leurs facultés par l'étude, l'égalité devant la loi, et les délivrerait du joug de l'ignorance, de la superstition, de la frivolité et de la mode.

L'idée me vint alors d'écrire mes souvenirs, de retracer la modeste esquisse d'une de ces vies de pionnier obscur, qui, à l'heure où quelque idée nouvelle demande à se frayer sa voie, cherche son chemin dans la nuit, et qu'on traite, sinon de fou ou de criminel, tout au moins d'idéaliste. Je résolus de dédier ces mémoires à celles de mes sœurs destinées au bonheur de se développer un jour librement. Peut-être quelques-unes qui hésitent et qui doutent encore y trouveront-elles un encouragement à la lutte, peut-être d'autres sentiront-elles mieux le prix de leur bonheur.

Ce jour me semble proche. L'idée de l'émancipation des femmes s'éveille de toutes parts avec une force que rien ne saurait dorénavant étouffer. Cette noble cause a trouvé de généreux défenseurs parmi les hommes; des femmes distinguées travaillent à son triomphe. C'est à celles-ci que je dédie ces pages comme un témoignage de ma profonde sympathie.

Arrivée au terme de ma carrière, je contemple déjà ces événements de ma vie passée comme du haut d'une autre planète; mais j'aimerais en faire servir le souvenir à une œuvre qui m'est chère. Mon nom importe peu; tout ce que je souhaite, c'est d'emporter dans ma tombe l'espérance d'une ère nouvelle, où la femme, consciente et libre, cessant d'être une idole, une poupée ou une esclave, travaillera de concert avec l'homme au perfectionnement de la famille, de la société, de l'État, au progrès des sciences et des arts, et contribuera à réaliser l'idéal dans l'humanité.

MÉMOIRES
D'UNE IDÉALISTE

CHAPITRE Ier

Premiers souvenirs.

Il serait bien difficile de trouver, au milieu d'une grande ville, une maison mieux située que celle où je naquis et où je passai les premières années de ma vie. Elle faisait partie d'une rangée de bâtiments bordant une rue à laquelle on avait donné avec raison le nom de *Bellevue*; du côté opposé il n'y avait pas de maisons, et l'on jouissait d'une vue étendue sur de magnifiques jardins, qui descendaient en terrasses vers une plaine fertile, au milieu de laquelle serpente un des plus grands fleuves de l'Allemagne.

J'étais l'avant-dernière de dix enfants. Mes parents étaient encore très jeunes lorsque je vins au monde. Ils vivaient dans cet heureux milieu entre le superflu et le nécessaire qui donne le plus de chances de bonheur domestique. J'ai conservé de ces premiers temps de mon enfance une impression d'une sérénité parfaite. Trois souvenirs, plus distincts que les autres, se détachent de ce fond vague et pourtant lumineux.

Le premier est le souvenir du salon de ma mère; une tapisserie des Gobelins représentait des paysages aux palmiers et aux roseaux énormes, aux bâtiments d'une architecture étrange. Mon imagination enfantine se plaisait dans ce monde de formes fantastiques, surtout après qu'un ami de mes parents m'eut désigné l'une des maisons comme la demeure d'un illustre naturaliste allemand nommé Blumenbach, que ses amis représentaient comme un magicien, aux ordres duquel toute cette nature merveilleuse obéissait. Près de la maison une grande cigogne, debout sur ses jambes raides, penchait sa tête au long bec sur la poitrine, comme si elle était plongée dans de profondes méditations en attendant les ordres de son maître.

Le second de ces souvenirs se rapporte à un soir où ma bonne me raconta la mort d'une petite sœur qui n'avait vécu que quelques mois. A l'insu de ma mère, ma bonne me fit voir, à travers une porte vitrée, une boîte noire placée au milieu de la chambre voisine; dans cette boîte gisait ma petite sœur endormie, blanche comme de la neige et couverte de fleurs.

Le troisième souvenir, enfin, se rattache au vieux souverain de la principauté de Hesse, ma patrie. Sa voiture passait chaque jour devant notre maison; deux valets en livrée couraient à côté des chevaux.

Dans la voiture était assis un vieillard en uniforme à la Frédéric le Grand, avec un tricorne. Il avait les cheveux blancs en cadenette et une horrible tumeur lui couvrait la joue. C'est de ce mal qu'il mourut. Je ne vis pas ses funérailles, mais je m'en fis souvent répéter la description par une vieille servante. On ne le déposa pas au caveau de la grande église où reposent ses ancêtres; selon son vœu, on transporta son corps dans la chapelle d'un château de plaisance qu'il avait fait bâtir et qui était sa retraite favorite. La cérémonie funèbre se fit la nuit, à la lueur des torches; ainsi le voulait la coutume. Un chevalier couvert d'une armure noire, monté sur un cheval de même couleur, devait suivre le char mortuaire. Ce chevalier était toujours choisi parmi la haute aristocratie; mais, d'après une superstition traditionnelle, le personnage à qui échéait cet honneur était fatalement destiné à mourir après la cérémonie. Cette fois encore la foi populaire ne fut pas trompée. L'acteur du drame nocturne, jeune seigneur plein de force et de vie, fut emporté par une fièvre trois semaines après l'enterrement. Cette fièvre était-elle simplement la suite du froid contracté sous la cuirasse d'acier, pendant la longue marche nocturne? Le peuple ne songeait guère à cette possibilité, et mon imagination enfantine avait accepté la superstition commune. Aussi chaque fois que je visitais le château de plaisance du défunt prince et que je revoyais, dans la salle d'armes, l'équipement et l'armure qu'avait mis l'infortuné chevalier, j'étais saisie, malgré moi, d'un sentiment de frayeur.

CHAPITRE II

Changements publics et privés.

La mort du vieux souverain causa de grands changements dans ma famille; elle marqua en outre, pour ainsi dire, la fin de toute une époque dans l'histoire de ma petite patrie. La maison régnante à laquelle appartenait ce prince était très ancienne et comptait parmi ses ancêtres des personnages illustres par leur bravoure et l'intégrité de leur caractère. Mais les derniers descendants avaient dégénéré. Ils avaient augmenté leur fortune privée d'une manière honteuse, en vendant leurs sujets à des puissances étrangères, que celles-ci employaient dans des guerres lointaines. Des maîtresses gouvernaient depuis longtemps le pays. Le dernier règne avait été soumis à d'étranges vicissitudes. Le caractère du vieux prince ne manquait pas d'une certaine dignité. A l'approche du tout-puissant conquérant de notre siècle, il quitta de son plein gré sa principauté, sachant bien qu'il était trop faible pour la défendre et désirant épargner le sang de ses sujets. Il préféra l'exil à la basse soumission de plusieurs autres princes allemands. Cassel, la capitale de son petit pays, devint celle d'un royaume dont le distributeur de trônes fit cadeau à l'un de ses frères. L'élégance, la frivolité, la facilité des mœurs françaises s'établirent dans les demeures abandonnées par les gens à cadenette, et le jeune roi monta un petit Paris sur le sol allemand.

Ne pouvant pas emmener sa famille dans l'exil, mon père n'avait pas quitté le pays. Il entra au service du nouvel État. Ma mère étant toute jeune et fort belle, il était tout naturel que l'un et l'autre prissent part à la vie animée de la nouvelle cour. Combien de fois n'ai-je pas tourmenté ma mère pour qu'elle me racontât l'histoire de ce temps, bien antérieur à ma naissance. Comme je l'écoutais avidement lorsqu'elle me parlait de ces femmes charmantes, venues de France avec leur famille pour orner, par leur grâce, la cour du galant roi, et lorsqu'elle me décrivait les fêtes splendides dont il avait été l'âme! Avec quelle curiosité je fouillais la garde-robe de ma mère, où se trouvaient encore grand nombre de reliques de ces temps! Qu'ils me paraissaient beaux ces vêtements de bergère, ces costumes turcs, ces draperies à l'antique! — Une foule de pensées s'éveillaient en moi quand je songeai à la fin prématurée de cette magnificence. La splendeur de ce temps s'était évanouie comme un songe. Les Russes avaient paru aux portes de la ville, leurs boulets de canon avaient ricoché dans les rues. Mes parents, après avoir emballé les objets les plus précieux, avaient quitté leur maison, qui était trop exposée. La vieille tante qui vivait avec nous avait caché une quantité d'objets dans des tonneaux de farine au grenier. Un boulet vint frapper le mur de la maison et y resta.

En écoutant ces récits, je regrettais de tout mon cœur de n'avoir pas été présente pour partager le danger couru par mes parents; j'aurais aimé voir si les cosaques auraient trouvé les choses cachées dans la farine dans le cas où la ville eût été saccagée.

Mais la ville fut sauvée de la ruine ainsi que mes parents. Le vieux souverain revint dans ses États. Les queues de salsifis et les bâtons de caporal revinrent à la place que les grâces françaises venaient de quitter. Le pays fut derechef gouverné par une maîtresse, infirmière peu aimable d'un vieillard valétudinaire. Des favoris, enrichis dans l'exil qu'ils avaient partagé avec leur souverain, reçurent les premières places de l'État. Le peuple, connu parmi les populations allemandes pour son attachement à la dynastie régnante, avait d'abord revu son prince légitime avec des transports de joie; mais peu de temps après il devint évident que le lien entre le passé et le présent était rompu. Les souverains et les peuples avaient compris d'une manière bien différente le soulèvement national et les guerres de l'indépendance. Les rêves enthousiastes s'évanouirent, et au lieu de l'aurore de liberté que la jeunesse allemande s'attendait à voir apparaître, un nouveau jour se leva, sombre et orageux. Les gens du vieux régime considéraient l'entr'acte de la grande comédie monarchique comme terminé et revenaient s'asseoir commodément sur leurs vieux trônes. Le sang des peuples avait coulé en vain. L'histoire s'était de nouveau arrêtée. La mort seule ne s'arrêta point : elle vint chercher le vieillard à cadenette, et à partir de ce moment les cheveux au moins furent délivrés, dans tout le pays, du joug du passé. Extérieurement, beaucoup de choses changèrent sous le nouveau régime. Mon père qui, dans son enfance, avait partagé les jeux du prince héréditaire, fut appelé à l'une des charges importantes du gouvernement et fut admis dans l'intimité du souverain. Nous quittâmes la maison dont j'ai parlé au commencement de ces pages et nous prîmes possession d'une demeure plus grande et plus belle près du palais.

CHAPITRE III

Notre vie de famille.

Je suppose que le sentiment de la vénération était inné chez moi, car on ne m'avait jamais contraint à observer un culte quelconque, et j'en avais pourtant un véritable pour mes parents et pour ma sœur aînée, déjà adulte lorsque je n'étais encore qu'une petite fille. Elle apparaît à mon souvenir comme une des madones des vieux peintres allemands, qui sont des types de la beauté féminine par excellence, de cette beauté qui consiste plutôt dans l'expression d'une pureté, d'une douceur suprêmes que dans la régularité des traits. Ma vénération pour ma sœur allait si loin que ma mère en devint un peu jalouse. Ce fut le premier conflit de ma vie; il cessa au mariage de ma sœur, qui suivit son mari dans une autre ville. Cette première séparation me fit verser bien des larmes.

Mon amour pour ma mère se réveilla de nouveau

dans toute sa plénitude. Je me rappelle l'enthousiasme avec lequel je la regardais lorsque, toujours belle, elle se parait pour une fête, surtout pour les bals de la cour. Lorsqu'elle y allait, je me plaçais à la fenêtre, dans une chambre obscure, plongeant mes regards dans les salons du palais, qui étincelaient de lumière. J'attendais qu'elle fît son entrée au salon, et, peu après, j'épiais le moment où elle écartait les rideaux à mon intention. Je pouvais voir alors les dames en grande toilette et les messieurs en uniforme, rangés des deux côtés du salon. Je voyais le prince, suivi de sa famille, entrer et défiler devant ces personnages, leur adressant quelques mots probablement fort insignifiants; cependant on semblait y ajouter une grande importance, puisque l'on considérait comme le comble de l'humiliation quand il avait passé outre sans avoir dit une seule parole. Combien je me sentais fière lorsque je le voyais s'entretenir plus longtemps avec ma mère qu'avec les autres! Je ne doutais pas que ce ne fût une grande marque de distinction. Un prince n'était-il pas un être supérieur aux autres? Pourquoi, autrement, serait-il prince? J'avais entendu, dans le récit des contes des *Mille et une Nuits*, tant de choses du caractère magnanime et généreux de Haroun al-Raschid; j'avais conçu une si haute idée du chevaleresque Frédéric Barberousse, — qui, selon les légendes qu'on me répétait, attend dans l'intérieur du mont Kyffhäuser le moment opportun pour rétablir la splendeur de l'empire allemand, — que je ne pouvais douter de la supériorité des princes.

Mon père, surchargé d'affaires, n'avait pas beaucoup de temps à donner à ses enfants; mais lorsque cela lui arrivait, c'était une véritable fête, car on n'aurait su trouver une nature plus honnête, plus aimable et plus tendre.

C'était notre mère qui s'occupait de développer nos goûts artistiques. La tendance de son esprit était celle du milieu intellectuel de l'époque, qui comptait dans ses rangs les frères Humboldt, la célèbre Rahel, Schleiermacher et tant d'autres personnages remarquables. La tendance de ce milieu était libérale, patriotique et philosophique, avec un singulier mélange de mysticisme appartenant à l'école romantique, qui était alors à son apogée en Allemagne. Jointe à la nature indépendante de ma mère, cette tendance l'amenait très souvent à se révolter contre les obligations de société que lui imposait la position de mon père. Cela se voyait dans le choix des personnes dont elle composait son cercle intime. Au lieu de les chercher exclusivement dans l'aristocratie, elle les prenait dans tous les rangs de la société, s'attachant de préférence aux qualités de l'esprit et du caractère. Elle admettait même volontiers, et sur un pied d'égalité, les artistes du théâtre qui se recommandaient par leur talent et leur conduite. C'était une grande témérité dans ce temps-là, car on regardait encore tous ceux qui appartenaient au théâtre comme formant une classe à part, semblable aux parias, bons tout au plus à distraire les ennuis des autres mortels, mais nullement autorisés à se croire leurs égaux. Aussi blâmait-on beaucoup ma mère, et mon père lui-même n'approuvait-il pas entièrement sa manière de voir. Il assistait rarement aux petites réunions qu'elle donnait. Mes frères et sœurs adultes, au contraire, cultivant eux-mêmes les arts, s'y plaisaient beaucoup. Mon enfance se passa dans ce lieu intellectuel et artistique. Dans notre vie de famille, les enfants n'étaient pas exclus de la société des grandes personnes, comme c'est le cas, par exemple, en Angleterre. Ma mère était d'avis que le contact des gens distingués ne peut exercer qu'une influence salutaire sur le développement intellectuel des enfants, et former insensiblement leur jugement et leur goût. Je crois qu'elle avait parfaitement raison et que ces rapports devraient constituer un des éléments les plus importants de l'éducation. Les Grecs le savaient bien, et les lycées où leurs philosophes et leurs sages s'entretenaient avec les enfants, contribuèrent sans doute à en faire un peuple qui, jusqu'à présent, n'a pas eu d'égaux.

Nous ne reçûmes pas ce que l'on appelle une éducation religieuse. Je ne me rappelle pas qui fut le premier à me parler de Dieu et à m'enseigner une prière. Jamais nous ne fûmes obligés de faire exhibition de notre piété en présence des serviteurs ou d'autres personnes, comme cela se fait en Angleterre. Pour ma part, je suivais naturellement, sans le connaître alors, le commandement de Christ, qui dit que pour prier on doit être seul. Chaque soir, au lit, n'ayant pour confident que mon oreiller, je répétais ma petite prière avec la ferveur de la vraie foi. Personne n'en savait rien. Ma prière ne contenait que ce peu de mots : « Mon Dieu, je suis petite, fais que mon cœur soit pur, afin que personne ne l'habite que le bon Dieu seul. »

Pourtant je ne pouvais empêcher que ce cœur n'eût encore d'autres habitants fort chéris. J'inventai donc une seconde prière que j'ajoutais chaque soir à la première, et dans laquelle je demandais la bénédiction de Dieu pour ma famille, pour mon maître, pour sa femme, pour ma marraine et enfin pour tous les hommes de bien. Lorsque j'avais accompli ce devoir que je m'étais imposé moi-même, ma conscience était satisfaite et je m'endormais du sommeil du juste.

Un matin je fus réveillée, longtemps avant le jour, par un bruit inaccoutumé dans la chambre à coucher de ma mère, où ma sœur cadette et moi dormions avec elle. C'était l'hiver, le feu était allumé. J'entendais ma mère pleurer et la vieille tante, debout près de son lit, lui dire : « Console-toi, ton enfant est maintenant avec Dieu. » — Je compris qu'on parlait de mon tout petit frère, le dixième enfant, âgé seulement de quelques mois. Il avait été malade les jours précédents. Je pleurai dans mon lit sans dire que j'étais réveillée et que j'avais entendu les mots qui me parurent contenir un solennel mystère, au-dessus de la portée de mon intelligence. Lorsque l'heure de se lever fut arrivée, on me dit que mon petit frère était mort. J'aurais bien voulu en savoir davantage sur ce mystère de la mort, de la réunion avec Dieu, mais je n'osais interroger personne, dans la crainte d'affliger davantage.

L'après-midi, une petite fille de nos amies vint nous voir. On la mena dans la chambre où mon petit frère était mort, mais on ne laissa entrer ni ma sœur ni moi. Cela me blessa profondément. On me croyait donc trop faible pour supporter ce malheur, ou incapable de le comprendre! Je n'en ai jamais soufflé mot, mais l'aiguillon avait pénétré si avant dans mon cœur que, même maintenant, après tant de déceptions plus grandes, j'en sens encore la blessure.

CHAPITRE IV

Le premier voyage.

A l'époque dont je parle, j'avais de cinq à six ans. Je commençais à réfléchir beaucoup. Un jour je demandai à un de mes frères aînés comment il se faisait que notre ville fût la capitale de la Hesse et en même temps une ville d'Allemagne. Mon frère tâcha de m'expliquer aussi bien que possible que l'Allemagne se composait de beaucoup de pays, que chacun de ces pays avait sa capitale et son souverain. Mais il avait beau raisonner, je ne pouvais m'empêcher de trouver très bizarre qu'on appelât une masse de pays différents d'un même nom les embrassant tous. Une autre question m'occupait fortement, celle de savoir ce que c'était que « la distance ». Jusqu'alors, lorsque je m'étais éloignée de ma ville natale, j'y étais revenue quelques heures après. Me figurer qu'on pouvait aller assez loin pour ne pouvoir plus revenir le jour même, me représenter d'autres pays et d'autres hommes, étrangers à tout ce qui avait rapport à nous — cela me semblait très difficile.

J'étais donc décidée à apprendre ce qu'on entendait par « distance ». Un jour d'été — ma mère et mes sœurs aînées étant aux eaux — je pris un peu de linge dans ma commode, j'en fis un paquet noué dans un mouchoir et je descendis l'escalier, résolue à me rendre à la poste et à me mettre dans la diligence pour aller rejoindre ma mère. Je ne doutais pas qu'on me donnerait une place lorsque je dirais qu'il me fallait savoir ce que c'était que la « distance ».

Ma bonne s'étant aperçue à temps de mon départ, s'élança, tout effrayée, à ma poursuite. Elle me rejoignit dans la rue et m'empêcha ainsi de faire ce voyage de découverte.

Mais l'été suivant je pus enfin satisfaire ma curiosité. Mes sœurs et moi fîmes un voyage d'agrément avec nos parents. Nous nous rendîmes en premier lieu à la campagne d'une tante, à Aschaffenbourg, dans le midi de l'Allemagne, et là je connus pour la première fois la vie champêtre. La grande maison, une ancienne abbaye, avec des corridors sans fin; l'immense jardin et une abondance de fleurs et de fruits; les champs, le bétail, la liberté illimitée de courir et de jouir de tout — cela me semblait le paradis même. Mais ce qui m'attirait particulièrement, c'est l'ancienne église, appartenant autrefois à l'abbaye, et dans laquelle je vis, pour la première fois, les cérémonies du culte catholique. Un souvenir très vif se rattache à cette église. Il y avait un chapelain qui fréquentait beaucoup la maison de ma tante. C'était un jeune homme fort intéressant, très doué, gai et aimable dans notre cercle, loin des regards de ses supérieurs, mais à peine reconnaissable lorsque, pâle et triste, il officiait à l'église sous ses habits de prêtre.

Il se promenait souvent seul au jardin avec ma mère, et je les voyais alors engagés dans des conversations très sérieuses dont je ne connaissais pas le sujet. Un jour nous allâmes avec lui visiter un château royal dans le voisinage. Je tenais la main de ma mère et il marchait à côté d'elle. Lorsque nous entrâmes dans la chapelle du château, il devint très pâle. Il se pencha vers ma mère, et lui montrant l'autel et le crucifix, il lui dit d'une voix étouffée : « C'était devant cet autel, — devant cette image! » Ma mère le regarda avec une grande pitié et dit : « Pauvre homme! » — Beaucoup plus tard, seulement, j'eus la clé de cette scène, lorsque ma mère me raconta l'histoire de ce prêtre. Très jeune encore il avait été persuadé par son père d'embrasser la vie sacerdotale, et dans la chapelle dont je viens de parler il avait prononcé le vœu de rompre à jamais avec tous les penchants d'une nature poétique et passionnée. Plus tard il avait compris l'étendue de son erreur et de son malheur, et ne pouvant rompre avec ses vœux, il traînait une vie de lutte et de misère morale impossible à décrire. Ma mère avait raison de dire : Pauvre homme!

Après notre retour à la maison je me mis à étudier sérieusement. Ma sœur cadette et moi nous prenions des leçons particulières qui me parurent avoir bien des avantages sur l'enseignement public; d'abord, le maître se consacrait exclusivement à nous et il me semblait que nous savions tout plus à fond que nos amies qui allaient à l'école; puis, nous n'avions pas de leçons l'après-midi, leçons qui me paraissaient très pénibles et me le paraissent encore. Il est impossible de croire qu'après le déjeuner, aux premières heures de la digestion, il soit sain de retourner sur les bancs de l'école, dans des chambres qui ont été pleines de monde toute la matinée, et de fixer son attention sur des sujets plus ou moins abstraits. Je trouvais que nous étions très heureuses de pouvoir jouir, l'après-midi, du jardin situé près de notre maison, de pouvoir y cultiver des fleurs et des légumes, et d'y jouer aux *Robinsonnades* et aux voyages de découvertes. Et pourtant la part faite à la nature, relativement à celle consacrée à l'étude, aurait dû être plus grande encore, même chez nous. Ainsi j'aurais été préservée d'un danger qui me venait de mon amour même pour l'étude. Je ne pouvais voir un livre sans m'en emparer. Mon jour de fête, s'il ne m'en apportait pas, me paraissait incomplet; et lorsque j'en avais reçu, je consacrais toute la journée à lire et j'oubliais le monde réel pour celui de la fiction. Ma passion pour la lecture m'entraînait même à lire en cachette des livres de la bibliothèque de ma mère. Heureusement, je n'en rencontrais point qui eussent pu me nuire, mais le fait pesait horriblement sur ma conscience et je résolus de lutter sérieusement contre la tentation. Pourtant la passion l'emporta bien longtemps dans la lutte. Enfin je triomphai. Ce fut ma première rencontre avec le serpent de la tentation, ma première action de fille d'Ève; mais ce fut aussi ma première victoire sérieuse. J'ai anticipé un peu sur le temps de ces luttes, pour montrer que, si l'équilibre entre l'étude et la nature eût été plus grand dans mon enfance, cette lutte morale prématurée m'eût certainement été épargnée. J'aimais les bois, les champs, les fleurs autant que les livres, et si l'on m'eût fait comprendre la nature par l'étude, j'y aurais puisé autant de joie que dans le monde des fictions.

Mais on était encore loin d'admettre les sciences naturelles comme indispensables à l'instruction des enfants en général et des jeunes filles en particulier.

CHAPITRE V

Rêves et réalités.

Un événement mystérieux qui, à cette époque, agitait ma ville natale, s'empara vivement de mon imagination, quoiqu'il ne me fût rapporté qu'à mots couverts et avec des commentaires qui ne m'étaient pas intelligibles. Il s'agissait du départ soudain du jeune prince héréditaire; celui-ci avait secrètement quitté le pays, au moment où il venait de perdre son valet de chambre favori, mort subitement et d'une manière inexplicable. On se disait à l'oreille que cette mort n'était pas naturelle et que le valet avait succombé au lieu du maître. La femme du prince régnant suivit son fils dans l'exil, tandis qu'une belle dame, avec des enfants non moins beaux, vint s'établir dans une maison vis-à-vis de la nôtre et voisine du palais. J'appris par nos bonnes que ces beaux enfants étaient ceux du prince et que leur mère était sa femme. Je ne comprenais pas du tout comment un homme pouvait avoir deux femmes et deux familles à la fois, mais je pris une part chaleureuse au malheur du prince exilé et de sa mère, dont tout le monde estimait la vertu et l'intelligence. Ma mère, autant que je pus en juger, était du même avis, car elle ne s'inclinait jamais plus qu'il n'était strictement nécessaire devant la belle dame, autour de qui se pressaient tous ceux qui aspiraient à l'avancement et aux faveurs. Mon père, dans sa conduite, partait d'un autre point de vue : sa seule ambition était le bien du pays, et pour le servir il mettait en action, auprès du souverain, les influences les plus efficaces. Le prince avait bon cœur, peu d'instruction, beaucoup de légèreté et des emportements qui frisaient la folie. Sa femme légitime, fille d'une grande maison royale, vertueuse, savante et artiste, mais fière et froide, ne lui avait jamais donné le bonheur domestique, leurs caractères étant trop opposés. Le prince alors s'attacha passionnément à cette autre femme, qui était très belle, mais ignorante et vulgaire, et qui avait pris sur lui un empire presque absolu. Ma mère ne put jamais vaincre sa répugnance pour cette femme, et comme mon père lui demandait un peu plus de condescendance pour elle, ce sujet devint quelquefois la cause de contestations entre mes parents. Le hasard me rendit une fois témoin d'une de ces contestations, et la découverte d'un désaccord entre mes parents, que j'adorais également, me fit verser d'abondantes larmes. Toutes ces réalités, que j'entrevoyais et ne comprenais qu'à demi, me troublaient et me rendaient perplexe. Je me réfugiais avec un double bonheur dans le pays des rêves et de la fiction. Ma plus grande passion était un petit théâtre qu'on nous avait donné, et sur lequel nous représentions des drames et des opéras à l'aide de poupées dont nous disions et chantions les rôles. Je travaillais des semaines entières pour les mettre en scène avec le plus d'éclat possible, et j'avais pris la chose tellement à cœur qu'un soir je fis tomber la toile, en pleurant d'indignation, à la suite d'une plaisanterie frivole que mon frère, qui jouait avec nous, s'était permise au milieu d'une scène tragique. Cette passion s'accrut encore lorsque nous commençâmes à donner des représentations nous-mêmes. On me disait que je jouais bien et je me sentais complètement dans ma voie. Je ne rêvais rien de plus beau que de devenir une grande artiste.

J'ai remarqué plus tard, chez la plupart des enfants intelligents, cette passion pour le théâtre, et je crois qu'on devrait faire plus de cas de cet élément dans l'éducation, au lieu de le négliger, comme on fait ordinairement. Je crois même qu'on y pourrait trouver des indices pour les caractères. Il y a des enfants qui préfèrent la simple mascarade, les farces, le burlesque; il y en a d'autres pour qui l'expression des sentiments exaltés, de l'héroïsme, semble un besoin. Peut-être pourrait-on encore se servir de cet élément de culture pour l'enseignement de l'histoire, et, certes, un garçon qui aurait joué Guillaume Tell ou Spartacus, une jeune fille qui aurait représenté Cornélia ou Jeanne d'Arc, comprendraient mieux ces grandes figures que par l'étude livresque. Les auteurs et les éducateurs y gagneraient.

Outre le théâtre, les héros et les grands caractères de l'histoire ancienne excitaient mes sympathies les plus chaleureuses. Je lisais avec passion une histoire universelle populaire illustrée, qui faisait partie de la bibliothèque de ma mère. Certains personnages et certaines scènes sont restés, depuis, à tout jamais gravés dans ma mémoire. En lisant le récit de l'héroïsme de Léonidas et de ses trois cents Spartiates, en voyant la gravure où Epaminondas tire la lance de sa blessure et dit à ses amis, désolés de ce qu'il ne laissât pas d'enfants qui lui ressemblent : « Je vous laisse deux filles immortelles, les batailles de Leuctre et de Mantinée »; en me figurant Socrate, allant au-devant de la mort en instruisant ses disciples des plus hautes vérités philosophiques, je versais des larmes d'enthousiasme et mon cœur brûlait pour le culte de l'idéal. Je puis dire, en vérité, que le culte des héros fut la véritable religion de mon enfance.

CHAPITRE VI

La première révolution.

Mon père avait accompagné le prince aux eaux, à une assez grande distance de la capitale, quand la nouvelle se répandit soudain que ce dernier était gravement malade. On se disait à l'oreille que la vérité était plus grave que la dépêche officielle ne le laissait supposer, et qu'il y avait danger de mort. Le pays était dans une grande agitation. La nouvelle de la révolution de Juillet était arrivée peu de temps auparavant. Une secousse électrique faisait trembler alors l'Europe. Tous les éléments de mécontentement qui fermentaient depuis longtemps dans l'esprit des nations se faisaient jour. J'entendis prononcer, pour la première fois, le mot de *révolution*.

J'étais très agitée. J'avais le pressentiment de choses d'une importance extrême. Mais comme il arrive ordinairement chez les enfants, mes sentiments avaient un caractère tout personnel : je tremblais pour mon père. Les mécontents du pays élevaient la voix et disaient hautement que le prince n'avait entrepris ce voyage que par dévouement pour sa maîtresse, à qui on avait prescrit les eaux. On accusait tous ceux qui formaient son entourage, et par conséquent mon père était du nombre. Le peuple prétendait que la cour cachait la vérité sur l'état du malade, pour empêcher le fils légitime de revenir de l'exil; enfin on murmurait de voir le pays sans gouvernement dans un moment aussi critique. Le parti libéral se ralliait au nom du jeune prince exilé et de sa mère, et demandait à grands cris leur retour.

Ma famille voyait avec anxiété les nuages qui, de jour en jour, s'accumulaient sur la tête de mon père. Je partageais ses craintes et je me rappelle très bien le moment où, poussée par une inspiration soudaine, je me tournai vers Dieu comme vers l'aide suprême. Seule, les yeux fixés au ciel, comme pour mieux pénétrer auprès du Tout-Puissant, je lui adressai ma fervente prière. Je lui promis de vaincre en moi le seul penchant mauvais dont je me sentisse coupable, s'il voulait préserver la vie du prince, de laquelle dépendaient, comme je me l'imaginais, l'heureux retour et le repos de mon père.

Qu'on rie, si l'on veut, de ce pacte enfantin, mais c'était bien la foi qui transporte les montagnes, qui demande et se sent exaucée. En effet, Dieu accepta mon traité. Nous apprîmes que la vie du prince était sauvée ; mais avant qu'il fût en état de retourner au pays, des troubles avaient éclaté dans plusieurs parties de l'Allemagne et aussi en Hesse. On désirait le retour du prince, mais non celui de sa maîtresse. Elle fut reçue d'une manière si menaçante à la frontière qu'elle préféra retourner sur ses pas. Le prince arriva seul, accompagné de mon père. Je fus touchée lorsque je le vis, pour la première fois après son retour, se rendre à pied de son palais au ministère. Il était pâle, vieilli, sa démarche n'était pas sûre, ses cheveux étaient devenus tout gris.

Peu de jours après, sa femme légitime et ses

enfants, l'héritier et une princesse, arrivèrent. Ces personnes, liées par les nœuds les plus sacrés, se rencontrèrent enfin, après une séparation de bien des années, pour se conformer au vœu de leurs sujets. On célébra publiquement cette réconciliation. Réunis sur le balcon, le souverain et sa famille se montrèrent au peuple qui envahissait l'énorme place devant le palais. Des acclamations chaleureuses les saluèrent et se renouvelèrent avec une véritable frénésie lorsque le prince revint une seconde fois sur le balcon, entouré des membres d'une députation populaire, les libéraux les plus fanatiques en tête, et promit ce que le peuple avait demandé par leur bouche : une constitution.

Mon père se mit alors avec un dévouement complet à l'œuvre, en traça le plan. Il la conçut aussi large et aussi libérale que possible, mais il était profondément blessé, des attaques injustes dont il était sans cesse l'objet, malgré son zèle et la pureté de ses intentions. On l'accusait d'avoir fait cause commune avec la maîtresse du prince dans la distribution des faveurs, de les prodiguer à des gens qui ne les méritaient guère, d'intriguer contre la souveraine et l'héritier, enfin d'avoir été l'instrument du despotisme, bien qu'il se fût constamment opposé aux velléités despotiques du souverain, et qu'il ne se fût rangé du côté de sa maîtresse que pour faire prévaloir, par son influence, des mesures de justice et d'équité.

Combien de fois n'avais-je pas vu ma mère attendre avec une anxiété mortelle l'issue des scènes terribles qui se passaient au palais, où mon pauvre père luttait seul contre les passions effrénées d'un homme qui tenait entre ses mains le sort de milliers d'hommes. Aussi, en voyant la figure vénérée de mon père ridée par les soucis, et le sourire bienveillant qui l'avait égayée autrefois disparaître, je commençais à haïr ceux qui le méconnaissaient, et je pris passionnément parti pour lui contre les révolutionnaires. Je n'osais me prononcer dans le cercle de ma famille affligée sur tout ce qui bouillonnait dans mon cœur; mais, souvent, ne pouvant plus maîtriser ma colère, je me réfugiais dans la chambre des domestiques, et là j'exaltais la vertu de mon père et je maudissais la malice de ses ennemis.

L'automne arriva; l'excitation populaire grandissait et des scènes de tumulte se produisaient de temps en temps. Le souverain s'était retiré dans son palais d'été, à Wilhelmshöhe, situé à une lieue de Cassel, sous prétexte de rétablir sa santé; mais, en vérité, pour être plus éloigné des troubles. L'aînée de ses filles illégitimes, une jeune personne d'une grande intelligence et d'un noble caractère, était avec lui. L'épouse du prince et l'héritier restèrent dans la capitale. Mon père habitait ordinairement le palais d'été, mais il venait chaque jour en ville pour élaborer, au ministère, le projet de constitution.

Avec quelles angoisses poignantes j'attendais la voiture qui l'amenait, et comme je souffrais de voir qu'il avait à peine le temps de nous embrasser. Les visites que nous lui faisions à la campagne étaient aussi pénibles. Nous étions obligés d'aller en voiture fermée, car le peuple ignorant confondait dans sa haine non seulement mon père, mais encore sa famille, et nous pouvions nous attendre à recevoir des pierres lancées contre la voiture. Je n'avais aucune crainte personnelle, mais je me sentais sous le coup d'une destinée triste et menaçante, et j'étais blessée de ce que les innocents eussent à pâtir pour les coupables. Le beau séjour qu'habitait mon père, et où j'avais passé tant d'heures joyeuses, me paraissait maintenant une sorte de prison au-dessus de laquelle planait un avenir lugubre.

Un jour, la ville fut alarmée par la nouvelle que la maîtresse détestée était secrètement arrivée au château de plaisance, qu'on préparait la fuite du prince, qu'on voulait interrompre les travaux de la constitution, faire un coup d'État, etc., etc. Ce fut l'étincelle tombant dans la poudre. En peu de temps la foule remplit les rues principales, se dirigea vers la route qui conduit au palais d'été et fit entendre des menaces et des hurlements effroyables. La plupart des habitants de notre maison étaient sortis pour suivre la populace ou voir de plus près son retour. Le plus jeune de mes frères, un enfant de seize ans, un valet et un vieux secrétaire de mon père, formaient tout le personnel masculin du vaste édifice. En outre, il y avait ma mère, une vieille tante, ma sœur et moi, et quelques femmes de chambre. Au premier étage était la chancellerie privée du prince, contenant des papiers importants. Le vieux secrétaire s'était érigé en gardien de ces papiers, et comme un soldat à son poste, il attendait les événements. La ville était presque déserte, car la procession tumultueuse, partie pour le château de plaisance, devait mettre plusieurs heures pour aller et revenir; le reste de la population se tenait dans les maisons. De nos fenêtres on voyait la longue rue jusqu'à la porte de la ville, d'où l'on sortait pour se rendre au palais d'été. Après quelques heures d'une attente pleine d'inquiétudes, nous entendîmes un bruit semblable au mugissement lointain de l'Océan en fureur. Bientôt nous vîmes apparaître une masse dense, noire, se mouvant lentement et remplissant la grande rue dans toute sa largeur. Un homme, d'une stature athlétique, marchait en tête, brandissant une grosse canne. C'était un boucher, devenu tout à coup chef populaire. Il s'arrêta près de notre maison et avec lui tous ceux qui le suivaient. Il éleva sa canne vers nos fenêtres et fit entendre de terribles imprécations. Au même instant, des milliers de mains se levèrent et des milliers de voix crièrent et hurlèrent. A peine avions-nous eu le temps de nous retirer, que les vitres du premier étage volèrent en éclats, et plusieurs pierres atteignirent même le second étage, où se trouvaient nos chambres. En même temps des coups violents ébranlèrent la porte d'entrée de la maison. Mon jeune frère avait eu la présence d'esprit de la fermer et de pousser les verrous à l'approche de la foule. Les furieux voulaient la forcer, et Dieu sait quel eût été notre sort, si le secours ne fût arrivé à temps. Se frayant un passage à travers le peuple, deux jeunes officiers arrivaient à pied; c'étaient l'héritier du trône et son aide de camp. Ils se placèrent devant notre porte, et le prince, s'adressant à la foule, lui dit de se calmer et de se disperser, promettant que toutes les requêtes fondées seraient bien accueillies. Cet acte de courage fit une grande impression, et lorsqu'on vit, presque au même instant, une division de cavalerie s'avancer lentement, sabre au clair, la foule commença à se disperser, non sans pousser des cris et des vociférations. Le prince monta chez nous, il adressa quelques mots de regret et de sympathie à ma mère, qui le remercia chaleureusement.

Ce soir-là, notre salon fut rempli de monde. Amis et connaissances accouraient pour prendre de nos nouvelles. Plusieurs chefs du parti libéral, en uniforme de la garde nationale, se trouvaient parmi eux.

Ainsi se termina le temps radieux de ma première enfance. L'heureuse insouciance du premier âge n'était plus; j'avais entrevu pour la première fois une grande et tragique réalité, et j'avais pris un parti passionné dans des conflits publics. Certes, c'était encore mon cœur qui dictait mon jugement; ceux que j'aimais devaient avoir raison; mais mon regard commençait à embrasser des horizons plus larges. Je me mis à lire les journaux et à suivre avec un grand intérêt les événements politiques. Je jouais bien encore avec mes poupées; cependant je me sentais sur le seuil d'une vie nouvelle. J'avais été baptisée une seconde fois par la révolution.

CHAPITRE VII

Changements complets.

L'œuvre de la constitution était achevée. C'était la plus libérale de toutes les constitutions allemandes. Son avènement devait être célébré avec solennité. Le peuple était ivre de joie. Partout on voyait les couleurs nationales, non pas les couleurs allemandes (la grande idée de l'unité allemande n'était pas encore éclose), mais celles de ma petite patrie. Ces couleurs avaient été longtemps prohibées, parce qu'elles étaient le symbole d'aspirations trop libérales.

La garde nationale remplaça l'armée ce jour-là. L'immense place devant le palais était couverte d'une foule compacte. Toutes les fenêtres, les balcons, les toits même étaient occupés par d'innombrables spectateurs. Quand le prince, entouré de sa famille, parut sur le balcon et se présenta pour la première fois comme souverain constitutionnel, l'enthousiasme ne connut plus de bornes.

J'étais profondément émue. La vue d'une telle multitude animée par un seul sentiment, celui de l'amour et de la reconnaissance, me semblait une chose sublime, quoiqu'il me parût difficile de concilier ce sentiment avec la terreur et la haine que m'avait inspirées l'attitude de ce même peuple peu de temps auparavant. Cette bonne impression ne fut pas de longue durée, car je m'aperçus bientôt que l'injustice populaire s'attaquait encore à mon père, l'auteur principal de cette constitution si libérale et si bien accueillie. Les honneurs dont le comblait son souverain ne le dédommageaient pas de l'ingratitude de sa patrie à laquelle il avait voué sa vie. Il avait été nommé premier ministre et décoré du grand cordon de l'État; mais il ne voulut pas accepter ces honneurs; il demanda un poste de chargé d'affaires près d'une des grandes cours de l'Europe et l'obtint.

C'est alors que l'idée d'un changement complet dans notre vie se présenta tout à coup à mon esprit. Je devais m'éloigner des lieux de mon enfance, de mes amis, de mes jeux, des traditions de mes jeunes années. En pensant à cette séparation, il me semblait qu'au moment du départ mon cœur se briserait de douleur. D'un autre côté, mon imagination, enflammée du désir d'apprendre, de voir, de connaître, déployait ses ailes et volait joyeusement au-devant de cet avenir inconnu.

Le changement se fit, mais d'une manière imprévue. Le souverain, forcé de céder aux exigences de ses sujets, ne tarda pas à s'apercevoir qu'il était incapable de régner en prince constitutionnel, et bientôt on apprit qu'il avait résolu d'abdiquer en faveur de son fils. Il est probable que le désir de rejoindre la maîtresse qu'il avait dû sacrifier au peuple avait contribué à cette résolution. Mais la franchise avec laquelle il s'était jugé n'en était pas moins très louable et lui faisait pardonner bien des fautes. Un de ses pareils en absolutisme, l'empereur de Russie Nicolas Ier, a dit un jour : « Il n'y a que deux formes de gouvernement : l'absolutisme et la république. » Notre prince partageait, il paraît, cette manière de voir, et ne pouvant plus exercer son pouvoir absolu, il préféra vivre en simple citoyen.

Mon père, chaleureusement sollicité par le prince, résolut de suivre son camarade d'enfance dans l'exil et de quitter le service de l'État, qui lui avait valu tant de déceptions amères. On s'était efforcé de contrecarrer la décision du prince; celui-ci se vit contraint de partir secrètement avant qu'on pût l'en empêcher. Il publia un décret par lequel son fils fut désigné comme régent pour le temps de son absence, ce qui laissait entrevoir l'espoir d'un retour. Mon père partit avec lui.

Nous devions le suivre à l'insu de tout le monde, car la haine populaire contre notre famille semblait avoir encore augmenté depuis le départ du souverain. Les préparatifs secrets pour le voyage, le mystère qui devait envelopper, je pourrais presque dire notre fuite, avaient quelque chose de tragique. Nous ne pouvions pas dire adieu à nos amies, ni leur laisser de souvenir. Notre vieille tante elle-même devait ignorer le jour du départ; âgée, elle ne pouvait songer à nous suivre, on craignait pour elle l'émotion de la séparation.

Peu de temps après l'éloignement de mon père, un jour du mois de janvier, nous nous levâmes de grand matin, quand toute la ville dormait encore. Les préparatifs avaient été faits pendant la nuit, et la grande berline de voyage était attelée, attendant dans la cour. Nous sortîmes furtivement de la maison; chacun en silence prit place dans la voiture, et les chevaux se mirent en marche. Nous passâmes dans les rues solitaires couvertes de neige; au-dessus de nous s'étendait un ciel voilé, à peine éclairé par les premières lueurs du jour sombre comme cette destinée inconnue qui nous attendait.

La destinée est-elle la conséquence naturelle d'une longue chaîne de causes et d'effets résultant des circonstances extérieures, de notre caractère individuel et de nos actions? Ou bien le but final des destinées humaines a-t-il été tracé d'avance par une volonté incompréhensible, qui, tout en nous jetant dans des contradictions absurdes et des souffrances atroces, ne veut que notre bien et nous y conduit du haut des nues?

A cette époque, je croyais à cette dernière hypothèse!

CHAPITRE VIII

Vie ambulante.

Oui, c'était une vie ambulante qui commençait pour nous et qui devait se prolonger pendant plusieurs années; vie sans plan arrêté, sans études régulières, sans méthode. C'était un grand malheur pour moi, car mon imagination prit si bien le dessus que je m'en suis ressentie toute ma vie. Je suis sûre que, si, à cette époque, j'avais pu faire des études sérieuses, mes facultés se seraient développées avec une grande force, au lieu de s'user dans la rêverie et des luttes imaginaires. Une soif ardente d'apprendre et de savoir me dévorait. Quelle attention il faudrait apporter, dans l'éducation, à cette soif d'un esprit qui s'éveille, et comme il faudrait tâcher de l'assouvir! C'est une des tortures morales les plus profondes, pour un jeune être qui s'élance avec ferveur vers les régions inconnues de la science et de l'idéal, de ne trouver ni homme ni Dieu pour exaucer sa prière et satisfaire à ce cri intérieur qui demande la manne dans le désert. Ce sont des martyrs de l'intelligence naissante qui demandent des guides, et qui étouffent sous le poids de la médiocrité qui les entoure, ou du travail de bête de somme qu'on leur impose.

Mes excellents parents ne purent guère suppléer au manque d'études dans ce temps-là. Leur propre vie était déracinée. Le prince, dont mon père partageait la destinée, voyageait dans le midi de l'Allemagne sans se fixer plus de quelques mois dans une ville. Nous le suivions, et le temps manquait pour commencer des études sérieuses. Il n'y avait plus auprès de ma mère que ma sœur cadette et moi. Ne voulant pas se séparer de nous, elle refusa de nous mettre en pension. On nous confia aux soins d'une gouvernante française. Nous ne parlions pas encore bien le français; cette lacune devint pour moi l'occasion d'une cruelle mortification.

Dans une des grandes villes où nous séjournâmes pendant un hiver, mes parents, qui y avaient beaucoup de relations, ne pouvaient se soustraire aux visites et aux invitations. Il fallait même en accepter pour ma sœur et pour moi. Nous fûmes invitées à un bal d'enfants dans une maison fort riche, où régnaient l'élégance, le luxe et la mode. Quand nous descendîmes de voiture, nous fûmes reçues au bas de l'escalier par les deux fils de la maison, des jeunes gens de notre âge, qui nous attendaient, le chapeau à la main, pour nous offrir le bras et nous conduire au salon. Leur sœur, notre hôtesse, était d'une beauté remarquable, parlait plusieurs langues, dansait avec grâce et possédait déjà toute l'aisance d'une femme du monde. Elle nous accueillit très cérémonieusement et nous présenta de suite à plusieurs de ses jeunes amies. Elles me parurent toutes d'une supériorité qui m'accabla. La conversation se fit presque entièrement en français, car toute cette jeunesse, quoique allemande, parlait couramment le français. Je ne pus répondre que par monosyllabes et je me retranchai dans un morne silence, n'osant pas avouer que je ne savais pas encore parler suffisamment le français. Ma mortification atteignit le comble lorsque la danse commença. J'ignorais les danses à la mode, dont la liste, écrite sur une carte élégante, m'avait été présentée. M'aventurer au milieu de ces jeunes filles, qui figuraient dans ce bal avec un art consommé, me paraissait chose impossible. Je résolus donc de refuser tout engagement, sous prétexte que la danse me faisait mal, et je restai la soirée entière tristement clouée à ma place, regardant les heureuses créatures devant lesquelles je me sentais anéantie, moi qui, dans mes rêves, étais capable des actions les plus héroïques, des dévouements les plus généreux. Ma sœur, plus insouciante, moins ambitieuse, et dans cette circonstance certainement plus sage, dansait, jetait la confusion dans les contredanses, en riait, répondait en allemand lorsqu'on lui parlait en français, et s'amusait beaucoup. Moi, je rentrai désappointée et triste, mourant du désir d'acquérir ce qui me semblait soudain d'un prix inestimable, une éducation à la mode.

Je saluai donc avec transport l'idée d'avoir une gouvernante qui m'enseignerait le français, et de recommencer la vie d'études régulières après laquelle je soupirais. Cette gouvernante arriva, mais son extérieur ne répondait pas à l'idée que je m'étais formée. Non seulement elle était d'une laideur extrême, mais sa politesse, toute de convention, ne venait nullement du cœur. J'avais trop de jugement pour prendre cela pour de bonnes manières et j'en fus désagréablement frappée. J'allai pourtant au-devant d'elle avec respect et je fus heureuse lorsqu'un plan de leçons fut dressé et que les études régulières commencèrent. Peu de temps suffit pour me convaincre qu'elle n'était pas capable de satisfaire le besoin de savoir qui me tourmentait. Elle ne savait rien en dehors d'un certain cercle de notions sur chaque matière. Une question hors de là la trouvait sans réponse. Je sentais une révolte secrète contre cet enseignement mesquin, je m'adonnais plus que jamais à ma passion pour les livres. Nous lisions ce qu'une gouvernante suisse prescrivait invariablement : les ouvrages de Mme Cottin, *les Enfants de l'abbaye*, *Caroline Lichtfield*, etc.

Je lus tout cela et je vivais dans un monde imaginaire de vertus sublimes, de crimes et de persécutions atroces, de triomphes éclatants du bien sur le mal.

Ma mère, privée de la société de ses aînés et de ses amis d'autrefois, se renfermait de plus en plus en elle-même. Ma sœur cadette, nature douce et tranquille, ne comprenait pas mes agitations et mes tourments. Je me trouvai seule et je devins nerveuse et inquiète. L'excitation intérieure agissait sur ma santé. J'avais des fantaisies étranges, presque des hallucinations. Ainsi, par exemple, je ne pouvais entendre parler d'un crime ou d'un vice quelconque, sans être saisie d'une agitation cruelle, car il me semblait que, puisque des possibilités si affreuses se trouvaient dans la nature humaine, elles pouvaient aussi dormir au fond de mon cœur. Ces vaines terreurs devenaient quelquefois si fortes, qu'elles troublaient même mon sommeil, et me torturaient d'autant plus cruellement, que je n'osais en parler à personne. L'étude seule eût pu les dissiper; à la clarté de la science j'aurais trouvé le bonheur que donne le libre exercice des facultés.

A la fin, ne pouvant plus endurer la médiocrité de l'enseignement de la gouvernante, j'en parlai un soir sérieusement à ma mère. Elle m'approuva et promit de lui donner son congé. Malheureusement, celle qui faisait l'objet de notre entretien était dans la chambre voisine et avait tout entendu. Elle fut très fâchée, et demanda à nous quitter immédiatement. J'étais ravie de ce résultat, mais je regrettais la manière dont il avait été obtenu. Faire du mal à qui que ce soit fut toujours ce qui pouvait m'arriver de plus triste. Lorsque la gouvernante eut pris congé de nous très froidement, je lui écrivis une lettre pour la prier, du fond de mon cœur, de me pardonner.

CHAPITRE IX

Une résidence stable.

Il fallait enfin mettre un terme à cette vie vagabonde, et choisir un endroit pour s'y fixer. Cela ne pouvait se faire qu'en nous séparant de mon père, car le prince ne faisait nulle part un long séjour et mon père ne le quittait jamais. Ma mère se décida pour Detmold, la ville où vivait ma sœur aînée, celle que j'avais tant aimée dans mon enfance. Mon père devait y venir de temps en temps pour nous voir. En outre, il nous promit que lorsque tous mes frères auraient des positions indépendantes, il quitterait le prince et resterait pour toujours avec nous.

Sans la douleur de cette séparation j'aurais été enchantée du choix de notre résidence. La vie de famille de ma sœur reflétait sa nature angélique; ses enfants lui ressemblaient par leur douceur et leur amabilité. Detmold, la capitale de la principauté de Lippe, est une petite ville assez jolie, très propre, située dans une des contrées les plus pittoresques de l'Allemagne septentrionale; elle est entourée de collines couvertes de magnifiques forêts, célèbres par les souvenirs historiques qui s'y rattachent. Mon beau-frère était un des premiers personnages de la localité; sa famille était la plus ancienne des cinq ou six familles qui formaient l'aristocratie de la principauté. Il avait été, dès l'enfance, l'ami et le compagnon inséparable du souverain, et rien dans les affaires du pays ne se faisait sans son conseil.

Le prince Léopold de Lippe était un homme bon, mais borné et d'une timidité presque sauvage. Cette timidité était la conséquence de la longue minorité dans laquelle sa mère, la princesse Pauline, l'avait tenu. Femme d'un esprit supérieur, presque viril, elle avait été régente pendant une vingtaine d'années. Lorsque son mari mourut, son fils n'était encore qu'un enfant. Seule, entre tous les souverains de l'Allemagne, elle osa aller au-devant du grand conquérant de notre siècle pour lui parler le langage de la raison et de l'humanité. L'homme redouté de tous fut-il frappé de ce qu'une femme osât ce que personne n'avait osé? Fut-il mû par d'autres mobiles? Quoi qu'il en soit, il la traita avec respect et passa outre, épargnant la petite souveraineté et sa courageuse régente.

Amie des sciences et des belles-lettres, elle appela à sa petite cour plusieurs hommes distingués et s'efforça de répandre dans son domaine les lumières et la moralité. Placée à la tête d'un grand royaume, elle eût été une autre Catherine II, moins les vices.

La seule chose à laquelle elle ne réussit pas, ce fut l'éducation de ses deux fils. Pour leur inculquer des principes sévères, elle les avait tellement tyrannisés que l'aîné, timide et réservé de sa nature, était devenu à demi sauvage. Le second, d'un tempérament facile et léger, une fois affranchi de l'autorité maternelle, s'était jeté dans la débauche. Il avait pris du service militaire dans divers pays, et avait été obligé de le quitter à plusieurs reprises pour cause de mauvaise conduite. Son frère avait, plus d'une fois, dû le racheter de la prison pour dettes.

L'aîné, devenu souverain après la mort de sa mère, menait une vie d'ermite. Sa femme était une douce et bonne personne qui se soumettait à la stricte réclusion et aux habitudes austères que son mari exigeait d'elle. Ils avaient beaucoup d'enfants et menaient une vie de famille exemplaire. Leur château était flanqué de tours et surmonté de tourelles gothiques, entouré de jardins, plantés sur les anciens remparts et d'un large fossé où des bandes de canards et de cygnes prenaient leurs ébats. De la promenade publique, on voyait la famille princière se promener dans ces jardins, mais jamais aucun de ses membres ne mettait le pied dans une rue de la ville. Une ou deux fois par an il y avait un dîner au château, auquel on invitait les dames qui, par leur rang, pouvaient prétendre à cet honneur. Le jour où ce grand événement avait lieu, les carrosses du souverain roulaient dans les rues pour aller prendre les invitées. Cette précaution était nécessaire, car il n'y avait pas de voitures fermées dans la petite ville; tout le monde allait à pied, même aux bals et aux soirées. Ces dîners étaient une dure corvée pour le pauvre prince : il était obligé de passer devant les dames, rangées dans le salon de réception, et d'adresser à chacune d'elles quelques paroles. Raide, les lèvres serrées, il balbutiait avec un effort inouï une banalité sur le temps ou quelque autre sujet tout aussi peu intéressant. A peine avait-il reçu une réponse, qu'il passait et il paraissait délivré d'un poids affreux lorsqu'il arrivait enfin aux messieurs.

Il avait pourtant deux passions qui le forçaient à quitter sa tanière : c'étaient la chasse et le théâtre.

Les magnifiques forêts qui entouraient la petite résidence étaient giboyeuses. En hiver il ne se passait pas de jour où l'on ne vît deux ou trois traîneaux du prince voler par les rues et les routes couvertes de neige, emportant dans les bois cette famille de Nemrods, père, mère, fils et filles. Arrivés dans la forêt, ils y restaient toute la journée ; le prince et ses fils chassaient ; la princesse et ses filles, enveloppées dans leurs fourrures, restaient dans les traîneaux ou se promenaient sur la neige. En vain les instituteurs se plaignaient que l'instruction n'avançât pas avec ce mode de vie. Le développement intellectuel des jeunes gens était sacrifié à l'amour de la chasse. La seconde passion du prince, celle pour le théâtre, était satisfaite aux dépens des revenus du petit État. On se disait à l'oreille que la dépense était disproportionnée. Mais les représentants du peuple, qui, sous la princesse mère, s'étaient encore rassemblés de temps à autre, ne se réunissaient plus sous le règne du fils, qui croyait pouvoir se passer d'eux. Personne ne contrôlait les dépenses. Ses amis disaient qu'il fallait bien lui laisser *une* distraction, à lui qui vivait d'une manière si simple et si morale. D'ailleurs il faut avouer que son théâtre pouvait compter parmi les meilleurs de l'Allemagne et que les grands artistes ne dédaignaient pas d'y donner des représentations. Toutes les bonnes œuvres dramatiques, ainsi que les meilleurs opéras y étaient joués avec une perfection peu commune. Il était donc tout naturel que le théâtre devînt le centre des intérêts et des conversations de la société, et on ne peut nier qu'il devint la source d'une sorte d'éducation intellectuelle et artistique, qui plaçait cette société au-dessus du niveau ordinaire de celle des villes de province. Outre le théâtre, il y avait une autre distraction de la société à laquelle le prince n'avait aucune part. C'était une espèce de club portant le nom de *Ressource*. Là, les pères de famille, mais surtout les jeunes gens, passaient une grande partie de leur journée à lire les journaux, à jouer aux cartes, au billard et à boire du vin ou de la bière, tout en discutant les nouvelles et en lançant au plafond d'incroyables tourbillons de fumée. Le dimanche soir, les dames étaient admises dans ce cercle; alors les réceptions prenaient un autre aspect. Les messieurs venaient en habit; les pipes et les cigares avaient disparu; les personnes âgées jouaient aux cartes et les jeunes gens s'amusaient aux petits jeux, jouaient ou dansaient. Une fois par mois il y avait un vrai bal.

C'est de cette manière que presque toutes les villes moyennes de l'Allemagne se créent des divertissements. Il n'y a point là de grandes fortunes, et la plupart des habitants sont des fonctionnaires recevant des salaires modiques. Dans un club, où chacun ne paye qu'une petite contribution, on peut rencontrer ses connaissances et jouir des plaisirs de la société sans que cela épuise les moyens de personne. Le ton et les manières qui règnent dans ces lieux de réunion ne sont certainement pas raffinés; mais lorsqu'il y a une petite cour et (comme dans la ville dont je parle) un bon théâtre, un excellent gymnase de garçons, une très bonne école de filles, et, de plus, des hommes d'esprit et des savants — il en résulte une certaine élévation d'idées qui se révèle dans les manières et le ton de la conversation. Ma sœur et moi nous n'étions pas encore admises dans la société, car nous n'étions pas confirmées. Ce n'est qu'après la confirmation que les jeunes personnes, en Allemagne, sont reçues parmi les adultes. Notre vie ambulante avait un peu retardé cet acte, et il nous fallait encore un an de préparation. Nous reçûmes notre instruction religieuse du premier pasteur de la ville. C'était un homme encore jeune, grand, beau comme un Christ, ayant presque toujours un sourire de bienveillance sur les lèvres. Il n'était pas très orthodoxe, mais il possédait une sorte d'exaltation religieuse vague et sentimentale, qui le faisait vénérer de tous ses jeunes élèves, car c'était lui qui confirmait la jeunesse de la paroisse. Il était marié avec une femme supérieure, fille d'un des plus célèbres pasteurs de l'Allemagne. Elle était plus orthodoxe que son mari; plus énergique que lui, elle possédait une intelligence plus étendue. C'était le type de la mère de famille. Comme elle n'avait que des ressources très modestes pour élever de nombreux enfants, elle remplissait les plus humbles devoirs de la vie domestique et pourvoyait seule, avec une servante, aux soins du ménage. Pendant que ses mains habiles préparaient le dîner, elle chantait une des belles chansons populaires de l'Allemagne au nourrisson couché près d'elle, dans sa petite voiture de paille. Quand le feu pouvait se charger du reste, elle roulait l'enfant dans le petit enclos qu'ils nommaient leur jardin. Elle y retrouvait ses autres enfants un peu plus grands, jouant autour d'un beau noyer, le seul ornement de cet endroit. Les branches formaient une sorte de véranda devant une fenêtre du second étage, derrière laquelle fleurissait un immense rosier. De temps en temps la belle et bonne figure du pasteur apparaissait à cette fenêtre, souriant d'en haut à ses bien-aimés.

Dans la pièce du second, éclairée par cette même fenêtre, commença une époque importante de ma vie. C'était le cabinet de travail du pasteur. Pendant un an entier ma sœur et moi nous y allâmes deux fois par semaine pour être instruites dans les dogmes de l'Église protestante.

J'allais au-devant de cet enseignement avec toute la ferveur dont j'étais capable. J'espérais recevoir la révélation de la vérité et trouver le secret de la vie, le mot suprême qui devait à jamais gouverner mon existence. Le calme de la petite chambre, la simplicité de l'ameublement, les livres, les rayons du soleil couchant qui jouaient dans les branches du noyer et formaient une auréole autour de la tête de notre maître, tout laissait une impression mystique, harmonieuse et douce, comme un écho des premiers âges de la foi. Je me croyais dans un autre monde, en la présence de Dieu même. Je me sentais forte pour entrer en lutte avec ce péché originel auquel on m'enseignait à croire, avec le monde qui est opposé à l'esprit. Je prenais le salut de mon âme au sérieux. Je ne voulais pas m'en tenir aux paroles, mais je voulais réaliser l'ascétisme chrétien et obtenir la victoire de l'esprit sur la chair, victoire que le dogme me montrait comme le terme de la perfection. Mais, comme pour me mettre à l'épreuve, je sentais en même temps l'amour de la vie et de tout ce qu'elle offre de beau se réveiller plus fort que jamais dans mon cœur. Le démon me portait sans cesse sur les hauteurs, il me montrait les trésors de l'existence et me disait : Tout cela, tu voudrais le quitter?

Vers ce temps-là on nous avait conduites ma sœur et moi, par exception, à un bal. J'y avais été engagée, pour une danse, par un jeune homme d'une tournure fort distinguée, et dont la conversation ne l'était pas moins. Je ne sais comment cela se fit, mais dès ce soir-là son image prit possession de mon cœur et son souvenir se mêla à mes rêves. Je le revis rarement et lui parlai plus rarement encore. Il ne put jamais soupçonner qu'il occupait mes pensées, et il était loin de se douter qu'il partageait chaque jour avec le Dieu sévère qui me demandait tout mon cœur, cette sympathie qui me paraissait alors devoir être éternelle. Un jour on me raconta, par hasard, qu'il faisait la cour, contre le gré de son père, à une jeune personne très jolie, mais très superficielle. Cette confidence me fit beaucoup de peine, mais elle ne changea en rien mon sentiment désintéressé. Je priai alors pour le bonheur de tous deux et je trouvai une occasion de plus pour vaincre le démon en moi, en prodiguant toutes les attentions possibles à mon heureuse rivale, chaque fois que je la rencontrais.

En même temps, je formais une amitié exclusive avec l'une des jeunes personnes de notre âge que nous fréquentions. Cette amitié correspondait à l'état exalté de mon âme et ne contribuait pas peu à l'augmenter. Dans la maison voisine de la nôtre vivait la famille de deux jeunes personnes du même âge que ma sœur et moi. La plus jeune était d'une rare beauté. Le père, un honnête commerçant, appartenait à la bonne société de la ville. L'aînée des sœurs était plus âgée que moi d'un an; son éducation religieuse était terminée, elle avait été confirmée. C'était une créature pâle, douce, sérieuse, un modèle de vertus domestiques. Elle me faisait l'effet d'une sainte. Lorsqu'un jour elle s'approcha de moi et m'exprima, pour la première fois, sa vive sympathie, son amour, son admiration, comme elle disait, je fus tout humiliée et confuse. Je croyais ne pas mériter tant d'affection, et je me sentis immédiatement dans l'obligation de lui révéler l'état de mon âme, de lui parler des luttes qui m'agitaient et de la rébellion qui m'éloignait trop souvent de l'idéal chrétien auquel j'aspirais. Je fis cette confession par lettre, car je ne me sentais pas le courage de dire des choses aussi terribles de vive voix. Je ne voulais pas posséder son affection en lui laissant croire que j'étais meilleure que je n'étais; je préférais la confidence de cette vérité amère à un bonheur qui pouvait être suivi d'une déception. Après lui avoir ouvert ainsi mon cœur, je crus que son regard même m'annoncerait qu'elle me trouvait indigne des sentiments qu'elle m'avait exprimés.

Quel fut mon étonnement lorsque je reçus d'elle une réponse contenant une confession semblable à la mienne, mais plus sentimentale et plus mystique. Dès ce moment j'acceptai son amitié sans scrupules; je trouvais une grande consolation dans les épanchements de nos cœurs, dans cette possibilité de me regarder dans une autre conscience comme dans un miroir, de me faire de la force d'autrui un rempart contre ma propre faiblesse. Je compris alors quelle puissance pouvait avoir la confession dans l'Église catholique. J'admirais cette institution tout en en condamnant les abus. Il me semblait qu'il fallait tant de courage moral pour dire franchement ce qui passe par « le labyrinthe de la pensée », que cela seul devait racheter le péché.

Malgré cela, je découvrais tous les jours avec horreur de nouveaux abîmes de scepticisme en moi. Le dogme de la rédemption me donnait beaucoup à réfléchir. Dès que je voulais le raisonner, m'en rendre un compte clair et logique, je ne voyais qu'une masse de contradictions. Dieu, dit la raison, est la bonté suprême; a-t-il pu créer des hommes avec des facultés libres, tandis qu'en même temps il les condamnait à l'obéissance aveugle, au joug éternel de l'autorité absolue? Il leur avait accordé le paradis à condition de rester esclaves. Quand l'homme a affirmé sa volonté, quand il s'est vraiment fait homme en jugeant par lui-même, non seulement il a été exilé du paradis, mais ses descendants et toutes les générations à venir, qui pourtant n'ont eu aucune part à la transgression, l'ont été avec lui. Et par une prédestination irrévocable, tout cela s'était fait pour qu'un seul, qui était Dieu, et qui en même temps n'était pas Dieu, se sacrifiât, afin de sauver l'humanité d'une faute qu'elle n'avait pas commise. Où était donc le mérite du Christ? ce court moment de souffrance terrestre n'était rien en comparaison de son éternité divine, puisque de la croix, il remontait en triomphe dans les splendeurs du ciel. Cette dernière idée m'avait déjà frappée lorsque j'étais encore enfant. Je n'avais jamais senti le besoin d'un intermédiaire, d'un rédempteur. Il m'avait toujours semblé que le cœur devait arriver à Dieu sans détour.

Mais combien le poids de ces contradictions, de ces questions sans réponse pesait sur ma conscience! Comme je me sentais malheureuse et perdue dans ce labyrinthe de pensées, dans cette lutte de la raison contre la foi! Je passais des heures entières à genoux en priant, avec des larmes ferventes, que Dieu voulût me secourir, me donner la vraie foi, me sauver de la misère d'un esprit chercheur, me préserver du péché de la logique, si pernicieuse à l'aveugle obéissance. Je l'implorais pour qu'il me fît connaître l'action mystique de la grâce divine.

C'était à mon amie que je révélais les profondes émotions, les luttes sourdes qui m'agitaient. Tout cela se faisait par écrit. Les servantes s'étonnaient de la quantité de lettres qu'elles étaient obligées de porter d'une maison à l'autre, tandis que nous aurions pu nous voir et nous parler en beaucoup moins de temps qu'il n'en fallait pour écrire nos lettres. Les miennes étaient, pour la plupart, en vers, la forme rythmique m'étant alors plus familière que la prose. Le sujet principal de ces lettres était le désir de la mort, de l'absorption complète de l'être dans la perfection abstraite, le vœu d'être affranchie des chaînes terrestres pour voler, les ailes déployées, vers l'idéal. Le désir de la mort était quelquefois si fort chez moi, que je voyais avec satisfaction l'état précaire de ma santé, qui donnait beaucoup de soucis à ma mère.

Mais pendant que j'étais vivante, je voulais vivre conformément aux enseignements de l'Église. Prenant au sérieux le dualisme entre l'esprit et le monde dont me parlait le dogme, je résolus de fuir le monde et ses tentations. Je commençai donc à ne plus aller au théâtre, que j'aimais passionnément. Je refusai d'accompagner ma mère et ma sœur à des soirées. Mes parents ne me comprenaient pas. Ils prenaient cela pour des caprices, et ne les toléraient pas de bonne grâce. J'inventais des prétextes pour rester à la maison, et pour échapper ainsi au tourment d'expliquer un état d'âme qui leur eût paru absurde. Quelquefois, au contraire, je les priais avec des larmes de ne pas m'en vouloir, mais de croire que je devais obéir plutôt à Dieu qu'à eux-mêmes.

J'allais à l'église tous les dimanches. Là, avant tout, j'étais absorbée par le grand sujet qui m'occupail, et je perdais la conscience de tout ce qui m'entourait, excepté de la parole du prédicateur. Un jour, une dame, personne mondaine et frivole, me complimenta sur ma piété, et me dit que l'expression de ferveur de mon visage édifiait toute l'église. Cela me donna un choc affreux; ma candeur fut troublée. Un sentiment de vanité se mêla involontairement à mon recueillement. Je sentis dès lors quel mal peuvent faire des paroles inconsidérées ou frivoles. Mon beau-frère, qui n'était pas trop scrupuleux sous ce rapport, me railla un jour sur mon attachement pour mon maître, et dit avec un sourire moqueur qu'on savait très bien pourquoi toutes les jeunes filles aimaient tant ses leçons. Je ne répondis rien, mais je fus profondément blessée. Le sentiment de vénération avec lequel je regardais le prédicateur me sembla profané, et de longtemps je ne pus me remettre de cette blessure infligée par la frivolité.

L'amitié dont m'honorait la femme de mon maître devint alors pour moi une grande consolation. La médisance s'évertuait contre elle, surtout grâce à ces bonnes langues qui transportent les sujets de cuisine et de *nursery* jusque dans le salon, par la simple raison qu'elles n'en ont pas de plus sérieux. Je l'ai déjà dit : la femme du pasteur remplissait tous ses devoirs de maîtresse de maison avec un soin scrupuleux, ce qui ne l'empêchait pas d'avoir d'autres sujets de conversation pour le cercle de sa famille et de ses amis. On l'accusait d'affectation, parce qu'elle parlait le langage d'un esprit cultivé; de fausseté, parce qu'elle était polie avec tout le monde, mais expansive avec peu de gens. Je ne lui trouvais ni l'un ni l'autre de ces défauts, et je jouissais des heures que je pouvais passer auprès d'elle : c'était un temps de progrès réel. De son côté elle me traitait, bien que je ne fusse qu'une toute jeune fille, comme son égale en intelligence et en raison. Mes rapports avec la famille se bornaient alors aux parents, car la fille aînée, qui était de mon âge, finissait son éducation dans la maison de son grand-père, qui habitait Berlin, et la seconde fille était encore une enfant. Quelquefois, quand j'entrais dans la chambre de la mère, je voyais un jeune homme, à peine adolescent, pâle, timide, assis à une table, occupé à étudier. Ordinairement il se levait lorsque j'arrivais, me saluait d'une manière gauche sans me regarder et se sauvait. C'était le fils aîné.

Notre maître désira nous faire participer, pendant les derniers temps, aux leçons qu'il donnait en commun à tous les enfants de la paroisse, qui devaient être confirmés avec nous. Je fus émue et enchantée de cette proposition. Je n'avais jamais connu le charme d'étudier avec d'autres enfants, excepté avec ma sœur. Cela me paraissait fort beau d'entrer, précisément en cette occasion, pour la première fois, dans une communauté, dont presque tous les membres étaient mes inférieurs selon le monde et mes égaux devant Dieu. La plupart des soixante enfants, filles et garçons, étaient de modestes paysans. Je pris avec une vive joie ma place parmi eux sur les bancs de bois, oubliant que la pièce était petite et remplie d'un air vicié par les vêtements malpropres, souvent humides, de ces pauvres enfants, qui venaient de loin par tous les temps. Ma santé, je l'ai déjà dit, était très délicate, mais je me serais méprisée si je n'avais pas su vaincre mes faiblesses et mes répugnances. Là, je me sentais aussi libre que je me sentais gênée en société. Mes doutes, mon scepticisme, subsistaient; quant au fonds de la doctrine, je le possédais dans la perfection. Aussi, lorsque le jour de l'examen public arriva, j'étais sans crainte. C'était pour moi une obligation sacrée de rendre compte de mon savoir à la communauté et de me montrer digne d'être reçue. Quoique l'église fût remplie de monde, je répondis d'une voix ferme, et on me dit après qu'on m'avait comprise jusque dans le coin le plus reculé de l'église. Quand je revins à la maison, on me complimenta sur mon succès. Qu'est-ce que cela me faisait? Je n'y trouvais aucune satisfaction. Saisir l'infini, avoir la révélation de la vérité éternelle, être changée par la grâce divine en un être nouveau, idéal, sans tache, — voilà ce que mon âme souhaitait, ce que je voulais obtenir dans cette dernière semaine solennelle, qui précédait l'acte de la confirmation. Si j'avais pu sacrifier ma vie ou m'entourer de nuages pour me dérober le monde réel, je l'aurais fait. J'aurais voulu franchir d'un coup d'aile le passage mystérieux de la mort, pour me trouver libre dans le sein de la perfection idéale. La cérémonie finale devait avoir lieu le dimanche, le vendredi nous eûmes une dernière leçon. Notre maître était profondément ému. Il nous parla, les larmes aux yeux, de la sainteté et de l'importance de l'acte que nous nous préparions à accomplir. Cet excellent homme, s'il ne pouvait toujours satisfaire mon intelligence, savait toucher mon cœur. J'étais remplie d'un si vif enthousiasme, que je n'aspirais qu'à des luttes, de grands sacrifices, des actions héroïques pour prouver la sincérité de mon zèle.

Notre maître nous demanda une sorte de profession de foi. J'écrivis la mienne avec autant de sincérité que je le pus. Mais comment aurais-je réussi à lui dire tout dans ce dernier moment? Comment lui aurais-je dévoilé, qu'au fond de mon intelligence, une voix protestait contre tout ce qu'il m'avait enseigné avec tant de sollicitude, et que, malgré la ferveur et la sincérité de mes aspirations, j'étais peut-être plus loin de devenir un membre soumis à l'Église, que ces enfants de paysans, dont l'indifférence le désespérait? Puis je vivais dans l'espérance que Dieu condescendrait à se révéler à moi à l'heure suprême, à me donner, comme à saint Paul, cette foi triomphante que je ne possédais pas encore.

Mon maître fut tout à fait content de ce que j'avais écrit.

Le samedi nous allâmes en famille entendre les exhortations et le sermon de préparation pour la communion, à laquelle nous devions participer, pour la première fois, aussitôt après la confirmation. C'était pour moi l'acte le plus solennel, mais aussi le plus mystérieux de toute la cérémonie. J'avais sans cesse à repousser la question de mon démon sceptique, qui me demandait l'explication du miracle de la consubstantiation. Je sentais bien qu'il ne fallait pas poser de question, que le miracle n'existe qu'autant que l'on y croit sans le comprendre.

J'écoutais l'exhortation avec un recueillement profond. Mais lorsque le prédicateur lut le texte du rituel : « Qui mange indignement de ce pain et boit de ce vin, mangera et boira sa propre perte » — je me sentis saisie d'un effroi mortel. Enfin, lorsqu'il demanda à l'assemblée si chacun se repentait sincèrement de ses péchés, si chacun allait à la table du Seigneur avec le désir d'être racheté par son sang, et que toute la communauté répondit par un « oui » ferme, j'étais tellement troublée que je ne pus parler. Mes lèvres tremblaient, je souffrais cruellement. Je sortis de l'église, comme sous l'impression d'un rêve ; ma mère, mes sœurs étaient calmes, gaies. La conversation de la soirée eut lieu comme à l'ordinaire, et sans qu'on se fût entretenu de ce qui s'était passé ; on n'eut même pas l'air de songer qu'on était à la veille d'un jugement terrible qui devait durer toute l'éternité, tandis que moi j'étais courbée, anéantie sous la terrible responsabilité dont on avait chargé mon âme. Étais-je digne de manger de ce pain, de boire de ce vin? Étais-je arrivée à cette fermeté dans la foi qui fait de l'homme un être presque parfait, tel que le demande l'Église? Cent fois je fus tentée de m'écrier : Non, non, je ne suis pas digne, car j'aime le monde, j'aime le soleil, la terre, les fleurs, les plaisirs, la jeunesse, la beauté ; j'ai soif de bonheur! Je ne connais pas le mystère des élus ; je ne comprends pas pourquoi je sens en moi deux êtres : l'un bon, noble, élevé ; l'autre, perdu et condamné pour toujours.

Mais la peur de n'être pas comprise, d'être regardée simplement comme malade ou folle, et surtout la crainte de troubler par mon doute la paix des autres, me fermèrent la bouche. Je me retirai dans ma chambre, je me jetai à genoux et j'implorai Dieu de venir à mon aide. Je me réveillai le lendemain plus tranquille.

En Allemagne, la coutume veut qu'une jeune fille mette pour la première fois une robe de soie noire le jour de la confirmation; ce vêtement solennel me calma et me fit du bien. Notre femme de chambre prit un soin particulier de nos toilettes, comme s'il s'agissait d'une fête mondaine, tout en babillant plus qu'à l'ordinaire. Ma sœur répondait gaiement. Tout cela m'étonnait, mais insensiblement cela m'égaya. L'heure arrivée, je pris congé de ma mère avec une émotion profonde, en la priant de me pardonner toutes mes fautes. Ma sœur et moi, nous devions nous rendre dans la maison du pasteur. Le vestibule était jonché de fleurs; notre maître nous reçut dans son costume d'officiant et nous adressa des paroles si touchantes, que même les enfants les plus indifférents donnèrent des signes d'émotion. Quand les cloches de l'église commencèrent à sonner, notre procession se mit en marche, notre maître en tête, nous tous le suivant, deux à deux. Le chemin était jonché de fleurs, et l'église en était ornée. La société chorale de la ville, qui comptait beaucoup de nos amis, nous salua par un chant magnifique. Je me sentais pousser des ailes; je tombai à genoux et je priai avec ferveur que Dieu voulût bénir ces heures pour toute ma vie. Le sermon, dit de la même voix qui avait si souvent touché mon cœur dans la petite chambre verte, me calma. Lorsqu'après le sermon notre maître nous demanda confession de notre foi, je répondis mon « oui » d'une voix assurée. Puis je m'agenouillai devant lui avec les autres pour recevoir la bénédiction. Posant alors ses mains sur nos têtes, il nous reçut comme membres de l'Église protestante, en prononçant pour chacun de nous un verset de la Bible. Il me dit : « Sois fidèle jusqu'à la mort, et je te donnerai la couronne de la vie. » Mon cœur répondit à ces mots avec une résolution héroïque. Le chœur d'en haut salua les nouveaux chrétiens par un chant de triomphe. Nous ne retournâmes plus sur les bancs des néophytes, mais nous allâmes prendre place sur les sièges près de nos parents, pour attendre que ceux qui ne voulaient pas prendre part à la communion eussent quitté l'église. Mais lorsque s'éleva le chant doux et plaintif de « l'agneau sacrifié », la terreur et le doute rentrèrent dans mon âme. L'heure décisive était venue. Mon cœur battait à me suffoquer. La voix m'aurait manqué pour crier : « Non, non, je ne peux pas ! je n'ai pas la vraie foi ! »

Par une déférence involontaire, on céda le pas à ma mère et à ma sœur aînée, car même à l'église le sentiment des distinctions sociales ne se perd pas. Ma sœur cadette et moi, nous les suivîmes. Nous nous approchâmes de l'autel. J'avais les yeux baissés, le monde extérieur avait disparu pour moi. J'attendais la révélation du mystère de la croix, de la vie dans la mort. — Je pris le pain de la main de mon maître — j'entendis les mots : « Prenez et mangez, c'est mon corps qui a été rompu pour vos péchés. » Je touchai de mes lèvres la coupe, j'écoutais une voix qui dit : « C'est mon sang, le signe de la nouvelle alliance, qui est versé pour le pardon de beaucoup. » — Mais aucun miracle ne s'opéra en moi, aucun mystère ne me fut révélé, aucun Dieu n'était là, dans la gloire du ciel, pour m'appeler au rang des élus!

J'étais donc rejetée, condamnée pour toujours!

Comment suis-je arrivée à la maison? comment ai-je survécu à la misère de ce jour? comment ai-je réussi à dérober mes souffrances à l'attention de ma famille? Je ne saurais le dire. Je me rappelle seulement que les yeux innocents de mes petites nièces, que j'aimais passionnément, semblaient m'accuser et me dire : « Que veux-tu, ange perdu, dans notre paradis? »

CHAPITRE X

Du dedans au dehors.

Le résultat immédiat de cette terrible lutte mentale fut l'épuisement et l'incapacité absolue, pour le moment du moins, de lutter encore. Par cela même j'eus une sorte de paix, que je pris pour une réponse tardive à mes prières, et je recommençai à espérer un peu. J'étais désormais libre de disposer de mon temps. La position de fortune dans laquelle nous vivions ne nous obligeait pas, comme presque toutes nos amies, à nous occuper des soins du ménage. Je donnais la majeure partie de mon temps à la lecture, à la peinture et à la musique; mais j'en réservais une bonne partie à la promenade, car mon amour pour la nature égalait toujours ma passion pour l'étude. Je parcourais les charmants environs de notre résidence, avec cette heureuse liberté dont jouissent les jeunes filles dans les petites villes d'Allemagne, et il serait monstrueux d'offenser une jeune personne modeste, parce qu'elle n'est pas accompagnée. Ma sœur ne me trouvait pas raisonnable, lorsque, après avoir fait notre promenade le matin, ne pouvant résister au soleil brillant de l'après-midi, je sortais encore. Elle ne comprenait pas que j'eusse besoin de la nature pour rétablir l'équilibre dans mon âme; que je puisasse des consolations dans le soleil, les forêts, les prairies fleuries et les collines ondulantes. Il m'aurait fallu davantage encore de ce remède de l'âme, vers lequel mon instinct me guidait. J'aurais eu besoin de vivre à la campagne, de travailler au jardin et aux champs, d'étudier les sciences naturelles, pour mieux jouir de l'influence calmante que la nature exerçait sur moi. Combien les éducateurs devraient observer ces instincts, et tâcher de les satisfaire! Combien de forces on préparerait ainsi pour l'avenir!

Mes rapports avec ma sœur cadette étaient d'une nature toute particulière. Il n'y avait qu'une année entre nous, nous étions élevées ensemble, traitées de même jusque dans les moindres détails, nous vivions toujours côte à côte; on nous appelait les inséparables et nous nous aimions tendrement. Pourtant nous avions des natures diamétralement opposées. En tout ce qui touchait sa vie intérieure elle était d'une réserve qui me désespérait. Je ne savais rien de tout ce qui se passait en elle pendant les événements qui bouleversaient ma vie. A l'époque dont je parle, mille questions s'élevaient en moi sur tous les mystères de la vie. J'avais besoin d'ouvrir mon cœur et de rencontrer la même expansion.

Ma sœur, au contraire, se promenait tranquillement à mes côtés, se taisant ou parlant de choses dépourvues d'intérêt. Cela me chagrinait beaucoup et je me réfugiais auprès de mon amie. Mais, là, il m'était réservé de faire pour la première fois une expérience qui s'est répétée plus d'une fois dans la suite. Cette amie m'a valu le reproche d'être inconstante dans mes attachements, reproche que je sais ne pas mériter, sans vouloir pour cela justifier un fait, que je raconte simplement tel qu'il arriva.

La disposition d'esprit toute spéciale pendant laquelle j'avais formé ce lien d'amitié avait déjà fait place à une variété d'autres intérêts, sans que j'en eusse encore bien conscience. Mon intelligence était prête à quitter la chrysalide qui l'enveloppait et à déployer ses ailes. Celle de mon amie, au contraire, restait dans un état de transition, peut-être parce qu'elle n'avait pas la force d'aller au delà. Sa tendresse sentimentale commençait à me peser. Elle s'arrêtait au sentiment personnel. Moi, je ne pouvais conserver cette affection qu'en entraînant avec moi celle qui en était l'objet vers des phases nouvelles de développement intellectuel, vers des clartés plus grandes, vers des conquêtes plus téméraires. Dans l'amitié et dans l'amour il en est peut-être comme dans l'art : il faut qu'il y ait mystère. L'œuvre d'art qui ne nous paraît pas une révélation nouvelle chaque fois que nous la contemplons, ne nous satisfait pas longtemps. L'être humain, dont l'âme ne nous présente pas continuellement des trésors nouveaux, cesse bientôt de nous intéresser. Le véritable amour, la vraie amitié, sont inséparables d'un progrès incessant.

Je ne pouvais donc m'arrêter à des sentiments, lorsque mon intelligence cherchait des solutions. Je sentais que je blessais la tendresse de mon amie; elle me laissait voir son dépit, sa jalousie même, lorsqu'elle croyait remarquer que je m'approchais plus volontiers d'autres jeunes filles. Je souffrais de la faire souffrir, mais je ne pouvais changer cet état de choses. J'étais encore bien loin de la quiétude en matière religieuse. Je ne pouvais jamais entendre parler du sacrement de la communion sans éprouver encore les terreurs du jour de la confirmation. Heureusement ma famille n'observait pas trop strictement les cérémonies de l'Église; il ne fut même pas question, pendant bien longtemps, de répéter l'acte solennel. Mais déjà ces sujets ne m'occupaient plus exclusivement. Je m'étais jetée avec ardeur dans l'étude de l'histoire et de la littérature. Les écrits de deux femmes exercèrent en ce temps-là une influence immense sur moi; c'étaient les livres de Bettina d'Arnim et de Rahel. L'esprit sérieux, philosophique, de Rahel de Varnhagen m'était plus sympathique, et me remplissait d'émotions profondes. Mais l'imagination poétique, enchanteresse de Bettina me transportait dans « des rêves d'une nuit d'été ». Elle développait l'imagination que j'avais voulu étouffer dans des luttes pénibles.

Je me trouvais plus que jamais en proie à un dualisme étrange. D'un côté j'aspirais à un ascétisme mystique, de l'autre j'étais un être heureux, aimant la vie, capable de se créer un riche avenir.

Dans cette disposition j'écrivis au plus jeune de mes frères une lettre dont il fut enchanté. Quelques jours après, le doute et les idées ascétiques reprenant le dessus, je lui écrivis une autre lettre, dans laquelle je m'accusais amèrement de torts imaginaires et j'implorais son aide. Vers ce temps je lus pour la première fois *Wahrheit und Dichtung* de Gœthe. Il y raconte des luttes analogues et dit qu'il les a terminées en quittant entièrement les recherches spéculatives et en se tournant « du dedans au dehors ». Dans ses conversations avec Eckermann, il dit de même : « Chaque âme pleine d'aspirations vraies se tourne d'elle-même vers le monde. » Ces quelques mots me sauvèrent. Ce que les mystères de l'Église n'avaient pu faire, l'esprit plastique, serein, antique de notre grand poète le fit. Je résolus de faire comme lui, de me tourner des abîmes de mon propre cœur, de la spéculation vaine et infructueuse, vers l'observation du monde réel, vers la lumière qui émane de la science, vers l'activité utile et pratique.

Plus tard seulement je compris entièrement quels étaient les deux poètes-types de ces deux directions diverses : Byron et Gœthe dans *Manfred* et dans *Faust*.

Ma santé était toujours très délicate et je passais une partie du plus beau temps de ma vie en proie à de grandes souffrances. L'idée d'une mort prématurée m'était familière, et elle n'avait rien d'effrayant pour moi. Je lus vers ce temps-là un mot de Ninon de l'Enclos qui, étant en danger de mort dans sa seizième année, dit à ceux qui l'entouraient : « Pourquoi pleurez-vous ? Je ne laisse derrière moi que des mortels. » Cela me plut extrêmement et me revint souvent à la mémoire. J'étais devenue très calme et très douce, jouissant d'une grande paix intérieure et aimant la paix par-dessus tout. On m'avait même donné dans la famille, en plaisantant, le surnom de « la réconciliation », car mon rôle était de pacifier toutes les petites querelles de famille et d'unir ceux qui m'entouraient par l'amour et la douceur. J'avais le culte de la vie de famille. Quelquefois, en me promenant au bras de ma sœur aînée, l'ange de mon enfance, je jouissais avec extase de l'intimité qui peut exister entre deux sœurs. J'adorais mes charmantes petites nièces et je leur donnais beaucoup de mon temps ; mais j'aimais aussi les plaisirs de la société, sans lutter plus longtemps contre ce penchant. Les bals, la danse m'enchantaient. Lorsque ma santé me le permettait, je me livrais avec entrain à ces amusements. Ma sœur cadette était très jolie, on la fêtait beaucoup. Quelquefois je l'enviais un peu, mais en général j'étais heureuse de n'être pas belle, parce que j'échappais ainsi au danger de la vanité. Je n'étais, en vérité, pas coquette ; ma modestie dans la toilette allait souvent jusqu'à l'exagération. Ma mère et mes sœurs me raillaient souvent à ce sujet. Mais je trouvais si méprisable d'essayer par des charmes personnels d'exciter l'admiration, que je préférais encore un peu de ridicule. Je pensais, en outre, que rien n'est plus blâmable que de vouloir provoquer des sentiments qu'on ne veut pas partager. Peu de temps après notre entrée dans le monde, un homme distingué, ayant une belle position, me montra beaucoup d'attentions. J'aimais à m'entretenir avec lui, il fut même un de mes danseurs favoris, jusqu'au moment où quelques observations faites dans ma famille et quelques expressions de sa part, ne me laissèrent plus douter qu'il éprouvait pour moi un sentiment plus vif que l'amitié. Aussitôt je m'éloignai très nettement de lui, et je devins presque dure et hautaine lorsqu'il eut l'air de ne pas vouloir me comprendre. Je préférais cette manière d'agir, contraire à ma nature, à la possibilité d'une erreur sur mes sentiments.

L'idée du mariage était encore loin de ma pensée. Cette union de deux êtres m'apparaissait comme un autre grand et saint mystère. Je ne me croyais pas une tranquillité d'âme suffisante pour en approcher. Je sentais que c'était une révélation que l'avenir me réservait le jour où j'aurais trouvé ce que c'est que la vérité. Ne connaissant que le côté idéal et poétique de ce lien, je m'en faisais une idée exaltée. Je n'y voyais que l'union de deux âmes dans tout ce qu'elles ont de plus sublime. Le sentiment presque enfantin pour le jeune homme dont j'ai parlé plus haut avait péri comme il avait vécu, en silence; il n'avait existé que dans mon imagination et non dans mon cœur. J'étais en outre entièrement satisfaite de ma vie de famille, où je me sentais aimée et où j'avais de si doux devoirs à remplir. Je me trouvai vers ce temps-là seule avec ma mère pendant quelques mois; ma sœur cadette était en visite dans une autre ville. J'avais les yeux très faibles, et les fatiguant toujours par beaucoup de travail, j'étais obligée de leur donner aussi beaucoup de repos. Je me passionnais alors pour les récits que ma mère me faisait de son enfance. Je passais de longues heures à l'écouter et à graver ces souvenirs dans ma mémoire. Ils étaient en effet non seulement d'un intérêt personnel, mais d'un intérêt historique, car ils caractérisaient une époque et une génération tout entières. Ma mère avait été élevée dans la famille de Riedeesel, une de ces vieilles familles aristocratiques qui, sous l'empire, ne reconnaissaient au-dessus d'elles que l'empereur seul. Une dignité de l'empire était héréditaire dans cette famille. Elle exerçait des droits souverains dans le petit bourg de Lauterbach, attenant au vieux château de ses ancêtres. La génération qui habitait ce château, lorsque ma mère était enfant, pouvait se vanter d'une généalogie sans tache. Son sang ne s'était jamais mêlé à celui de la bourgeoisie ou de la plèbe. Ses membres avaient toute la culture, toute la politesse du siècle passé. Il y avait là des femmes charmantes, qu'on avait même admirées à la cour de Marie-Antoinette. Dans ce vieux château, elles entouraient leur vie de l'élégance et du luxe dont l'aristocratie seule avait eu la jouissance incontestée, jusqu'au temps où les fanfares de la révolution française l'avaient appelée devant le tribunal de la justice humaine pour y répondre des abus qu'elle avait commis. Ces types d'un monde qui s'en allait s'étaient mêlés dans l'esprit de ma mère aux images d'un monde qui allait naître. Les troupes de la république française, plus tard celles de l'empire, avaient plusieurs fois passé par là; ma mère s'était assise sur les genoux du maréchal Soult et avait joué avec les boutons de son uniforme. Soult avait été l'hôte forcé des nobles habitants du château. Malgré leur dépit contre ce représentant d'un monde en contradiction avec toutes leurs traditions, ils l'avaient reçu avec la politesse que les usages de leur caste leur prescrivaient même envers des ennemis. Ces impressions variées avaient donné au caractère de ma mère des tendances à la fois aristocratiques et libérales qu'elle garda toute sa vie.

Lorsqu'elle eut quinze ans, elle vint passer l'hiver à Cassel avec la vieille châtelaine, qui l'élevait comme sa fille. C'est là qu'elle aperçut aux fenêtres d'une maison en face de la sienne un jeune homme qui paraissait l'observer avec grand intérêt. La connaissance se fit par des regards sans que jamais un mot ne fût échangé. Au printemps les dames repartirent pour le vieux château et la campagne. L'hiver suivant on revint en ville, dans la même maison. Le jeune voisin y était encore et parut reconnaître avec bonheur dans la charmante jeune fille la belle enfant de l'année précédente. Il se fit présenter, et lorsque le printemps arriva, on ne se sépara que pour se réunir pour toujours. Il avait vingt et un ans, ma mère en avait seize. La châtelaine resta l'amie de la famille, et je me rappelle avoir souvent été la voir lorsque j'étais enfant. C'était une vieille dame, petite, mince, mise avec élégance, couverte de dentelles et de parfums, entourée de valets et de femmes de chambre, qui allaient et venaient sur la pointe des pieds; elle nous comblait toujours de bonbons et de fruits. En écoutant les récits de ma mère, je pensais déjà ce que George Sand a écrit plus tard dans ses mémoires : il faudrait recueillir avec soin, dans chaque famille, les traditions des ancêtres, et en faire une sorte de chronique domestique, qui aurait toujours un grand intérêt individuel et quelquefois un intérêt général.

La vie paisible que je menais alors devait être troublée par une grande douleur qui frappa mon cœur et non mon imagination. Ma sœur aînée, toujours si tendrement aimée, tomba gravement malade en donnant le jour à sa quatrième fille. Elle avait ardemment désiré un fils. Le chagrin de ne pas voir se réaliser ce rêve lui porta un coup mortel qui produisit dans cette créature douce et aimante l'étrange phénomène d'un sentiment d'aversion pour son dernier enfant. Ce sentiment aurait sans doute passé si elle eût vécu. Mais cela ne devait pas être. Pendant trois mois elle se consuma dans des souffrances terribles. Je passais tout mon temps près de son lit, ou avec ses petites filles, qui m'aimaient comme leur mère. Toutes mes pensées ne tendaient qu'à la secourir, à inventer des moyens pour adoucir ses souffrances; mais je voyais avec désespoir l'inévitable fin approcher. Alors je me tournai de nouveau vers le sauveur invisible. Pendant les nuits que je passais près d'elle, j'appelais Dieu, le suppliant de nous venir en aide et de nous la conserver. Mais je le sentais loin de moi, dans des régions vastes, illimitées. Il ne me semblait plus, comme autrefois, une individualité; il remplissait l'univers; il était identique avec les lois sévères qui régissent le monde. L'arrêt qui planait sur nous n'était plus dans son libre arbitre. J'entendais une voix qui me disait comme le *fatum* des anciens : Soumets-toi. Je restais à genoux des heures entières, cachant ma figure dans mes mains et pleurant cette irréparable perte. Il fallut me soumettre. Au lieu du père aimant qui se laisse fléchir par la prière, j'avais trouvé l'inexorable nécessité.

La mourante était déjà depuis plusieurs jours privée de connaissance, engourdie dans un demi-sommeil; mais aussi elle ne souffrait plus. Elle parlait de choses douces, elle paraissait voir des images riantes. Un soir, pourtant, la connaissance parut lui revenir; elle se fit amener ses petites filles, excepté la dernière. Elle prit congé d'elles avec une tendresse navrante. Mais elle était sereine, comme si, sûre de l'éternité, elle ne craignait plus la séparation temporelle. Dans la nuit elle parla des anges, qui l'invitaient à les suivre, en leur souriant comme à des amis. La garde-malade s'inclina respectueusement et me dit à l'oreille : « On l'attend dans le ciel, elle va partir. »

Vers le matin je m'étais retirée pour me reposer un instant. On vint me chercher, c'était fini. Elle était là sur son lit, pâle, tranquille pour toujours, rayonnante d'une beauté céleste. Je m'agenouillai près de sa couche, je regardai à travers mes larmes cette figure bien-aimée, et je me demandai : Nous reverrons-nous jamais? Mon cœur se serra affreusement, mais l'amour que j'avais eu pour elle me cria : « Oui, tu la reverras! »

Ma sœur cadette était revenue peu de jours avant notre malheur. Elle apportait des impressions, des récits de tout genre. Moi, au contraire, j'étais plus faible que jamais, après ce temps de souffrances et de lassitude. Mes yeux étaient surtout si fatigués par les veilles et les larmes, que j'étais obligée de porter un abat-jour sur le front et de ne m'occuper de rien. C'était bien triste pour une nature active comme la mienne, d'autant plus que notre deuil nous obligeait à vivre tout à fait retirés du monde. C'est alors pourtant que le sort m'envoya un des plus agréables épisodes de ma vie. L'hiver précédent nous avions noué des relations avec des personnes tout à fait hors de notre cercle. Le théâtre, dont j'ai déjà parlé plus haut, n'était ouvert que pendant la saison d'hiver, et en été la troupe faisait des tournées. Mon beau-frère en était le surintendant et nous avait amené le nouveau chef d'orchestre, un excellent musicien, qui devait donner des leçons à ma sœur et à moi. C'était un jeune homme charmant, né aux bords du Rhin : une de ces natures aimables, riantes et douées, comme on en trouve plus souvent dans ces heureuses contrées que dans le nord de l'Allemagne, où les hommes sont plus sérieux et plus froids. Quoique très jeune encore, c'était un chef d'orchestre d'une si grande valeur, qu'en peu de temps il acquit une grande autorité et éleva l'opéra à une rare perfection. Avec lui, la musique devint vraiment le centre de notre vie. Il demeurait vis-à-vis de nous avec un jeune acteur, aussi nouvellement arrivé, un homme d'une grande beauté, d'une instruction peu commune, poëte, peintre et d'un caractère noble et élevé. Tous les deux venaient souvent chez nous. Nous étudiions ensemble les compositions des grands maîtres, puis chacun écrivait ses idées sur le morceau analysé; ensuite on lisait ces dissertations lorsque nous étions réunis, et on désignait celle qui contenait les idées les plus justes.

Le jeune acteur avait une voix charmante et composait des chansons pleines de sentiment et de goût. C'était à nous qu'il les montrait avant de les publier. Nous lisions aussi ensemble les chefs-d'œuvre dramatiques, et les rôles étaient discutés chez nous avant qu'il les représentât sur la scène. Ces relations si simples étaient pourtant vues d'un mauvais œil par la société de la petite ville. Les commérages ne tardèrent pas à naître. Mais nous nous en soucions fort peu: et lorsque, après la mort de ma sœur, au commencement de l'hiver, nos amis revinrent avec la saison du théâtre, nous fûmes enchantées de les revoir. Nous vivions tout à fait retirées à cause de notre deuil et de ma santé, nous avions donc un double droit à ne voir dans notre intérieur que ceux dont la présence nous était véritablement une consolation et une jouissance.

Je m'abandonnais au charme de ces relations avec toute la naïveté d'un cœur libre. Des relations intellectuelles et sérieuses entre jeunes gens et jeunes filles, sans coquetterie, sans passion, mais avec la franchise de natures simples et bonnes, m'a toujours semblé une des choses les plus charmantes de la vie. Je ne soupçonnais même pas qu'un sentiment d'une nature différente pût s'introduire dans cette intimité. Pourtant notre ami le musicien avait conçu de l'affection pour moi. Enhardi par la bonté de ma mère, il eut le courage de lui en parler. Celle-ci, toujours disposée à préférer le talent et le caractère aux avantages de la position sociale, entreprit d'aplanir les difficultés et d'obtenir le consentement de mon père, si tel était aussi mon désir. Elle m'emmena faire une promenade en tête à tête avec elle et me fit connaître les sentiments de notre ami et ses projets. A sa grande surprise, elle rencontra un refus net. J'avais le même éloignement qu'auparavant pour le mariage et je reculai presque avec terreur lorsque ma mère prononça ce mot. Non que je fusse effrayée d'accepter une position plus humble que la mienne! Au contraire, mon imagination aurait plutôt trouvé un charme dans la vie à la Wilhelm Meister de notre ami. Mais je sentais que je n'étais pas préparée au mariage, sans me rendre compte alors de la justesse de ce sentiment. J'avais encore la flexibilité et la souplesse des caractères qu'on a l'habitude d'appeler *aimables*. Une telle nature, jetée dans le moule du mariage, prend la forme qu'une autre individualité lui donne et reste par conséquent une créature dépendante, voyant par les yeux et agissant d'après la volonté d'un autre. Ou bien, trouvant sa propre formule, elle sortira du moule, se sentira malheureuse dans ces chaînes prématurément acceptées, ou les brisera dans des luttes douloureuses. Je sentais de plus que mon caractère n'était pas encore assez ferme pour faire un pas si important, je comprenais que ma sympathie n'était nullement de l'amour. Pourtant je n'avais aucun droit, comme cela m'était arrivé la première fois, de refuser avec hauteur. La demande avait été faite avec tant de délicatesse que je crus possible d'adoucir par une bonté franche la peine que j'avais involontairement infligée, et de changer un transport passager en une amitié durable. J'eus la satisfaction de réussir complètement; la seule allusion qui se fit entre nous à ce qui s'était passé fut une chanson charmante qu'il me dédia, dans laquelle il exprimait ses regrets.

La douce quiétude de cette vie fut interrompue par un sentiment d'une amertume toute particulière, que je ne m'attendais pas à connaître. Un de mes frères, ne montrant pas de capacités particulières pour une carrière quelconque, était entré dans l'armée. C'est une erreur, malheureusement trop commune, que commit là mon bon père. Mon frère était beau garçon, avait des talents, des manières agréables et un bon cœur; mais il était léger, faible de caractère et superficiel. Le livrer à la vie oisive, inutile des militaires, c'était l'abandonner presque infailliblement à sa perte. C'est pourtant une chose qui se fait trop généralement lorsqu'on a des fils dont on ne sait que faire. A l'armée, ils se pénètrent d'un orgueil fondé sur une notion fausse, c'est-à-dire que la gloire d'un pays repose dans l'armée. Ils s'imaginent que leur activité à dresser des soldats et à en faire des machines est importante et utile. Ils s'abrutissent dans l'oisiveté de la vie de garnison et se ruinent ordinairement dans les rivalités de tous genres qui sont la conséquence de leur position. Mon frère devint un triste exemple des résultats de cette vie absurde et irrationnelle. Mes parents souffraient terriblement des nouvelles qu'ils recevaient de lui. On fit tout ce qu'on put pour remédier à cet état de choses, mais en vain. Je ne connus jamais toutes les fautes qu'il commit, mais elles durent être grandes, puisque mon père, à la fin, le désavoua et ne voulut plus entendre prononcer son nom. Obligé de quitter le service, il arriva tout à coup dans notre ville. Il s'annonça par une lettre exprimant son repentir, et nous conjura de ne pas l'abandonner. Cette lettre fut adressée au frère qui vivait près de nous. Il ne la montra qu'à ma sœur et à moi. Nous résolûmes de cacher encore son arrivée à ma mère et de le voir d'abord en secret, car nous ne pouvions pas renvoyer un frère qui venait mendier à notre porte, même s'il était réduit à cet état par sa propre faute.

Il y a des moments dans la vie qui contiennent des tragédies plus pathétiques qu'aucune imagination ne pourrait en inventer. Tel fut le soir où ma sœur et moi nous descendîmes dans une chambre du rez-de-chaussée, où un homme, un inconnu qui ne nous connaissait pas, était tremblant comme un criminel. Cet homme était notre frère. Il nous avait quittées lorsque nous étions enfants. L'indignation que je ressentais contre lui à cause des chagrins qu'il avait causés à mon père, se fondit en une compassion infinie lorsque je le vis dans cet état. J'eusse donné ma vie pour le délivrer du sentiment de honte qui devait l'accabler en se trouvant ainsi devant ses sœurs cadettes comme devant des juges. Pour le calmer, je lui témoignai l'affection d'une sœur. Lorsque nous eûmes préparé ma mère à l'entrevue, elle le reçut et il fut décidé qu'il resterait pendant quelque temps sous notre toit pour s'occuper d'études sérieuses.

Il n'existe peut-être pas de sentiment aussi pénible que celui qu'on éprouve en vivant avec un être qui vous est uni par les liens du sang, et dont la vie a été tachée par des fautes graves. J'ai toujours eu plus de chagrin de voir humilier un enfant, que l'enfant n'en éprouvait lui-même; je souffrais davantage lorsque la même chose arrivait à des domestiques, quelquefois âgés, souvent pour des bagatelles. Mais voir un homme, mon égal, mon frère, humilié devant moi par sa faute : c'est un des chagrins les plus amers que j'aie éprouvés dans ma vie. Si j'avais vu en lui un vrai repentir, la tristesse profonde qui transforme l'homme, je me serais abandonnée avec joie au sentiment d'affection qui m'entraînait vers lui. Mais je ne me doutais que trop qu'il était plus mortifié par les circonstances que par sa conscience. Sa vanité, qui perçait souvent dans ses manières agréables et élégantes, m'éloignait malgré moi. Pourtant je m'appliquais, avec tout le zèle dont j'étais capable, à réveiller dans son cœur la vraie vertu, l'amour du travail sérieux.

Tout semblait de plus en plus me lier aux devoirs domestiques que la destinée m'avait imposés, et je ne demandais que de pouvoir les remplir fidèlement.

Ma mère, à peine remise d'une longue maladie nerveuse, fut victime d'un accident qui la priva pour longtemps de l'usage d'un pied. Pendant sa maladie, qui dura quelques mois, je ne la quittai pas un instant. Je laissais ma sœur aller au théâtre et au bal tandis que je remplissais mes devoirs de garde-malade. S'il était possible d'établir des comptes dans l'amour filial, je dirais que c'est à cette époque de ma vie que je payai ma dette à ma mère.

Les mauvais penchants de mon frère reprirent bientôt le dessus. Il commit un excès que nous cachâmes à notre mère, mais qui m'indigna tellement que je lui en parlai dans les termes les plus sévères. Il se fâcha de mes reproches au lieu de reconnaître qu'il les méritait. Je commençais à être dégoûtée et désespérée. On l'envoya à la campagne, sous la surveillance d'un homme sévère, pour y étudier l'agronomie? En même temps il fut décidé que ma mère passerait tout l'été aux eaux, à Wiesbaden, dans le midi de l'Allemagne. Avant notre départ nous vîmes souvent nos amis les artistes, que nous ne devions plus revoir, car ils avaient accepté tous les deux d'autres engagements. Nos adieux furent calmes et d'une grande cordialité. Nous nous devions beaucoup réciproquement et nous n'avions aucun reproche à nous faire.

Comme notre absence devait durer longtemps, nous prîmes congé de nos amis, entre autres de la famille du pasteur qui avait fait mon instruction religieuse. Depuis longtemps nos rapports n'étaient plus les mêmes. J'allais rarement à l'église. Je m'étais aperçue que ce qu'on m'y donnait ne me satisfaisait plus. Je cherchais des pensées nouvelles; je n'y trouvais que les préceptes d'une morale que je ne voyais pratiquer nulle part. Au lieu d'y aller, j'écrivais chaque dimanche, à la maison, une méditation sur un texte de la Bible. Je ne voulais pas m'éloigner de la religion, mais sans m'en douter je commençais à me créer un système philosophique. Une certaine froideur de la part de mon maître en fut la conséquence naturelle. Il regrettait de voir son élève la plus zélée abandonner les pratiques du culte. J'étais encore trop peu libre pour lui avouer la direction que prenait ma manière de voir. En lui faisant mes adieux, je m'aperçus de la froideur qui s'était établie entre nous. J'en fus peinée et lui envoyai mon cahier de méditations pour lui montrer que je n'avais pas été inactive. Il le rendit avec quelques mots d'approbation polis et froids. — Il n'y avait plus de remède : — le mot de Goethe s'était vérifié en moi : « Du dedans au dehors. »

CHAPITRE XI

Le grand monde.

Avant de partir j'écrivis une dernière lettre à mon malheureux frère, j'y mis toute mon âme. Je l'écrivis avec l'accent passionné de la charité qui veut sauver à tout prix et qui se croit irrésistible. Ce fut pourtant en vain! Le mal était devenu trop puissant.

Nous reçûmes de mauvaises nouvelles; je me sentis épuisée et je résolus de ne plus prodiguer mes forces à une cause sans espoir. Mon frère partit pour l'Amérique, où il mourut.

Nous revîmes le Rhin si beau et les délicieuses contrées du midi de notre patrie. Nous retrouvâmes mon père et nous visitâmes de vieilles connaissances dans plusieurs endroits. Enfin nous nous établîmes pour l'été aux bains de Wiesbaden, charmant séjour qui réunit à l'efficacité de ses eaux la beauté des environs et les splendeurs d'une ville de premier ordre. Là enfin je devais connaître « le grand monde », la haute société des grands centres du monde civilisé qui y affluait de toutes parts. Depuis longtemps j'avais un grand désir de m'approcher de cette société dont je me faisais une idée charmante. Il me semblait que ce contact achèverait mon éducation et me donnerait la liberté d'esprit et de manières, après laquelle je soupirais. La société de notre petite résidence ne me suffisait plus. J'avais un vague besoin d'une sphère plus large. J'en avais parlé à une Parisienne très spirituelle, qui avait passé quelque temps au château en qualité d'institutrice des princesses. Elle connaissait parfaitement le grand monde de Paris et elle me répondit : « Demandez ce qui vous manque au soleil, aux étoiles; demandez-le au printemps et aux fleurs : ce sont là les maîtres qu'il vous faut. Le grand monde ne peut rien vous enseigner. »

Je les connaissais bien ces maîtres-là! C'étaient les confidents de mes pensées secrètes; ils me donnaient des inspirations; j'avais toujours eu avec eux une vie à part dont personne ne se doutait. Mais il me fallait encore quelque chose, un champ plus vaste, une liberté plus grande, et je m'imaginais trouver ce dont j'avais besoin dans une société dégagée de préjugés, préoccupée d'intérêts divers et importants, telle enfin que je me figurais celle des grandes capitales.

En peu de temps nous fûmes en effet entourées d'une masse de connaissances nouvelles, dont l'une entraînait l'autre. Des bals splendides se donnaient dans les beaux salons du « Kursaal », où le jeu et le plaisir attiraient une société plus élégante et plus aristocratique que celle que j'avais vue jusqu'alors. Il nous fut facile de nouer des relations plus intimes au milieu de cette foule. Dans la même maison que nous logeait une comtesse russe avec sa fille, nous fûmes bientôt liées avec elles. La mère était une personne excellente, d'un caractère noble, doux et aimable. La fille n'avait que treize ans, elle était tout le contraire de sa mère : sauvage, capricieuse, téméraire, une vraie cosaque enfin. En peu de temps elle s'attacha tellement à nous qu'elle venait à tout moment, n'importe dans quel costume, invitée ou non. Le matin, à six heures, elle entrait déjà dans notre chambre en simple peignoir, les cheveux en désordre, une assiette pleine de fraises et un pot de lait à la main; elle venait ainsi déjeuner chez nous. Après, elle s'amusait à jeter tout sens dessus dessous, puis à parler du temps où elle serait assez grande pour aller au bal, à gémir sur le malheur d'être si jeune et à nous assurer que l'étude était une torture. Malgré ces manières peu agréables, elle avait quelque chose d'original, de franc et de généreux. Ces qualités, et l'estime que nous éprouvions pour sa mère, nous la firent tolérer. Chez cette dame russe nous fîmes la connaissance d'un de ses compatriotes, diplomate de haute naissance, le comte Daschkoff. C'était un homme d'une trentaine d'années, d'un extérieur fort intéressant. Il marchait avec des béquilles; il avait contracté un rhumatisme dans une action d'éclat. Il avait sauté d'un vaisseau qui brûlait au milieu des flots pour sauver la vie de deux personnes. La comtesse, qui l'avait connu en Russie, parlait de lui avec admiration. Je me sentis, dès le premier moment, sous le charme de sa conversation spirituelle, et dès lors je préférais le plaisir de le rencontrer à tous les autres plaisirs qui s'offraient à moi. Il ne fréquentait pas la société à cause de sa santé. Une fois il promit pourtant de prendre part à une fête champêtre donnée par une riche dame créole. Cette fête eut lieu dans un des plus délicieux endroits que l'on puisse imaginer, sur une colline d'où l'on dominait un pays admirable. La société était composée de personnes de presque toutes les nations civilisées. Je me plaçai sous une tente, dressée par les soins de notre hôtesse, pour contempler le tableau riche et charmant qui se déroulait devant nous. Le soleil nous enveloppait de lumière et de chaleur. Autour de moi s'entremêlaient les accents gais et variés de toutes les langues modernes. Tout semblait respirer la jeunesse, la beauté, le bonheur. Mes yeux se fixèrent sur un point à l'horizon lumineux; un sentiment nouveau, inexprimable me remplit le cœur, et une larme de bonheur roula dans mes yeux.

Tout à coup, comme attirée par une puissance invisible, je me retournai et rencontrai deux yeux noirs fixés sur moi avec un regard sérieux et interrogateur. C'était notre nouvel ami qui s'était placé sans bruit à côté de moi. Je sentis alors pourquoi j'étais si heureuse : j'aimais! Rahel dit : L'amour est une conviction! J'étais convaincue. Il me paraissait un homme parfait. Non seulement son esprit avait la profondeur qui ne s'épuise pas et la grâce qui charme toujours, mais il possédait aussi l'harmonie et l'élégance des manières, qui sont le reflet spontané des belles natures. Moi, j'avais l'air d'une enfant plus jeune même que je n'étais et j'éprouvais en sa présence, au plus haut degré, la timidité invincible qui a gâté tant de beaux moments de ma vie; mais malgré cela je sentais que lui aussi prenait à moi un intérêt plus qu'ordinaire et recherchait ma société. Ne pouvant pas marcher longtemps, il proposait souvent des excursions à âne, qui sont fort en vogue pour les malades en cet endroit. Nous parcourions ainsi ce joli pays, nous arrêtant sur les collines couvertes de ruines, d'où l'on avait des points de vue splendides, ou dans de vertes vallées qui nous offraient le charme de la solitude. Pendant que nos montures broutaient l'herbe, nous nous reposions sur le gazon; notre compagnon nous parlait d'histoire, de poésie, de voyages. Je l'écoutais avidement, je goûtais avec délices le charme de sa conversation; mais une pénible contrainte m'empêchait d'exprimer librement tout ce que je ressentais, tout ce que je pensais. Devinait-il ce qui se passait dans le cœur de la jeune fille muette qui était assise à ses côtés, enviant l'insouciante témérité de la sauvage petite Russe qui babillait de toutes sortes de choses? Je ne le sais, mais il était très doux et très affectueux envers moi. Malheureusement d'anciennes connaissances à lui arrivèrent et formèrent un cercle que nous ne connaissions pas et où il passait beaucoup de temps; je ne le vis plus que rarement.

Pendant ce temps, le nombre de nos connaissances avait augmenté, et nous nous trouvions entraînées dans un véritable tourbillon de fêtes. Parmi ces connaissances, il y avait une dame russe de la haute aristocratie, veuve, avec trois enfants. Elle venait aux eaux pour sa santé et pour se divertir. Le hasard l'amena dans la maison que nous habitions, avec la comtesse et notre ami russe. Ce dernier l'avait connue à Pétersbourg. Nos relations avec elle commencèrent par son entremise, et bientôt nous l'eûmes aussi souvent chez nous que l'enfant terrible de la comtesse. Elle avait une trentaine d'années, elle n'était pas belle; malgré cela, la grande occupation de toute sa vie était de plaire. Elle disait elle-même en parlant des dames de Saint-Pétersbourg : « Nous sommes élevées pour plaire ». Douée d'un cœur généreux et de manières engageantes, on l'aimait tout en blâmant ses excentricités. Elle se prit d'une grande tendresse pour nous, et bientôt nous fûmes au courant de ses affaires et de ses chagrins secrets. Elle avait une passion pour un Polonais, un des lions de la société, jeune homme d'une remarquable beauté, mais un roué. Blasé, joueur, superficiel, il savait pourtant éveiller des passions folles, qu'il exploitait pendant la durée d'un roman. Une de ses victimes était sa propre femme, car il était marié et avait un enfant. Celle-ci avait été une beauté, mais les chagrins l'avaient flétrie et vieillie avant l'âge. Son mari avait dissipé la fortune qu'elle lui avait apportée et ils se trouvaient dans une grande misère. Il la trahissait continuellement, mais son cœur n'était pas complice de ses infidélités, car il n'aimait que sa propre personne ; il maltraitait sa femme et se vengeait sur elle de ses pertes au jeu ; sa mauvaise humeur s'étendait même à son unique enfant ; aussi l'aspect de ce pauvre petit être, chétif et triste, faisait pitié. Malgré tout, sa femme l'aimait avec un dévouement si passionné qu'elle trouvait encore des excuses pour lui, ne vivait que de ses regards et rayonnait lorsque, devant ses rivales, il avait pour elle quelque attention. Était-ce admirable, ou déplaisant ? Je ne saurais le dire, mais ma pitié était toujours mêlée d'une secrète colère lorsque je la voyais, le soir, au salon, couverte d'une parure fanée, qui faisait ressortir la pauvreté dans laquelle elle vivait, suivre de ses yeux, rougis par les larmes, l'homme qui l'insultait publiquement en faisant la cour à d'autres femmes.

La princesse G..., par sa fortune, lui parut une conquête désirable. Il réussit en peu de temps à lui inspirer une passion violente. Les deux dames rivales venaient chercher conseil et consolation auprès de ma mère, et ainsi je fus pour la première fois témoin d'un de ces tristes drames dont le grand monde est le théâtre. Un soir nous étions allées dans la même voiture que la princesse G..., à un bal qui avait lieu au *Kursaal*. Le Polonais tourmenta la princesse toute la soirée par des accès de jalousie feinte. Il lui fit des scènes dont chacun devait s'apercevoir. C'était son but : il voulait la compromettre pour la gouverner. La princesse hésitait entre sa passion et la peur du blâme de toute la société. A la fin pourtant, ennuyée et chagrinée jusqu'aux larmes, elle se décida à partir. Nous consentîmes à passer la soirée avec elle. A peine étions-nous parties que la voiture fut arrêtée. On ouvrit violemment la portière, le Polonais sauta sur le marchepied, embrassa les genoux de la princesse et jura avec véhémence qu'il ne quitterait pas cette posture avant que la paix fût faite entre eux et qu'elle eût réparé ses torts envers lui. La princesse poussait des cris de terreur. J'étais hors de moi d'indignation; je criai au cocher de partir au galop. Le Polonais fut obligé de descendre et ne put nous suivre. La princesse était en larmes et au désespoir. Arrivée chez nous, je la quittai sans lui dire adieu, et je déclarai que pour rien au monde je ne sortirais désormais avec elle.

L'histoire se répandit naturellement. Notre ami russe vint s'informer des détails. Il détestait le Polonais et souriait avec bonté de mon indignation. Puis il alla faire des représentations sérieuses à la princesse, sur laquelle il avait un certain ascendant. Je m'abstins d'aller chez elle pendant longtemps, jusqu'à ce qu'elle vînt nous prier de la manière la plus affectueuse d'assister à une petite soirée à laquelle elle n'avait pas invité le Polonais, mais seulement des personnes qui nous étaient agréables.

Cette aventure avait achevé de m'ôter mes illusions sur le grand monde. Voilà donc cette société dont je m'étais promis tant d'avantages pour mon développement intellectuel! me disais-je tristement. Je me réfugiais alors auprès de ma sérieuse amie russe, la mère de la petite sauvage, où je trouvais toujours une conversation pleine de charmes, et où je rencontrais quelquefois celui en qui seul je retrouvais l'idéal que je m'étais formé de la haute société.

Il alla faire un voyage de quelques semaines en Allemagne, pour essayer ses forces et voir si la durée de la cure avait été suffisante. Après son départ, la société perdit son dernier charme pour moi, les bals m'ennuyaient. J'avais un désir ardent de le revoir encore, et un jour ce désir devint si puissant que je me jetai à genoux et priai Dieu de le faire revenir. La prière était presque la seule pratique religieuse qui me fût restée, et encore je n'y recourais que sous l'empire d'une forte émotion. Par une singulière coïncidence, le même jour il rentra dans la maison, dans les mêmes chambres qu'il avait déjà occupées au-dessus de nous. Je ne le sus pas, mais le soir, lorsque nous étions assises sous les orangers devant le *Kursaal* avec d'autres connaissances, il parut tout à coup, vint vers nous et prit place à côté de moi. On le questionna sur son voyage, puis on lui demanda s'il était rentré dans son ancien appartement. Il répondit affirmativement et ajouta à voix basse, pour moi : « Si je n'eusse pu être là, je ne serais pas revenu ».

Plusieurs semaines après, il partit définitivement pour une ambassade lointaine. La veille de son départ, nous étions réunis dans le salon de la princesse G...; il resta toute la soirée assis à côté de moi, et pour la première fois je me sentis tout à fait libre avec lui. En face du danger j'ai toujours trouvé le courage; de même ici, au moment de la séparation, ma réserve habituelle était vaincue. Ces derniers moments devaient être à moi et ils l'étaient pleinement. Nous quittâmes ensemble le salon de la princesse; à notre porte il prit un congé affectueux de ma mère et de ma sœur, puis il me tendit la main, attacha sur moi un regard d'une profonde tendresse et partit sans dire un mot.

Je ne dormis pas de toute la nuit. Avant l'aube j'entendis ses pas au-dessus de nous, puis il descendit l'escalier. Je me glissai doucement hors du lit pour ne réveiller ni ma mère ni ma sœur, je m'enveloppai d'un châle et m'approchai de la fenêtre. Je le vis traverser la cour pour aller à la voiture qui l'attendait dehors. Tout à coup il tourna la tête et regarda en arrière, je me retirai avec la rapidité de l'éclair. Lorsque je regardai de nouveau il était parti. Pourquoi avait-il tourné la tête? il savait sans doute qu'il laissait derrière lui un profond regret.

Après son départ, la comtesse, son amie et la mienne, me parla de lui avec une estime et une admiration infinies, et ajouta comme à dessein qu'il n'avait pas de position de fortune qui lui permît de se marier, excepté avec une femme très riche, et que l'intégrité de son caractère lui défendait de faire un mariage d'argent. Quelques jours après je vis sur la table une lettre ouverte de mon père à ma mère. Comme celle-ci avait coutume de me les montrer, je n'hésitai pas à la lire. Mon père parlait de moi en ces termes : « Elle aussi, la pauvre enfant, a dû connaître la grande peine. Que Dieu lui vienne en aide ! »

Ma mère m'avait donc devinée et avait parlé à mon père. Mais, comme je me taisais, elle fit de même. Jamais le nom de l'absent ne fut prononcé entre nous. Je sus gré à ma mère de sa délicatesse. On ne peut guère toucher à ces secrets du cœur sans les vulgariser, sans leur enlever la poésie qui, même dans la douleur, leur donne encore une force consolante. Ce rêve « d'une nuit d'été » est resté intact et pur dans ma mémoire, et la douce émotion qui émane d'un tel souvenir et rajeunit le cœur au bord même de la tombe, semble comme le gage de quelque chose d'immortel qui résiste aux destructions du temps.

CHAPITRE XII

L'art.

L'hiver suivant nous habitâmes Francfort avec mon père. Nous menions une vie très tranquille, car mon père s'était entièrement retiré du monde et refusait toutes les invitations, sauf celles d'une ou deux familles amies. Cette vie ne me suffisait guère.

Dans notre intérieur il n'y avait pas assez de devoirs à remplir pour employer toutes mes forces. Mon père s'occupait seul pendant le jour; le soir il nous lisait des choses agréables et bonnes, mais rien qui remuât l'âme et lui ouvrît de nouveaux horizons. La « sainte inquiétude » s'empara de nouveau de moi; je cherchais un but élevé, le chemin de l'idéal, de la perfection. La religion n'avait pas résolu le problème de la vie pour moi; le monde, où j'avais cru trouver une existence supérieure, ne m'avait dévoilé que mesquinerie et corruption : je cherchais donc ailleurs.

La peinture avait été dès l'enfance mon art favori. Je n'avais pas encore pu l'étudier avec un maître sérieux, mais je m'en étais toujours occupée avec amour. Pendant longtemps les conceptions de l'art chrétien, tel que je l'avais vu dans différentes villes de l'Allemagne, m'avaient paru sublimes. J'enviais la vie de ces corporations du moyen âge, d'où étaient sorties des œuvres comme les cathédrales de Cologne, de Strasbourg, comme les tableaux des anciens maîtres allemands, dont le nom est oublié tant ils étaient modestes, mais dont l'âme respire encore dans les têtes angéliques des vierges, dans les figures de pieux héros et d'enfants divins.

Au temps dont je parle, je vis les tableaux d'un paysagiste allemand qui, ayant vécu longtemps en Italie, peignait la nature méridionale avec l'âme d'un poète, comme l'a fait Claude Lorrain. Ainsi que celui-ci, il ne copiait pas seulement la nature, mais il la reproduisait dans tout ce qu'elle a de plus idéal, dans l'harmonie indicible avec laquelle elle agit sur le cœur de l'homme. En voyant ces tableaux, une grande révolution se fit en moi; je compris pour la première fois que la lumière, la couleur, la forme en elles-mêmes, par leur ensemble, par leur harmonie, peuvent nous donner l'idée de la beauté et faire sentir le bonheur infini qui émane d'elle. Je n'avais plus que le désir de devenir l'élève du peintre dont les tableaux m'avaient tellement impressionnée, et de vouer ma vie à l'art, qui me paraissait devoir être le chemin de la perfection morale.

Mais, comment réaliser ce désir? L'idée eût paru extravagante à mes parents, et ils y auraient trouvé des difficultés insurmontables. J'étais pourtant décidée à tout tenter pour arriver à mon but. Nous avions un vieil ami, un homme très original, que nous aimions tous à cause de son excellent caractère et de ses malheurs. Son histoire ressemblait à un roman. Aristocrate et jouissant d'un physique remarquable, il avait servi dans la légion d'étrangers formée en Angleterre et avait passé quelques années à Naples en qualité d'officier. Il s'y était marié avec une Anglaise d'une grande famille, dont le nom n'est que trop célèbre dans les annales du royaume de Naples. Lorsqu'il fut rappelé en Angleterre avec la légion, sa femme refusa de le suivre avec ses trois enfants. Les prêtres l'avaient engagée à convertir son mari et à le gagner au parti absolutiste. Voyant l'inflexibilité de ce caractère honnête et droit, ils avaient détourné la femme de ses devoirs. Le mari s'efforça de la ramener par le raisonnement et par l'amour; mais lorsque le jour du départ arriva, elle disparut avec les enfants. Obligé de partir, le mari ne put découvrir sa retraite. Après de longs efforts, il apprit que sa femme et ses enfants étaient cachés dans un couvent, en Sicile. La femme refusa de retourner près de lui et il ne put jamais retirer ses enfants des mains des prêtres, protégés par le pouvoir royal. Ceux-ci les élevaient pour leur but et dans la haine de leur père, qui les aimait toujours, bien qu'il ne parlât jamais d'eux ni de ses malheurs. Depuis longtemps à la retraite, il vivait seul comme un sage. Une seule passion lui était restée : une haine profonde et terrible contre le catholicisme et les prêtres, qu'il appelait « les ennemis de l'humanité ».

C'était un ami excellent pour nous; je lui confiai mon désir de prendre des leçons avec ce peintre, Carl Morgenstern, qui n'en donnait à personne. Il promit de tenter l'entreprise. Il alla visiter l'atelier de l'artiste, lui parla de l'Italie en italien, qu'il parlait parfaitement. Lorsqu'il eut gagné sa confiance et son intérêt par son aimable conversation, il lui dit tout à coup en allemand qu'il n'était venu que pour le prier de donner des leçons à une jeune amie. Il sut si bien plaider ma cause que l'artiste, amusé par l'originalité du procédé, promit de venir voir si mon talent valait la peine qu'il me consacrât son temps. Il vint en effet, consentit à me donner des leçons et m'engagea à commencer aussitôt à peindre à l'huile.

J'étais hors de moi de bonheur, mais l'achat d'un attirail de peinture était très coûteux. Je ne voulais pas importuner mon père, puisqu'il était opposé à ce que je prisse des leçons, déjà assez chères par elles-mêmes. Je vendis donc secrètement une belle chaîne d'or et quelques autres bijoux que je possédais, et j'éprouvai une immense satisfaction à arriver à mon but par un sacrifice personnel et sans en imposer aux autres.

Ainsi je commençais à peindre, et certes jamais même les plus grands artistes n'ont pu éprouver un bonheur plus grand que celui que je ressentis en me livrant, sous un maître de premier ordre, à cette occupation qui devait enfin me montrer le vrai chemin de l'idéal.

Je peignais presque toute la journée, et lorsque, vers le soir, je mettais de côté mon chevalet, je sentais que j'étais devenue meilleure. Aucune pensée vulgaire, aucune préoccupation mesquine ne trouvaient place dans mon âme. Arriver par la perfection technique au secret de la beauté était devenu le but de ma vie. Je vivais dans un monde à part, qui, pour moi, était le seul véritable. Je ne négligeais cependant aucun de mes devoirs, et j'étais peut-être encore plus douce, plus complaisante envers ceux qui m'entouraient, puisque je me sentais intérieurement satisfaite; mais eux devinaient que ma pensée (le centre de ma vie) était ailleurs; et bien que je voulusse ne pas leur faire de peine, ils étaient un peu irrités. On commença à me railler, car on ne pouvait croire qu'une concentration si passionnée, si constante, eût une autre cause dans le cœur d'une jeune fille qu'un attachement personnel. On me dit que j'étais enviée par beaucoup de jeunes dames, qui avaient désiré avoir des leçons du célèbre artiste et qui n'avaient pu les obtenir. Tout cela ne me touchait guère; mon maître m'était cher comme maître. Rien de plus. Un tendre et mystérieux souvenir vivait encore au fond de mon cœur, et je n'aurais pas été capable de changer si vite de sentiment. J'étais trop absorbée par mon travail pour ne pas rester étrangère aux conversations banales. Pendant qu'on discutait toilette, affaires domestiques ou qu'on parlait du prochain, j'étais à mon chevalet, copiant des tableaux de mon maître, dans lesquels un ciel d'azur se mirait dans une mer plus bleue encore; cette mer était bordée de rochers pittoresques, de palmiers et d'oliviers. Des barques légères glissaient sur l'onde tranquille, et il semblait que les pêcheurs qui les dirigeaient chantaient un hymne à la beauté et au bonheur. Pendant que je peignais, je comprenais l'erreur de l'ascétisme chrétien : les sens ne sont pas les ennemis de l'esprit, ils doivent en être les instruments.

CHAPITRE XIII

Le jeune apôtre.

Au printemps nous devions regagner notre petite patrie du Nord. Ce fut pour moi un déchirement de cœur impossible à décrire de renoncer à des leçons qui me donnaient tant de bonheur; c'était comme renoncer au salut de mon âme. En outre Francfort, malgré notre vie solitaire, m'offrait des ressources dont je sentais toujours davantage le besoin. Notre petite résidence, que j'avais autrefois tant aimée, avec ses intimités, me parut un exil. Pourtant il fallait partir. La seule consolation que je sus trouver fut de prier mon maître d'entretenir avec moi une correspondance sur des questions d'art; il le promit, car il regrettait aussi mon départ.

De retour à Detmold, mon premier soin fut de m'arranger un atelier où, seule et absorbée par l'art, je passais des heures d'études assidues. Je sortais aussi pour dessiner d'après nature; mais, accoutumée au charme indicible de la nature du Midi, que je connaissais par les tableaux de mon maître, les paysages que j'avais sous les yeux ne me plaisaient plus. Je dois pourtant excepter les études d'arbres et les sous-bois, avec leur clair-obscur mystérieux et les rayons de lumière passant par le feuillage et jouant sur la mousse qui tapisse la terre. C'est là la vraie poésie du paysage de l'Allemagne septentrionale, et c'est pour cela probablement que les Germains avaient choisi les forêts et les arbres pour sanctuaires, et fait des bois de chênes le temple de Wôtan. Mais pour les paysages plus vastes, je remarquais que le vert n'est pas pittoresque. Le bleu, le violet, le jaune et le rouge donnent les teintes qui plaisent à l'œil. C'est peut-être pour cela que l'extrême nord, où dominent les rochers nus, la neige et la mer d'un bleu sombre l'emporte, presque à l'égal du midi, au point de vue du pittoresque, sur les pays fertiles du centre, où le vert prédomine.

J'étais en outre privée de ressources dans la petite ville ; non seulement il n'y avait pas de musée, mais pas même un seul bon tableau, pas d'artistes et à peine quelques personnes qui savaient ce que c'est que la peinture. Ma nature active chercha d'autres voies. Les questions religieuses se réveillèrent sous une autre forme. Je ne reculais plus devant la critique, j'essayais d'aller encore de temps en temps à l'église, mais je n'y trouvais pas les éclaircissements que je cherchais. Un jour on me dit que le fils aîné de mon pasteur, étant à la maison pendant les vacances de l'université, allait prêcher le dimanche suivant à la place de son père ; il était théologien comme lui. Je me rendis à l'église pour savoir ce qu'était devenu ce garçon pâle et silencieux que j'avais vu autrefois travailler dans la chambre de sa mère. Après le chant qui précède le sermon, un jeune homme monta en chaire, inclina la tête et resta un instant en prière. J'eus le temps de l'examiner. Il était grand comme son père, mais sa tête avait un type qui n'appartient pas aux contrées où il était né. C'était une figure pâle, aux traits marqués, d'une noblesse de coupe comme on en voit plus fréquemment dans les races méridionales. De longs cheveux noirs lui tombaient jusque sur les épaules, son front était celui des penseurs, des martyrs. Lorsqu'il commença à parler, je fus frappée du son de sa voix grave, sonore et pourtant douce. Bientôt pourtant j'oubliai le reste pour écouter le sermon. Ce n'était plus cette morale sentimentale et vague de l'orthodoxie protestante. C'était un torrent juvénile de poésie et de pensées nouvelles. C'était la flamme vierge d'une âme tout idéaliste avec la force d'une intelligence critique. C'était un Herder rajeuni qui, tout en prêchant l'Évangile, possédait des idées de haute philosophie sur l'histoire de l'humanité. Je me sentis profondément émue et heureuse. De retour à la maison, je racontai à ma mère ce que j'avais entendu et je lui dis avec enthousiasme : « Si ce jeune homme reste ici, ce petit pays aura un grand avenir ».

Quelques jours après ma mère alla à la réunion de la Ressource ; je ne l'accompagnai pas. Mon maître d'autrefois lui avait présenté son fils, et elle revint aussi enthousiasmée que moi. « C'est l'idéal d'un jeune homme », dit-elle. Je regrettais de ne pas y avoir été, et pourtant je ne désirais presque pas rencontrer mon jeune apôtre sur un terrain neutre. Il avait déjà pris place dans mon imagination, comme le prophète inspiré d'une vérité nouvelle. Je ne le revis plus en effet cette année, car il retourna à l'université.

Enfin il me fallait sortir de la vie contemplative pour en venir à l'action. Les saintes joies que je goûtais lorsque je peignais me parurent trop égoïstes ; je voulus prendre soin des souffrances que je découvrais autour de moi ; la charité, qui me paraissait la véritable expression du christianisme, devait se manifester par l'action. Je résolus d'abord de fonder une société de travail pour les pauvres. J'en parlai aux jeunes filles de ma connaissance. On haussa les épaules, on douta du succès, mais je parvins à en réunir un petit nombre, et nous commençâmes avec une organisation bien simple. On se réunissait une fois par semaine tantôt chez les unes, tantôt chez les autres, pour travailler, et on versait chaque fois dans la caisse une cotisation si modique qu'elle était à la portée de chacun. Cela aidait à payer le matériel du travail; on y ajoutait des dons volontaires. On devait travailler ainsi toute l'année à des vêtements de tout genre et en faire la distribution à la fête de Noël. Dès mon enfance j'avais toujours compté ce jour de fête, tel qu'on le célèbre en Allemagne, comme un jour de joie pour les pauvres.

L'entreprise réussit de mieux en mieux. Bientôt toutes les jeunes filles de notre société demandèrent à être admises. La quantité de travail qu'on fournit avec des moyens modestes fut assez importante.

Parmi les personnes qui se firent admettre se trouvaient les deux sœurs du jeune apôtre. Je connaissais l'aînée : elle était belle et bonne, mais elle ne m'avait jamais beaucoup intéressée. La seconde venait seulement d'entrer dans le monde. Elle était bien plus jeune que moi et je ne l'avais connue que toute enfant. Maintenant, attirées par cette affinité inexprimable qui décide des rapports des hommes, nous nous rapprochâmes dès le commencement, et bientôt, à l'étonnement de toute l'association, il y eut entre nous une véritable amitié de cœur. On n'aimait pas généralement ma jeune amie autant que sa sœur, qui était plus accommodante. On la trouvait affectée et extravagante parce que, à dix-sept ans, elle préférait les conversations sérieuses au babillage frivole, et ne se livrait que lorsqu'elle était mise à l'aise par l'intérêt de la conversation, tandis qu'elle restait embarrassée, muette et gauche dans les rapports ordinaires de la société. Moi je la comprenais et je voyais avec enchantement sa riche nature, qui se révélait sous mille formes diverses. En peu de temps je fus plus intime avec elle qu'avec toutes les autres. Elle me parlait souvent de son frère, qu'elle aimait avec passion; il était tout pour elle, son amour pour lui était un vrai culte. Je l'écoutais avec un profond intérêt, et l'image du jeune apôtre m'en devenait plus chère encore. On l'attendait au printemps, à son retour définitif de l'université. Sa sœur tremblait de joie en y pensant, car il devait rester longtemps à Detmold pour se préparer à son examen de théologie.

Moi aussi je l'attendais avec joie; je savais qu'il devait m'apporter de nouvelles lumières, et de plus il était le frère adoré de celle qui régnait dans mon cœur.

Lors de son retour, ma sœur et moi nous reçûmes une invitation de ses deux sœurs à passer la soirée chez elles. Nous étions à peine assises que la porte s'ouvrit et le frère entra. Il se plaça à côté de moi, la conversation devint tout de suite très animée. C'était étrange comme nos opinions s'accordaient sur tous les points importants. Nous nous regardions avec étonnement, car il semblait que chaque parole de l'un venait de la pensée de l'autre. Lorsque nous partîmes, il resta debout au milieu de la chambre, me regarda comme s'il rêvait quand je lui dis adieu; et lorsqu'à la porte je me retournai encore une fois, il était cloué à la même place, immobile.

Quelques jours après, ses sœurs furent invitées

ainsi que lui, à ma prière. J'étais déjà sous l'empire de cette contrainte qui m'a gâté tant d'heures de ma vie, l'impossibilité d'épancher mon cœur lorsqu'il est le plus rempli, et qu'il voudrait se donner librement. Pourtant, à la fin, j'eus un instant, seule avec lui, une conversation concernant sa seconde sœur qu'il n'appelait jamais autrement que la *petite*. L'affection que nous avions l'un et l'autre pour elle me rendit éloquente. En m'extasiant au sujet de la sœur, je sentais que désormais le frère ferait le trio de cette alliance qui déjà faisait une partie de ma vie.

Peu de jours après, ma mère et mes sœurs désirèrent aller à la communion. Cela ne s'était fait que deux ou trois fois depuis le jour où j'avais éprouvé tant d'angoisses, je n'étais pas encore tranquille sur ce point. Je résolus cette fois d'en venir à une conclusion. Je m'adressai à mon ancien maître, dont je m'étais de nouveau rapprochée par l'amitié de sa fille cadette. Je lui écrivis une longue lettre dans laquelle je lui avouais sans réserve mes scrupules et mes doutes. Je confessai que je n'avais jamais admis le mystère de la grâce et que je croyais, après tout, que cette cérémonie ne devait être regardée que comme un symbole de la grande fraternité humaine que le Christ avait voulue. Je lui demandai une heure pour traiter cette question de vive voix avec lui. Il y consentit et demeura aimable comme toujours, ne me fit aucun reproche de ce que je lui avouais; mais il ne me donna pas non plus son opinion positive sur le sujet en question. Je commençais à soupçonner qu'il n'en avait pas lui-même. A la fin il détourna la conversation et me raconta, entre autres choses, que son fils restait presque toujours à la maison, car la société de ses camarades, qui passaient la moitié de leur vie à la Ressource, à jouer au billard ou à boire de la bière, l'ennuyait trop.

« Il a mille fois raison », répondis-je.

— « Peut-être, dit le père; mais de cette manière il sera bientôt isolé. Ils le haïront parce qu'il sera meilleur qu'eux. »

— « Eh bien! dans ce cas il vaut mieux être seul et haï. » Quelques jours après ma mère vint à moi, une lettre à la main et dit : « Prépare-toi à un grand bonheur. » La lettre était de mon père et m'annonçait qu'une de mes belles-sœurs devait aller passer l'hiver dans le Midi; que son mari ne pouvant l'accompagner, elle désirait ma compagnie et qu'il avait consenti. J'aimais passionnément cette belle-sœur; et bien qu'elle vécût ordinairement loin de nous avec son mari, je lui étais aussi particulièrement chère. Elle voulait passer l'hiver en Provence, puis revenir par le nord de l'Italie.

Aller dans le Midi, en Italie! Depuis mon enfance l'Italie avait été le but de mes rêves, le pays des merveilles vers lequel allaient les meilleurs vœux de mon cœur. Ce rêve devait se réaliser! Mon âme allait étendre ses ailes, prendre son vol vers un inconnu qui semblait sa véritable patrie. Cela paraissait trop beau pour être vrai, et pourtant cela était! Je fus silencieuse, comme toujours, dans les moments les plus émouvants de ma vie; mais il me sembla que l'idéal vers lequel je marchais m'attendait là, dans ce lointain, et me montrait une couronne au-dessus de ma tête, dans les nuages.

La seule chose qui me fut pénible, c'était d'annoncer cette nouvelle à ma sœur, la fidèle compagne de ma vie, avec laquelle, jusqu'à présent, j'avais tout partagé. Elle reçut la nouvelle avec une aimable résignation, conforme à sa nature, et m'aida de la manière la plus affectueuse à faire mes préparatifs de voyage. En y procédant, je sentais aussi, malgré un grand bonheur, de vifs regrets. Je m'aperçus encore mieux en cette occasion combien j'étais aimée, non seulement dans ma famille, mais dans tout notre cercle. Mon voyage excita une sympathie générale. Deux jours avant mon départ, la *petite* et son frère passèrent la soirée avec nous. Ils se réjouissaient pour moi, mais ils me regrettaient et auraient voulu pouvoir me suivre.

Le moment de la séparation arriva enfin. Je devais partir de grand matin en diligence, car il n'y avait pas encore de chemins de fer dans cette région. Ma mère dormait, je ne voulus pas la réveiller, afin de lui épargner l'émotion des adieux. C'était la première fois que je me séparais d'elle pour un temps si long, et un voyage en Italie paraissait alors une affaire beaucoup plus grave que maintenant. Je pris congé d'elle devant son lit et je me rendis à la poste, accompagnée de ma sœur. Là, nous trouvâmes la *petite* et son frère. J'embrassai pour la dernière fois ma sœur et la *petite*, et je tendis la main au frère. Il me donna un bouquet auquel une lettre était attachée, qui portait, au lieu d'adresse, ces mots du Tasse : « *I suoi pensieri in lui dormir non ponno.* »

Je montai en voiture tenant les fleurs et la lettre entre mes mains, et je me sentis comme bénie par une bonne divinité. Vers midi la diligence s'arrêta dans une petite ville, pour donner aux voyageurs le temps de déjeuner. Moi, je me dirigeai vers le jardin de l'hôtel. Là j'ouvris la lettre. C'étaient des vers : un sonnet d'adieu, puis un long poëme qui lui avait été inspiré après une de nos dernières conversations et une promenade sur les collines, en regardant un splendide coucher de soleil. Une vision historique avait fait passer dans mon imagination les sévères penseurs du Nord; il rappelait comment, du milieu de leurs luttes austères, ils sont attirés vers le Sud, symbole de l'harmonie et de la beauté plastique : toute l'histoire de l'Allemagne en fait foi. A l'approche du pays désiré, il voyait des géants se dresser devant lui dont le front s'élevait au-dessus des nuages et s'empourprait des rayons du soleil couchant : « Salut, ô Alpes! salut, murs éternels, qui protégez notre paradis terrestre. Vous que je n'ai jamais vues, vous remplissez d'un saint émoi un cœur qui voudrait questionner les neiges et les vents, qui voudrait lire une réponse dans la tempête et les éclairs. »

A la fin il ajoutait que les meilleures étoiles de sa propre vie lui avaient montré le chemin vers le Sud, même la dernière qui, à peine levée, disparaissait pour luire là-bas. « Mais elle a murmuré : Je pars volontiers. Oui, tu as raison, va, laisse l'hiver au Nord et laisse-moi mériter le Midi par la parole et l'action. » La sensation délicieuse que laissa dans mon cœur cette belle poésie serait difficile à décrire. C'était une paix émue, une jouissance sans mélange, tache sans désirs violents, une matinée de printemps, où tout est parfum, harmonie, espoir dans l'été qui va venir.

Arrivée à l'endroit où nous devions passer la nuit, j'écrivis quelques lignes pour le remercier; je les adressai à sa sœur et la chargeai de les lui remettre.

CHAPITRE XIV

Le Midi.

Lorsque j'eus rejoint ma belle-sœur, on se mit en route pour le Midi. La société se composait de ma belle-sœur, de ses fils, deux garçons beaux et intelligents, leur précepteur, moi, une femme de chambre et un domestique. Nous partîmes dans une grande et bonne berline, pourvue de tout le confort possible, dans laquelle nous étions comme chez nous, nos propres maîtres, pouvant nous arrêter en route où cela nous plaisait. Nous comptions en profiter souvent, ne connaissant ni la Suisse, ni la France. La plus belle humeur régnait dans ce petit ménage ambulant; les garçons nous égayaient par leurs joyeuses chansons, par leurs spirituelles questions et leurs observations; les domestiques, par leur naïf étonnement de ce qu'ils voyaient; le précepteur, lui-même, ne contribuait pas peu à entretenir l'hilarité générale. C'était un singulier personnage, vrai type allemand. Pauvre, il avait fait ses premières études dans un séminaire; puis, à force de privations et de travail, il avait réussi à étudier la théologie à l'université. Rien de plus triste, en Allemagne, que ces candidats en théologie qui, leurs études terminées, attendent quelquefois huit ou dix ans avant d'avoir une place dans une petite paroisse de campagne, où ils ont à peine de quoi vivre. Notre candidat aussi attendait vainement depuis des années une place de pasteur. Dans l'intervalle il s'était fait précepteur, et comme il avait une instruction variée et un caractère excellent, ma belle-sœur lui avait confié l'instruction de ses deux garçons. Mais, à côté de ses qualités, il avait une gaucherie d'autant plus comique qu'une fausse vanité le rendait très susceptible, surtout à l'endroit de ses prétentions poétiques. Il écrivait continuellement des vers, non seulement pour son plaisir, mais parce qu'il les croyait dignes de l'immortalité. C'était une vraie torture que de ne pas éclater de rire lorsqu'il les lisait.

A Berne, je vis pour la première fois les hautes Alpes. Je m'inclinai devant la majesté de cette magnifique nature, et je me sentis de plus en plus libre et joyeuse à mesure que le paysage grandissait autour de moi. Les terreurs et les sombres visions qui m'avaient obsédée autrefois avaient disparu. La seule chose qui me tourmentait encore, c'était de ne pouvoir pas toujours jouir à ma manière. Il fallait se conformer à certaines formalités : par exemple, assister aux repas de l'hôtel à heure fixe, pendant que dehors le plus magnifique coucher de soleil éclairait un pays enchanteur, ou lorsqu'on aurait eu le temps de voir encore un musée ou quelque autre curiosité. J'aurais souvent voulu m'arrêter devant une chose qui me frappait et la goûter tout à loisir; mais le précepteur, qui avait continuellement la montre dans une main et le guide dans l'autre, me tourmentait. A peine était-on arrivé devant un objet qu'il s'écriait désespéré : « Ah! mon Dieu! nous n'avons pas une minute à perdre. » Et il se mettait à courir à tout petits pas vers autre chose.

Après avoir traversé la Suisse et suivi le cours du Rhône, nous arrivâmes à Hyères, où nous devions passer l'hiver.

Hyères était alors une petite ville assez laide, séparée de la mer par une plaine couverte de jardins d'orangers qui aboutissent, d'un côté, à des marécages sablonneux. Ce fut de ce côté que, les premiers jours, ne connaissant pas encore les chemins, je m'approchai pour la première fois de la mer. Elle me fit l'impression la plus triste. Je l'avais toujours rêvée comme l'emblème de l'infini, grande, majestueuse, agitée; elle m'apparaissait mesquine, désolante. Nous étions au mois de novembre, le temps n'était pas beau, le paysage ne se présentait nullement à son avantage; rien n'y frappait l'imagination comme l'avaient fait tout d'abord les Alpes de la Suisse. A l'hôtel, il faisait froid et le séjour y était désagréable. Le manque de confort à l'intérieur des maisons, les dalles de pierre sans tapis, les cheminées que je voyais pour la première fois, avec leurs petits feux de branches de vigne ; l'abominable mistral, qui soufflait pendant les premiers jours et nous rendait tous malades, tout cela ne promettait rien de bon.

Le précepteur, qui s'était muni des moyens de bien voir et de tout connaître, avait eu la précaution de demander des lettres de recommandation pour des personnes du pays. Sans avertir ma belle-sœur, il avait été les porter dès le premier jour, et voilà que le lendemain de notre arrivée deux dames vinrent nous donner la bienvenue et nous offrir leurs services. Malgré leur amabilité, l'impression qu'elles produisirent à ma belle-sœur fut des plus désagréables. C'étaient de vrais types de bourgeoises d'une petite ville, habillées d'une manière ridicule, bavardes et curieuses au dernier point. Elles nous questionnaient sur tout d'une manière indiscrète et comme si elles voulaient dire : il y a une foule de bonnes amies auxquelles nous devons tous ces détails. Elles offraient leurs services, ce qui faisait supposer qu'elles avaient l'intention de revenir le plus souvent possible. Ma belle-sœur, qui était très difficile dans le choix de ses relations, fut sérieusement fâchée de cette invasion. Le précepteur, à son tour, prit très mal les quelques mots qu'elle lui dit à ce sujet. Notre séjour dans le Midi ne commençait pas trop gaiement et je ne pouvais m'empêcher de ressentir un violent mal du pays, c'est-à-dire un désir ardent de retrouver notre heureux intérieur, les amis et toutes les affections qui m'entouraient à la maison. Pendant plusieurs semaines je me sentis consumée de ce terrible mal comme d'une fièvre cachée, et je me disais que le véritable Midi est la paix du cœur.

Peu à peu pourtant cette pénible disposition se dissipa, et le Midi commença à se révéler à moi. Nous occupions un appartement confortable sur la place dite des Sept-Palmiers, d'où l'on commandait une vue magnifique sur la plaine, les collines qui la bordent, la mer et les îles d'Hyères. La mer m'apparaissait sous des aspects nouveaux. Je voyais ses ondes d'un bleu profond se briser contre des rochers pittoresques, couverts d'une végétation exubérante, de myrtes en fleurs, de bruyères hautes comme des buissons. Je parcourais les collines, le long de ses bords couverts de bois de pins marins, dont les branches à longues aiguilles semblent des harpes éoliennes lorsque le vent les agite et où des éclaircies inattendues découvrent des points de vue admirables. Parfois je tournais mes pas vers les collines de l'intérieur du pays, où les plantes grimpantes suspendent leurs cascades de verdure aux branches et aux troncs des chênes verts, tandis qu'un tapis de fleurs couvre la terre. Enfin je me reposais des heures entières dans les vertes vallées, où de petits ruisseaux coulent vers la mer, entourant des îlots couverts de bosquets de lauriers roses, où règnent le silence et la paix, comme si jamais l'homme, avec ses passions sauvages, n'eût troublé l'harmonie de la création.

Vivant ainsi dans cette contrée enchanteresse, le Midi m'apparaissait tel que je l'avais rêvé. Ce que les copies des tableaux de mon maître avaient commencé, la vue de cette nature l'achevait. Je compris enfin la beauté de la forme, telle que l'a conçue le génie grec en opposition avec l'idéal abstrait, purement spirituel du moyen âge, que j'avais autrefois exclusivement admiré. En dessinant sans cesse d'après nature, en étudiant ces lignes pures et douces, ces tendres dégradations de la lumière et des couleurs, je comprenais comme tout ici prêche la « mesure »; ce mot qui est, pour ainsi dire, la définition de la perfection physique et morale. Je voyais en esprit l'Olympe se peupler d'êtres d'une beauté sereine et calme, se suffisant à eux-mêmes, types éternels, tels que l'imagination d'un Phidias, d'un Praxitèle les a créés. Je voyais s'élever ces temples dont l'harmonieuse construction complète l'harmonieux paysage, et je me sentais convaincue de l'incontestable unité de l'esprit et de la matière dans l'art.

En outre, je formai d'agréables relations. Notre infatigable précepteur découvrit un jeune musicien allemand qui vivait à Hyères pour rétablir sa santé. Son talent musical était rare, et il composait des choses charmantes. Il vint souvent chez nous le soir pour m'accompagner et me faire chanter ses chansons. Ma belle-sœur aimait trop la musique pour ne pas pardonner cette intrusion; ces soirées étaient une source de grande satisfaction, car le chant a toujours été pour moi la jouissance artistique la plus profonde. La seule chose déplaisante dans ces rapports, c'était que le pauvre artiste, par reconnaissance et par amitié, se croyait obligé de prendre pour ses compositions les textes de notre précepteur, dont la muse était terriblement féconde sous l'influence de la nature méridionale. Quant à celui-ci, il était au comble du bonheur d'être mis en musique. Il est impossible de décrire son attitude comique lorsqu'il écoutait les belles mélodies qui illustraient ses mauvais vers. A moitié confus et pourtant fier de sa gloire, il s'adossait à la cheminée, les mains croisées sur le ventre, les yeux baissés; sur ses lèvres errait un sourire de contentement intérieur. Pauvre poète! s'il avait pu deviner que j'étais partagée entre l'envie de rire et la colère que m'inspiraient ses prétentions!

Mais son esprit entreprenant ne s'arrêta pas là. Il s'était fait présenter à la femme du maire, qui était Allemande, et il lui avait inspiré l'idée d'arranger dans sa maison, chaque dimanche, un service religieux pour les protestants, habitants et étrangers, qui étaient à Hyères; il devait prêcher et le musicien devait diriger les chœurs. La femme du maire était une protestante rigide, qui fut enchantée de trouver cette ancre de salut dans son entourage catholique. La situation du précepteur était faite. Mme Denis, la première dame de la ville, était très riche; elle l'avait accueilli comme un messie et le fêtait si bien qu'il gonflait de vanité. Un salon de la maison du maire fut transformé en chapelle et pourvu d'un autel et d'un orgue. La congrégation était assez nombreuse; j'y allais tous les dimanches avec les garçons, et ma belle-sœur venait aussi souvent que sa santé le lui permettait. J'y fis d'abord la connaissance des dames de la maison, puis de deux sœurs de Strasbourg, qui passaient l'hiver à Hyères à cause de la santé de l'aînée, jeune veuve belle, charmante, mais très souffrante. Je me liai bientôt intimement avec la jeune. Il serait difficile de dire ce qui charmait d'abord en elle, car elle n'était pas même jolie comme la sœur malade. Mais on se sentait irrésistiblement captivé en la regardant; sa pâle figure et ses yeux noirs révélaient une de ces âmes « aux grands mystères » qui, si elles sont aimées, le sont d'un amour qui dure autant que la vie. Elle n'avait que dix-huit ans, possédait une instruction solide, connaissait la botanique à fond, dessinait fort bien et c'était une musicienne accomplie. Elle était encore entièrement engagée dans la lutte religieuse par laquelle j'avais passé. En me comparant à elle je reconnus combien j'étais loin d'être absorbée, comme autrefois, dans le sentiment mystique qui demande des révélations directes. Elle était tombée sur les livres de Vinet, un des plus célèbres pasteurs de la Suisse, avait cru y trouver la vérité qu'elle cherchait, lui avait écrit, et depuis lors elle était en correspondance avec lui. Elle avait mis son âme entre les mains de cet homme sévère et distingué; mais cette âme avait, comme la mienne, d'autres besoins puissants et légitimes; de là des luttes incessantes et amères. Les deux sœurs occupaient un appartement dans la maison du maire. Pauline, ainsi se nommait mon amie, avait accès aux salons où se trouvaient le piano et l'orgue, et où personne de la famille ne se tenait habituellement. En venant la voir, je la trouvais souvent devant l'un ou l'autre instrument, jouant du Bach ou du Beethoven avec une rare intelligence musicale. La musique lui causait une si grande émotion, que ses pleurs coulaient abondamment. Quelquefois encore, ne pouvant plus contenir son cœur, qui débordait d'un enthousiasme touchant à la souffrance, elle tombait à genoux, cachait sa tête entre ses mains et pleurait à chaudes larmes. Je la comprenais dans de tels moments, mais je l'aimais encore plus lorsque l'intelligence et la jeunesse l'emportaient sur ces abîmes du cœur. Elle était alors une des créatures les plus attrayantes que l'on pût voir. C'était le cas, la plupart du temps, pendant les longues excursions que nous faisions ensemble. Arrivées à quelque beau site, au bord de la mer ou sur une des hautes cimes, nous nous reposions, nous causions, ou nous nous mettions au travail, car nous ne sortions jamais sans nos albums, et, en présence de cette belle nature, nous éprouvions tout le bonheur que donnent la jeunesse et une noble amitié. Qu'elles étaient heureuses, ces heures d'une vie pleine, vraie et libre! Nous avions tout pour nous : intérêts intellectuels élevés, aspirations ardentes, milieu sublime, pleine liberté; pas l'ombre de ces mesquines préoccupations qui entravent si souvent les meilleures jouissances. Désirs, inquiétude, doute, repentir, tout avait disparu! On se suffisait à soi-même dans la simple sensation de l'existence, et souvent je ne désirais rien que fondre ma vie dans l'harmonie et l'innocence de la vie universelle.

La nature, pourtant, a empêché l'homme de ces contrées de se développer harmonieusement; elle a mis dans son sang le germe de passions si ardentes, qu'il est porté à des actions violentes et à des haines implacables. J'en vis quelques exemples terribles.

Mais, certes, on ne sait pas ce qu'une éducation raisonnable pourrait faire de ce peuple, car ses dispositions sont excellentes et il me plaisait infiniment. Je voyais beaucoup de gens dans mes promenades solitaires, je faisais connaissance avec eux, je m'informais de leurs coutumes, de leurs besoins et je fus bientôt si connue dans les environs, que plus d'une fois, m'étant égarée dans les vallées solitaires, je m'entendis appeler, et un enfant ou quelque paysan venait me remettre dans mon chemin. Mais ce qui me gagna surtout leurs bonnes grâces, c'est que je faisais leurs portraits. J'avais point entre autres deux jolies sœurs, et j'avais fait cadeau de son portrait à l'une d'elles pour l'envoyer à son fiancé, qui travaillait à Toulon. Quelques jours après elles vinrent, portant toutes deux une grande corbeille remplie d'oranges et couverte des plus belles fleurs. C'eût été un cadeau fort cher dans le Nord, mais dans cette nature prodigue, le pauvre même a quelque chose à offrir en échange des dons du riche. Ces charmantes personnes, par cette gracieuseté, se mettaient avec moi sur un pied d'égalité que j'acceptais avec plaisir. J'allai aussi les voir. Leur demeure était celle des pauvres de ces contrées : une petite chambre à coucher presque dénuée de tout, et pour salon la cour derrière la maison, ornée d'un grand oranger en pleine terre. Je trouvai les sœurs occupées à coudre. C'était au mois de janvier, lorsque le prolétaire des contrées du Nord grelotte dans les rues gelées, dans son grenier ou dans sa cave, plus froids et plus désolés encore que la rue! Nullement embarrassées d'être surprises à l'improviste, elles m'offrirent avec une grâce de reine une chaise en bois et me racontèrent mille choses spirituelles, tout en me confessant qu'elles ne savaient ni lire ni écrire.

Il fut décidé dans notre petite communauté de célébrer la communion. Un pasteur protestant vint de Toulon pour seconder le précepteur. Cette fois, aucune terreur d'avoir participé indignement à ce repas de la fraternité ne troublait ma paix. Au contraire, m'étant retirée dans ma chambre, je me trouvai dans une disposition d'esprit si délicieuse, qu'il me semblait entendre des harmonies suaves dans mon propre cœur.

Le pasteur français engagea son confrère à venir un jour à Toulon pour prêcher dans le bagne aux forçats allemands. La proposition ayant été acceptée avec empressement, il fut décidé que les deux garçons, Pauline et moi, nous accompagnerions le précepteur. J'avais visité le bagne de Toulon en venant à Hyères, et je m'étais sentie profondément attristée et humiliée de voir ces êtres dégradés par le vice et avilis par ces vêtements hideux de deux couleurs, par ces chaînes qui rivent quelquefois au plus grand criminel un homme qui n'a pas perdu l'instinct du bien. C'était la première fois que je voyais l'intérieur d'un établissement de correction et je me demandai si la société avait le droit de punir de cette manière ; si elle n'était pas complice de ces crimes qu'elle punissait, et si, après tout, elle atteignait son but par cette manière de punir. J'avais à peine osé lever les yeux sur ces malheureux, de peur qu'un regard imprudent ne les humiliât davantage ou ne leur semblât le signe d'une curiosité offensante. Je ressentais une immense pitié pour eux, et j'attendais, par conséquent, avec intérêt, la cérémonie que nous allions célébrer.

La grande cabine d'un vieux bâtiment de guerre, qui servait d'annexe au bagne, avait été transformée en chapelle. Là, nous trouvâmes réunis cinquante à soixante de ces malheureux, la plupart Alsaciens. Le précepteur était très ému et fit de son mieux pour émouvoir. Il insista sur le plus beau côté du christianisme en annonçant à ce cercle de condamnés qu'il y a un autre tribunal qui peut absoudre ceux que les hommes condamnent ; que le moyen d'obtenir ce pardon est un acte entre l'homme et Dieu, tout indépendant du monde, et que l'habit du forçat ne dégrade plus aux yeux du juge suprême un cœur purifié.

L'expression de quelques-unes de ces figures s'illuminant aux rayons de l'espérance, fut indiciblement touchante. Après le sermon, il nous fut permis de leur parler. Il y avait là, entre autres, un jeune Allemand de bonne famille, ayant fait ses études et connaissant des professeurs que notre précepteur connaissait aussi. Il avait servi dans la légion étrangère en Algérie, et on lui avait confié la caisse du régiment. Dans une heure néfaste, comme il le disait lui-même, il avait dépensé une certaine somme, espérant pouvoir la remplacer. La chose ayant été découverte, on l'avait condamné à dix ans de bagne. Lorsque nous le vîmes il y était depuis cinq ans. Le pasteur ainsi que les directeurs lui rendaient le témoignage d'une conduite exemplaire pendant tout ce temps, et ils avaient déjà écrit à Paris pour obtenir sa grâce; on l'accorde quelquefois lorsqu'une conduite irréprochable a racheté le crime. Certes, un homme qui passe par cinq années de la vie de forçat sans se corrompre davantage, qui, au contraire, se raffermit dans la vertu, doit vraiment être un homme de bien. Il y en avait d'autres dont les naïves confessions nous touchèrent beaucoup. Un paysan alsacien nous dit avec l'accent d'une vraie simplicité : « Mon Dieu, mais j'ai seulement tué une pauvre petite femme dans un accès de rage, et pour cela ils m'ont mis ici pour toute la vie. Et encore si l'on m'eût enseigné de bonne heure de bonnes choses comme celles que vous me dites, je ne l'aurais pas fait. »

Nous les quittâmes en promettant de leur envoyer des bibles allemandes, la seule chose que nous croyions pouvoir faire pour eux.

Notre plan de partager notre temps entre Hyères et le nord de l'Italie fut abandonné, et il fut décidé que nous passerions à Hyères tout le temps que devait durer notre voyage. Je regrettais l'Italie, mais j'étais enchantée de rester à Hyères, où je me plaisais chaque jour davantage, et où je formai encore de nouvelles et charmantes relations. Sur la place où nous demeurions habitait un Français de la haute aristocratie, un homme dans la fleur de l'âge, mais paralysé de manière à ne pouvoir marcher qu'avec difficulté. Il était riche et pouvait se procurer toutes les aises que son état exigeait. Il possédait une belle maison, une bibliothèque superbe, un magnifique jardin où il se promenait tous les jours appuyé sur le bras de son valet de chambre. Il avait pour lectrice une dame parisienne de beaucoup d'esprit, qui faisait en même temps les honneurs de la maison, car il aimait à voir du monde. On me fit faire sa connaissance et il m'invita à venir souvent le voir. Je trouvai en lui un des hommes les mieux élevés et les plus spirituels que j'aie jamais connus. Il avait beaucoup voyagé, il connaissait l'Allemagne, sa langue, sa littérature et ses personnages les plus éminents. J'étais enchantée de rencontrer en France des connaissances aussi solides, un jugement aussi fin sur l'esprit allemand. Il avait les manières distinguées, le parfait savoir-vivre qu'on se plaisait à reconnaître aux Français d'autrefois, avant que le règne de la bourgeoisie eût gâté les charmantes allures de la société française. Il était pour moi d'une grande bonté, mettait à ma disposition sa bibliothèque, m'envoyait presque chaque jour un bouquet de son jardin et m'invitait à passer la soirée chez lui le plus souvent possible. J'y trouvais un petit cercle exquis. Il y avait entre autres une dame française qui m'intéressait beaucoup. Un terrible malheur domestique avait frappé sa jeune existence; on n'osait pas en parler par respect pour elle, et je n'en connus jamais les détails; son mari, jeune, beau, qu'elle aimait éperdument, avait été frappé d'aliénation mentale. Elle s'était retirée à Hyères, dans une villa au bord de la mer, avec son unique enfant, une petite fille, vraie enfant terrible dont les excentricités faisaient craindre pour elle le sort de son père. La mère était une femme supérieure sous tous les rapports, et sa douce mélancolie, où son esprit vif et fin perçait quelquefois, la rendait encore plus intéressante et plus sympathique. Elle était une musicienne accomplie, et nous passions ordinairement les soirées à faire de la musique; elle jouait et moi je chantais, surtout pour faire plaisir à notre hôte qui aimait passionnément la musique.

Un jour, la lectrice de l'invalide et moi nous reçûmes une invitation d'une famille d'Hyères pour un bal qu'on donnait à l'amirauté de Toulon pour la fête du roi. On mettait alors deux heures en voiture d'Hyères à Toulon. Lorsque nous arrivâmes, les salons de l'amirauté étaient déjà remplis de monde. On se pressait sur les balcons et aux fenêtres pour voir un feu d'artifice qu'on tirait sur la place, puis on rentra dans les salles de danse, au milieu des orangers et des fleurs qui ornaient tous les passages. L'amiral fut d'une amabilité exquise pour nous. Il chargea particulièrement un de ses aides de camp de s'occuper de nous, de nous faire parvenir les rafraîchissements, de nous présenter les danseurs et de nous faire jouir de tous les agréments de la fête. L'aide de camp s'acquitta fort bien de sa mission et me présenta une telle foule de danseurs, que mon carnet de bal n'y pouvait suffire. On commençait à peine à danser la polka en France. L'ayant déjà dansée en Allemagne, avec des tours variés et gracieux, je fus engagée par un officier de marine qui, ayant voyagé en Allemagne, l'y avait aussi apprise. On forma cercle autour de nous, et les autres couples, la dansant moins habilement, s'arrêtèrent pour nous regarder. On me fit des compliments et on me dit mille choses flatteuses. J'étais un peu enivrée; l'éclat et l'élégance de la fête, la politesse et les hommages dont je fus l'objet me donnèrent un instant une grande satisfaction. Enfin, vers quatre heures du matin, nous montâmes en voiture malgré les instances de nos hôtes et des danseurs. La lectrice et moi nous revînmes seules, nos amis restèrent à Toulon. Ma compagne, esprit moqueur et jaloux, me railla beaucoup sur mes succès, comme elle les appelait. Puis, ne recevant pas de réponse, elle s'endormit d'un sommeil profond. Je ne dormais pas; je repassais dans mon esprit les souvenirs des heures qui venaient de s'écouler, et je me disais que je n'avais jamais assisté à un bal plus brillant et que je n'avais jamais été aussi fêtée. Mais à force d'y penser je sentis tout à coup un vide profond. Le plaisir de la danse me parut dénué de tout charme, les compliments qu'on m'avait adressés me semblèrent fades et insignifiants. La maxime que mon frère cadet m'avait citée une fois : « Qu'aucune époque de ta vie ne se passe sans résultat », me revint à la mémoire. Nous approchions d'Hyères, le soleil sortait majestueusement de la mer, qui reposait comme un « bouclier d'airain », selon l'expression d'Homère; mais, à mesure que la grande source de la vie s'élevait, entourée de rayons d'or, ses flots se coloraient de pourpre. Je voyais ce spectacle sublime, les yeux à demi fermés, car je ne pouvais guère en jouir : j'étais exténuée de fatigue. Je sentis alors un changement se produire en moi; les plaisirs de la société qui m'avaient autrefois charmée, n'avaient réellement plus rien à faire dans ma vie; leur prestige était tombé comme le fruit desséché tombe de l'arbre, et désormais je compris que je ne danserais plus et ne rechercherais plus le monde.

Pauline, qui m'avait blâmée d'être allée à ce bal, ne comprit pas le travail intérieur qui s'était fait en moi. Elle aurait voulu que ce résultat fût la suite d'une victoire pénible de l'esprit ascétique sur les penchants naturels.

L'invalide me railla beaucoup sur les succès dont lui avait parlé sa lectrice. Je le laissai dire en souriant, car j'étais contente de ce qui s'était passé en moi, et je continuai à jouir de sa société autant que je le pouvais. Je voyais avec tristesse approcher le moment fixé pour notre départ. Il me coûtait de quitter mes nouveaux amis, de m'éloigner de cette nature méridionale qui me ravissait. Tout le monde nous suppliait de remettre encore notre voyage, mais ma belle-sœur désirait trop revoir son mari, et elle ne revenait jamais sur une décision.

Il fallait donc se contenter du passé riche, beau et plein de souvenirs. Quelques jours avant notre départ, la dame française dont j'ai parlé me pria de passer encore une soirée à sa villa et d'y rester la nuit. J'acceptai avec joie, car cette femme m'avait inspiré un profond intérêt mêlé de compassion. Sa villa était délicieusement située. Les vagues de la Méditerranée se brisaient contre les murs du jardin; de vertes collines l'entouraient comme un nid; des palmiers balançaient leurs tiges sveltes au-dessus d'une profusion de roses. Au balcon du premier, d'où l'on voyait la mer et les îles, s'enlaçaient des guirlandes de roses du Bengale, et sur les arbres chantaient d'innombrables rossignols. Nous étions assises au salon, éclairé par une grande lampe de cristal, suspendue au plafond, qui mêlait une lumière vague et mystérieuse aux parfums et aux bruits de la nuit. L'aimable hôtesse de ce séjour enchanteur se mit au piano et joua des sonates de Beethoven avec un goût parfait, puis je chantai des morceaux de Marcello et de Pergolèse. Enfin, lorsque nous nous séparâmes pour nous reposer, à une heure avancée de la nuit, je sentis qu'une des soirées les plus poétiques de ma vie venait de s'écouler.

Je passai encore une journée entière avec Pauline, une soirée avec l'invalide et son petit cercle; puis, avec une émotion profonde, je fis mes adieux.

Le matin, notre grande voiture, attelée de quatre chevaux de poste, attendait à la porte. Encore un regard de nos fenêtres sur la mer, les îles, les jardins d'orangers, la maison de l'invalide, la demeure de Pauline, une bénédiction, une prière intérieure — puis je descendis. A la portière de la voiture se tenait le valet de chambre de l'invalide, qui me présenta un bouquet exquis comme dernier adieu de son maître. Les chevaux partirent, mes yeux étaient pleins de larmes, mon séjour dans le Midi était terminé.

CHAPITRE XV

Retour.

Notre retour s'effectua par le Dauphiné, la Savoie et la Suisse. Juste huit jours après la délicieuse journée que j'avais passée à la villa de la jeune dame française, nous étions au milieu des Alpes du Dauphiné, et la voiture montait lentement des lacets par lesquels on arrive, en quelques heures, à une hauteur considérable. Les garçons, le précepteur et moi nous marchions en avant. Au-dessus de nous se dressaient des pics couverts de neige; la route était bordée, des deux côtés, par des monceaux de glace. Çà et là apparaissait une pauvre chaumière entourée d'arbres qui n'avaient pas encore un seul bourgeon. Un air perçant et glacial nous forçait à nous envelopper dans nos manteaux et à marcher vite. Je laissais les garçons courir et sauter sur les rochers. Le précepteur, qui me boudait depuis longtemps parce que j'avais fréquenté des cercles où il n'avait pu être admis à cause de son ignorance du français, se tenait à l'écart. Je marchais donc seule, perdue dans mes rêveries. Je me souvenais avec tendresse et regret de ce que je venais de quitter. Je comparais la société sereine et poétique au milieu de laquelle je vivais huit jours auparavant avec la solitude de ces déserts de glace. Je regardais les sommets sévères et majestueux qui scintillaient sous les rayons d'un froid soleil; il me sembla voir alors ma destinée écrite en lettres de diamants sur la neige : « A ceux qui vivent pour l'idéal, les années de jeunesse, de beauté et de poésie ne sont données que pour soutenir leur courage et rafraîchir leur cœur ». Mais, pour la plupart, la vie est une lutte sans relâche, une voie qui les conduit dans des déserts arides et solitaires, comme la route dont je viens de parler. « Veux-tu accepter la tâche et ne pas reculer devant les sacrifices qu'elle t'impose? Veux-tu te résigner à laisser crucifier à chaque instant ton cœur qui a soif de beauté? »

Je n'avais pas eu le temps de me recueillir, que les garçons accoururent tout heureux et me présentèrent un bouquet de violettes qu'ils avaient cueillies à côté de la neige. Ils me quittèrent de nouveau pour continuer leurs recherches. Touchée à la vue de ces fleurs, symboles de ma pensée, je m'agenouillai involontairement sur la pierre et je m'écriai en moi-même : « Oui, j'accepte la tâche : je marcherai sans faiblir sur la route solitaire que suivent ceux qui cherchent la vérité, et je serai reconnaissante des rares fleurs que je trouverai sur mon chemin! »

On s'arrêta deux jours à Grenoble. Nous allâmes, le précepteur, les garçons et moi, visiter la Grande-Chartreuse, bâtie par saint Bruno à quelque distance de la ville, au milieu des montagnes. On prend, dans un petit village, des mulets et un guide pour faire l'ascension. La route monte d'abord entre deux murs de rochers couverts d'arbres, cachant un précipice au fond duquel gronde un torrent; puis la verdure devient de plus en plus rare, l'abîme plus profond, la route plus difficile, et les rochers prennent un aspect effrayant. Enfin on arrive à un point où toute végétation cesse et où règne vraiment la désolation. Dante dut s'imaginer un lieu tel que celui-ci lorsqu'il dépeignit les portes de l'enfer et y inscrivit ces mots : *Lasciate ogni speranza.* — Non loin de là, la végétation reparaît peu à peu, et l'on est tout étonné d'arriver à 6000 pieds au-dessus de la mer, sur un plateau qui semble un paradis après l'enfer. C'est un vallon entouré de cimes élevées ; il est tout couvert d'une délicieuse verdure, de grands arbres et de prés remplis de fleurs. Au milieu de cette solitude enchantée s'élève la Chartreuse, qui a quelque ressemblance avec une forteresse. Une petite maison en bois, composée d'une grande salle à manger au rez-de-chaussée, et d'une vingtaine de petites cellules au premier, est destinée à recevoir les femmes et les enfants qui viennent voir cette oasis des montagnes. Les hommes couchent au couvent. Après qu'un frère lai nous eut apporté un très bon souper, le précepteur se fit conduire chez le prieur. Je lui enviai beaucoup ce privilège : j'aurais voulu voir l'intérieur de ce couvent où, depuis le temps de saint Bruno, les siècles se sont comme pétrifiés. Je me rendis avec les garçons à l'étage supérieur, où chacun de nous prit possession d'une cellule munie d'un petit lit en bois très propre, d'un lavabo, d'une chaise, d'un prie-Dieu et d'un crucifix. Je restai encore longtemps à ma fenêtre ; le silence était rompu par les frères lais, qui jouaient à la balle dans une allée de marronniers splendide. Mais lorsqu'ils eurent cessé, tout rentra dans un calme grandiose. La lune éclairait la solitude des montagnes et les puissants murs des bâtiments; le monde des apparitions passagères, des fantasmagories de l'imagination, des désirs impétueux, ne parut plus qu'un rêve lointain, et la vie sembla ne consister que dans l'idée pure, dans l'abstraction des choses, dans un fluide élémentaire qui nageait sur les rayons argentés de l'astre de la nuit. Soudain un son de cloche fit vibrer l'air. Il était minuit; la cloche de l'église appelait les religieux à la messe célébrée chaque nuit, où les frères prient pour le salut des âmes qu'ils ont laissées en bas dans le monde de la misère et du péché. Certes c'est un grand sentiment qui a tout d'abord inspiré cette règle : la compassion, l'immense pitié pour ceux qui souffrent moralement encore plus que physiquement; l'intensité de l'amour qui veut sauver tout ce qui se meut dans les ténèbres et le crime. Peut-être y avait-il parmi ces pauvres moines des cœurs charitables et simples qui priaient encore de bonne foi; mais, hélas! dans le monde tel qu'il est, il ne suffit pas de sentir et d'aimer, il faut avant tout penser et agir, et toute force perdue pour le grand travail de la vie est un péché commis contre la loi du progrès.

Le matin, avant cinq heures, j'entendis la voix du frère dans le corridor, il me disait qu'il faisait un temps affreux et qu'il était impossible de partir. En me levant je vis qu'en effet toute la belle oasis, si verte le soir auparavant, était couverte d'un voile gris; de gros nuages pendaient en lambeaux bizarres presque jusqu'à terre et cachaient les sommets environnants. La pluie tombait à torrents, entremêlée de flocons de neige. Le guide assurait que les chemins seraient dangereux par un temps pareil; j'avais à répondre de la vie des enfants à ma belle-sœur qui était restée à Grenoble, et je savais en même temps qu'elle serait dans une angoisse terrible si nous tardions à venir. Le précepteur vint du couvent pour déjeuner avec nous et nous raconter tout ce qu'il y avait vu, entre autres l'histoire d'un moine qui avait passé là cinquante ans sans jamais retourner dans le monde; mais il était surtout ému par la messe de minuit, qui devait, en effet, faire une impression puissante sur l'imagination.

Vers huit heures, la pluie tombait un peu moins fort, je me décidai aussitôt à partir. J'ordonnai au guide de ne s'occuper que des enfants et de ne pas les quitter un seul instant. Moi, je me fiais à l'instinct de mon mulet; j'eus l'occasion de l'admirer, car les pierres étaient devenues si glissantes qu'on avait de la peine à faire un pas. A côté de nous s'ouvrait l'abîme où grondait le torrent; la route tourne en plusieurs endroits si rapidement autour d'une pointe de rocher, qu'un seul faux pas y eût été fatal. Mais la prudente bête ne plaçait jamais le pied sans être sûre de ne rien risquer, et l'intérêt qu'elle m'inspirait me fit oublier le danger.

Enfin nous arrivâmes sains et saufs au village, où nous dûmes nous arrêter pour nous restaurer et sécher nos vêtements, car nous étions trempés jusqu'aux os; puis nous retournâmes à Grenoble, où ma belle-sœur nous attendait avec anxiété.

Quelques jours après, nous repassâmes la frontière française et j'éprouvai un serrement de cœur lorsque j'entendis pour la dernière fois parler français autour de moi. Les sons musicaux des langues romanes paraissent appartenir à la nature méridionale, et quiconque a subi son charme, aime ces langues comme on aime les mots qui nous viennent de la bouche d'un être aimé. Ma patrie ne me parut plus aussi belle qu'autrefois; la terre me sembla sans fleurs, la campagne sans couleurs, le ciel morne. Mais je me souvins de la promesse faite dans les Alpes à l'esprit de l'univers qui me prenait à son service, et je me dis qu'il fallait marcher en avant d'un pas ferme.

Enfin je rentrai dans la maison paternelle, où je fus reçue avec une telle joie que mon cœur se réchauffa. Mon père était venu passer l'été avec nous, le cercle de la famille était nombreux. Cependant je me sentais un peu étrangère dans ce cercle; une évolution, encore vague, mais que je ne pouvais me dissimuler, se faisait dans mes pensées. Certes, j'éprouvai du plaisir lorsque mon frère me dit : « Tout est bien, puisque te voilà de retour; tu apaiseras de nouveau les petites dissensions de la famille. » Mais ces dissensions que je découvris bientôt étaient assez graves et me désolaient. J'y voyais l'absence d'un grand principe, d'un but général dominant la vie, et cela précisément était devenu pour moi la chose essentielle, la soif de mon âme, la flamme qui consumait toutes les petites considérations, et qui, je le sentais, devait me consumer moi-même, si elle ne pouvait se réaliser. J'aimais mon père d'un amour qui, même maintenant, tant d'années après sa mort, n'a rien perdu de sa force. Je voyais avec douleur s'élever entre lui et plusieurs membres de la famille une discorde qui causait même parfois des scènes douloureuses. Un jour, après une de ces scènes, je restai seule avec lui pour le calmer. Il se laissa tomber dans un fauteuil et dit avec amertume : « Je suis si seul! si seul! » Je me jetai à son cou et lui dis : « Prends-moi avec toi, si tu pars; laisse-moi rester avec toi pour toujours, je te dévouerai ma vie, tu ne seras plus seul. »

Il m'embrassa, mais il ne répondit pas et n'accepta pas mon sacrifice. S'il l'eût accepté, cela aurait changé le cours entier de ma vie. Il serait devenu le but suprême sur lequel j'aurais concentré toutes mes aspirations; j'y aurais trouvé la satisfaction que donne la conscience d'un grand effort, d'un devoir rempli. Je n'eus jamais, depuis, l'occasion de lui montrer toute la profondeur de l'amour que je lui portais, et ma vie prit une tournure telle que le dévouement filial ne put plus être mon seul but et la boussole qui devait diriger ma conduite.

Je me tournai avec un zèle nouveau vers la peinture, et je peignis plusieurs tableaux d'après les esquisses que j'avais rapportées du Midi. Mais une terrible nécessité s'imposait de jour en jour plus clairement à mon esprit : il fallait renoncer à la peinture à cause de mes yeux. Ils avaient été faibles dès mon enfance et je les avais toujours trop fatigués. Le médecin me disait qu'il fallait renoncer à mes pinceaux pour sauver ma vue. Je sentais la vérité de ce triste arrêt et j'en étais au désespoir. Il était dans ma nature de renfermer dans mon cœur mes luttes les plus pénibles, et personne ne se douta de ce que la résignation à cet arrêt me coûtait. Je murmurais intérieurement contre l'injustice du destin, qui met dans le cœur de l'homme l'aspiration vers l'idéal, lui donne assez de talent pour l'exprimer, puis lui refuse les forces physiques nécessaires. Peu à peu cependant une solution commençait à s'imposer à moi. J'entrevis un moyen plus large que la religion et l'art pour réaliser mon idéal : c'était la participation par la pensée et par l'action au progrès de l'humanité. Dès que cette idée commença à s'affermir en moi, mes regrets d'abandonner la peinture diminuèrent. J'entrai dans le domaine des questions qui touchent toute l'existence humaine. Mais, comme dès mon enfance je n'avais pu concevoir la théorie sans la pratique, je marchai immédiatement aux conséquences de mon idée. La religion, descendue de sa région métaphysique, devait se transformer en pratique de charité et établir l'égalité et la fraternité entre tous les hommes. Aller visiter, consoler et secourir les pauvres devint une nécessité pour moi. On me parla d'un pauvre enfant qui gisait sur un lit de souffrances, ayant une carie de la jambe. Il désirait ardemment être confirmé avant de mourir et recevoir pour cela les leçons préparatoires. On avait sollicité les pasteurs de notre ville, mais ils avaient tous refusé, craignant probablement l'air empesté qu'exhalait la jambe en putréfaction. Je me décidai sur-le-champ à y aller et à faire de mon mieux pour soulager cette pauvre créature.

Dans une petite chambre basse je trouvai, sur un lit très propre, un garçon de quatorze ans dont la figure était d'une pâleur mortelle. L'aspect de sa jambe était horrible, et il me fallait tout ce que j'avais de courage pour soutenir cette vue. Pourtant, lorsqu'on regardait ce pauvre enfant qui souffrait avec une patience angélique, et dont les grands yeux noirs semblaient dominer la frêle existence et arrêter la mort jusqu'à ce qu'il eût entendu les paroles de salut — on surmontait la répugnance naturelle par la volonté de soulager cette jeune âme. J'allais donc régulièrement lui lire la Bible. En la lui expliquant, je m'éloignais un peu de la doctrine. Je ne lui représentais pas ses souffrances comme étant envoyées pour son salut, et je ne le déclarais pas racheté par le sang d'un médiateur dont son jeune cœur ne savait rien; mais je m'efforçais de lui faire sentir la force et la majesté de l'âme, capable d'oublier les plus horribles souffrances en s'élevant à la contemplation de la vérité. Transportée moi-même par ma tâche, j'essayais de l'élever à un état d'enthousiasme qui lui faciliterait son horrible mort. Je vois encore dans mon souvenir la figure de ce pauvre enfant, lorsqu'un sourire de satisfaction sublime se répandait sur ses lèvres et que ses grands yeux brillaient d'extase. Je me serais méprisée si je n'avais pas continué ma tâche jusqu'au moment fatal; et lorsqu'un matin je reçus la nouvelle qu'il s'était paisiblement éteint pendant la nuit, quoique je fusse contente pour lui, je sentis un vide dans ma vie, car il me semblait qu'auprès de son lit de douleur, la vraie réalisation de l'idéal avait enfin commencé pour moi.

Il est étrange que, dans cette circonstance, comme

autrefois, lorsque j'avais voulu sacrifier à l'ascétisme religieux et ensuite au culte exclusif de l'art, je rencontrai une sorte d'opposition muette, un étonnement incrédule de la part de mes proches. Eux, si bons et si charitables, ils ne comprenaient pas pourquoi il fallait aller « si loin ». Ils ne m'en parlaient pas, mais je le sentais. Je me taisais et je continuais à visiter les malheureux, parce qu'une voix plus forte que toute considération humaine m'ordonnait de le faire. Parmi les amies que j'avais retrouvées, *la petite* eut bientôt la première place, et je l'aimais chaque jour davantage. Sa mère, sa sœur aînée et son frère étaient en voyage, mais on les attendait bientôt, et avec eux une tante, connue sous le nom de *la tante spirituelle*. C'était une sœur de la mère et beaucoup plus jeune que celle-ci. *La petite* me parlait beaucoup de l'influence de cette tante sur son frère. Je n'avais rien su directement du jeune apôtre depuis mon départ pour le Midi. *La petite* l'avait quelquefois nommé dans ses lettres, et ma mère aussi avait parlé de lui en m'écrivant. J'avais souvent pensé à lui et me réjouissais de le revoir. Mais l'idée de cette tante, si belle et si accomplie, me remplissait d'une vague inquiétude. Enfin ils arrivèrent et mon amie vint aussitôt chez nous avec sa tante. Nous la trouvâmes en effet très belle, élégante, fort instruite, presque savante. Mais en même temps il y avait en elle un manque de spontanéité, une prétention et une vanité si évidentes, qu'elle ne nous fut rien moins que sympathique. Ma mère les invita néanmoins quelques jours après à passer la soirée avec nous. Cette fois l'apôtre les accompagna. Il vint droit à moi et nous nous revîmes pour la première fois après l'adieu poétique qu'il m'avait adressé lors de mon départ pour le Midi. Ce fut un regard de reconnaissance mutuelle, le salut d'une âme à une autre, une intimité établie, comme si nous nous étions connus depuis l'éternité. Toute peur de *la tante spirituelle* passa comme un nuage. Je sentis subitement qu'elle pouvait être quelque chose pour son intelligence, mais rien pour son cœur. Dans le courant de la soirée, il me demanda si j'avais écrit des poésies là-bas, et comme je répondis affirmativement, il me pria de les lui montrer. Je consentis à condition qu'il les critiquerait, ce qu'il me promit à son tour. Il nous sembla tout naturel de causer presque exclusivement ensemble toute la soirée, comme pour nous dédommager du temps perdu. La tante était évidemment contrariée; elle paraissait considérer comme un droit traditionnel que son neveu ne s'occupât que d'elle, et elle ne se donnait pas la peine de dissimuler sa mauvaise humeur.

Quelques jours après j'envoyai à l'apôtre plusieurs des poésies que j'avais écrites à Hyères. Personne ne m'en empêcha. Ma mère ne m'avait jamais défendu formellement des choses de ce genre. Je ne lui parlai pas de mon envoi, non par manque de confiance, mais parce que j'avais déjà conscience que tout un côté de mon existence ne trouvait pas de sympathie dans ma famille et que les conseils ne pouvaient me venir de là.

Peu de jours après je reçus une poésie adorable, résumant notre connaissance, notre séparation, sa poésie et ma réponse; puis la critique de chacune de mes poésies, critiques sérieuses et spirituelles qui me firent un plaisir immense. Je sentis un bonheur indicible. L'astre de cet amour qui donne son empreinte à toute la vie se levait à mon horizon. Pourtant je ne voulais à aucun prix donner au sentiment que je sentais naître un autre nom que celui d'amitié; j'étais décidée à y voir le lien de deux âmes; une considération très grave m'arrêtait. Lui entrait dans la vie sans autre avenir que son génie. Je le croyais destiné à de grandes choses et je n'aurais voulu à aucun prix le voir se charger si tôt de chaînes qui auraient peut-être entravé son avenir. Je sentais en moi l'amour prêt à éclore, je prévoyais qu'il allait naître une flamme qui pouvait consumer ma vie, et je ne voulais pas charger sa jeunesse d'une telle responsabilité. J'avais quelques années de plus que lui, il me semblait que je ne devais pas prétendre à la fidélité d'un si jeune cœur. Je tâchai donc de limiter nos rapports à un échange d'idées. Il ne se passait pas de jour que nous n'échangions des lettres contenant des poésies ou des questions et des réponses sur divers sujets. Mais ses lettres prenaient souvent une tournure personnelle. Il avouait franchement le sentiment qui l'animait et me demandait le même aveu. Si je lui répondais que j'étais plus âgée que lui, il souriait, car j'avais en effet encore l'air d'une enfant, ou il se fâchait et me reprochait ma froideur avec amertume. Il ne savait pas que c'était par un amour déjà tout-puissant que je luttais encore contre cet amour même.

Bientôt cette lutte devint si douloureuse que je tombai gravement malade. On craignit pour ma vie. Je passai trois semaines entre la vie et la mort; cependant un vague sentiment de bonheur se mêlait à mes souffrances. Enfin on me déclara hors de danger, mais j'étais encore si faible qu'on osait à peine me parler. Pourtant j'appris peu à peu qu'il était venu tous les jours pour savoir de mes nouvelles. Ma mère me remit une lettre de lui. C'était une poésie empreinte du sentiment élevé qui nous unissait.

Je pus revoir, mais seulement un à un, tous mes amis. Son tour vint et nous passâmes une heure d'un bonheur sans nuages. L'amour et la poésie revenaient dans toute leur plénitude avec la santé. J'étais encore sur ma couche de convalescente lorsque la première neige tomba. L'hiver m'attrista; je pensais avec un serrement de cœur à cette belle nature du Midi, où le pauvre avec son soleil, son sol fertile, conserve même dans ses haillons la beauté et la noblesse, tandis que le froid et la misère rendent l'habitant pauvre du Nord vulgaire et laid. J'approfondissais les questions sociales vers lesquelles je m'étais tournée d'abord pour réaliser l'idéal chrétien de la charité. Je les discutais avec Théodore. Après les premières visites qu'il me fit durant ma convalescence, je le vis plus rarement. Je souffrais de son absence; c'était une privation des plus dures, et si je n'avais eu presque tous les jours quelques lignes de lui, je n'aurais pu la supporter. Je sus enfin ce qui l'avait retenu loin de moi. Il venait d'achever son premier livre, dans lequel il se séparait ouvertement de l'orthodoxie et représentait le Christ comme un réformateur et un révolutionnaire, résolu à fonder une morale nouvelle plus pure que celle du judaïsme. Il rompit par ce pas hardi avec une double tradition, celle d'une confession établie et celle de ses plus chères affections. Ce fut une pénible épreuve pour ses parents, son père étant le chef de l'Église protestante du pays. Quant à sa mère, elle avait espéré voir revivre dans ce fils, le plus chéri de ses enfants, la gloire de son propre père, et pouvoir saluer en lui un champion distingué de l'orthodoxie protestante. Malgré leur déception, ils ne pouvaient s'empêcher d'admirer les pages éloquentes de leur fils et de ressentir en les lisant un bonheur douloureux. Pour moi, j'étais tout absorbée par cette lecture. Non seulement j'admirais l'esprit élevé, la critique irrésistible et la poésie pacifiante de l'auteur, mais en lisant un voile tombait de mes yeux. Je reconnaissais que toutes mes luttes religieuses n'avaient été que la révolte légitime de la pensée libre contre l'orthodoxie, et que mes scrupules, que j'avais crus coupables, n'avaient été que l'exercice d'un droit éternel. Sans hésiter, je suivis mon ami dans l'air vif et sain de la critique. Il avait repris ses visites, et nos conversations roulaient presque exclusivement sur ces sujets. Je n'avais aucune peine à renoncer à l'idée du Christ médiateur entre Dieu et l'homme, car je n'avais jamais compris la nécessité de cette médiation. Il m'était encore facile de délivrer l'idée de Dieu de l'étroite limite d'individualité dont l'entoure le dogme chrétien. En effet, cela s'était déjà fait depuis longtemps dans mon esprit. Cependant il me fut difficile de renoncer à la foi dans l'immortalité de l'âme. J'éprouvais encore avec force cet élan sublime de l'égoïsme personnel, cette poétique prétention du *moi* qui veut s'affirmer éternellement, ce rêve de l'amour qui ne veut connaître aucune fin. Pendant nos discussions sur ce point, mon ami m'écrivait :

« Vous vous opposez encore à ce que tout ce qui passe soit passager. Si je trouvais dans mon cœur la foi dans sa propre immortalité, la raison ne pourrait me convaincre du contraire. Ce ne sont pas les esprits méchants et mesquins, mais les esprits grands et nobles qui ont cru en leur immortalité personnelle. Mais je n'ai pas cette foi. Si je voulais parler d'immortalité, chaque rose et chaque couronne de fleurs printanières, le chant du rossignol et tout ce qui a charmé mon cœur, devrait aussi me suivre, et je sais pourtant que la rose se fane, que les couronnes tombent, les yeux s'éteignent, les cheveux blanchissent et le cœur lui-même, avec ses transports d'amour, est réduit en poussière. L'immortalité n'est que dans la poésie. L'esprit n'est esprit que parce qu'il est exempt de forme, exempt d'une individualité. Mon esprit n'est pas *mon* esprit, mais sa véritable essence est l'esprit *universel*. Il est la vie qui se manifeste sous une forme ou sous une autre, et la quitte comme le parfum quitte la fleur qui tombe. Le dogme en déduisait logiquement que le corps, « la chair », devrait aussi ressusciter parce qu'il n'y a pas d'individualité sans la chair. Mais cette conséquence n'était possible que pour un dogme qui admettait des miracles contraires aux lois de la nature, et qui avait besoin d'un jugement dernier au son des trompettes des anges et au bruit du désordre des éléments. Ce dogme est tellement cohérent que vous le détruisez en en enlevant la moindre partie, comme la graine se détruit lorsque le germe se développe. On est arrivé au printemps et l'on porte encore, par habitude, un chapeau d'hiver. Il n'y a pas de miracles dans la nature, car la nature est naturelle; il n'y a pas de miracles dans l'esprit, car l'esprit est spirituel. Il n'y a qu'un seul miracle, c'est l'esprit dans la nature, dans l'univers. Lui-même est le miracle de l'existence, mais il n'en fait point; il révèle toujours le même.

« La matière est immortelle d'une manière inconsciente; la fleur qui naît des atomes d'une tête de poëte et en nourrit ses racines, n'a pas d'esprit. Cette immortalité, l'homme la partage avec la fleur, qui, en rendant ses atomes, les rend à d'autres fleurs ou à d'autres formes. L'autre immortalité est libre et n'est pas indispensable, de même que l'esprit ne se développe pas nécessairement dans chaque homme. L'esprit donc qui veut être immortel doit se rendre immortel. La personnalité corporelle de l'homme survit dans ses enfants. Son immortalité spirituelle n'existe que dans les enfants de son esprit, qui ne sont pas non plus lui-même, mais qui sont engendrés par lui et qui lui ressemblent. Ces enfants-là ce sont les pensées qui se perpétuent dans d'autres hommes, ou les images du souvenir, immortelles dans les cœurs aimés et aimants. Et croyez-vous que, si une main chérie doit me fermer les yeux, ou, si seul à la dernière heure, je puis penser à ceux que j'ai aimés et qui m'ont aimé, croyez-vous qu'en présence de tout cet amour que j'ai connu, je désirerai encore quelque chose pour moi ? »

L'union de nos cœurs devint doublement étroite et sacrée par ces hautes discussions, et je ne refusai plus l'aveu de la plus profonde, de la plus sainte affection. Pourtant nous ne nous voyions jamais sans témoins, et des regards et des mots furtifs seuls parlaient d'un cœur à l'autre. Mais l'échange des lettres continuait sans interruption, et chaque doute, chaque douleur, de même chaque joie, chaque nouvelle pensée, étaient confiés à cet autre soi-même dont la réponse était presque toujours l'écho de son propre cœur. Nous recevions tellement tout l'un de l'autre que nous ne savions plus distinguer à qui telle ou telle pensée avait appartenu d'abord. Il m'écrivait une fois :

« Qu'il en soit comme tu dis ; que tout ce que l'esprit veut s'accomplisse en moi, qu'aucune fleur qui me ravit, qu'aucun bonheur qui me transporte ne puissent me séparer du service de l'humanité, qui est devenu le but, l'aimant qui m'attire et m'entraîne je ne sais où, et cependant je sens que c'est dans un courant qui porte vers l'idéal. Quelle douce joie de pouvoir te dire cela, le dire au cœur qui me comprend, au cœur dont la pureté est devenue la flamme qui réchauffe mon esprit et purifie et ennoblit mon cœur. Ce n'est qu'à toi que je puis le confier, parce que cela t'appartient tellement que je ne sais plus si quelque chose de tout cela est à moi. Les douces paroles avec lesquelles tu m'as fait du bien, le noble essor de ton âme qui m'a si souvent emporté vers un printemps éternel, la confiance que tu m'as mise au cœur, l'amour grand et libre que tu m'as voué — tout cela est devenu mon bien et je le laisse se répandre avec félicité sur tout ce qui tend à la vie et à la lumière dans mon cœur. Puis cela revient de moi à toi; tu entends tes propres idées, et en me vantant tu n'exaltes que ce qui t'appartient. Tu le reprends, augmenté de mon amour. Si un jour il m'est donné de réchauffer d'autres cœurs par mes idées, si je puis jeter une étincelle dans d'autres esprits, un son hardi qui leur semblera comme le murmure du vent dans la forêt avant l'aurore, — tout cela leur viendra de toi. C'est ton esprit qui leur parlera avec une voix prophétique du royaume de Dieu. Enfin, si, dans l'avenir, mes paroles tombent dans de jeunes cœurs, si je parle au peuple des apôtres et des héros de l'esprit, je penserai à toi, je te reverrai, étoile brillante et pure, dans la nuit de mon âme, et je me dirai que ce sont tes rayons qui se répandent, en passant par moi, dans le grand courant du monde, avec l'espoir de le délivrer. »

Nous vivions ainsi d'une vie intense, en dehors du monde, une vie de beauté, de progrès intellectuel, d'amour serein et sans remords.

Le printemps était venu; *la petite* et moi nous faisions de fréquentes promenades dans les charmants environs de la résidence, et son frère nous accompagnait souvent, car personne ne trouvait inconvenant que deux jeunes amies se promenassent avec un jeune homme, frère de l'une d'elles. Gœthe raconte, dans *Warheit und Dichtung*, l'heureuse liberté qui régnait au temps de sa jeunesse dans les rapports entre les jeunes gens des deux sexes, liberté, certes, plus morale et plus humaine que la pruderie conventionnelle de la société moderne. Ces mœurs se sont conservées dans les petites villes de l'Allemagne. Nous jouissions donc de tout le bonheur qu'un trio, lié comme le nôtre, devait éprouver.

Un dimanche matin, nous étions partis de bonne heure pour monter sur une des plus hautes collines des environs, sur laquelle on avait élevé un temple en souvenir d'un événement historique.

De la plate-forme de ce temple on découvrait des collines boisées et un pays ondulé, parsemé de petits villages. A l'horizon, le regard se perdait dans les couleurs indécises d'une de ces grandes plaines couvertes de bruyère qu'on rencontre si fréquemment dans l'Allemagne du Nord, et qui dégagent une certaine poésie mélancolique et sauvage. Tout cela brillait de l'éclat de la première verdure et sous un beau soleil de mai. Le ciel n'avait pas un nuage, la nature entière respirait la jeunesse, l'innocence, le bonheur.

Quelques paysans, venus là pour jouir du dimanche, étaient avec nous sur la plate-forme.

« Il me vient une idée, dis-je à Théodore; ne voudriez-vous pas improviser un discours ici, devant cette petite communauté? » *La petite* se joignit avec transport à cette prière. Au même moment, comme pour appuyer notre requête, les cloches des villages au pied de la colline commencèrent à sonner l'heure du service divin. Nous comprîmes au sourire de Théodore qu'il consentait; puis se découvrant, il annonça aux paysans qu'il allait parler du véritable royaume de Dieu, règne de la paix, de la fraternité et de l'amour. Ceux-ci le regardèrent d'abord avec surprise, puis ils se découvrirent aussi et se rangèrent en demi-cercle en silence, sous le charme de cette noble figure, qui ne m'était jamais apparue plus inspirée, plus idéale. Il parla du sujet habituel de nos conversations, du règne de bonté qui devait se réaliser sur la terre et non au delà de la tombe, règne où la seule noblesse serait celle du cœur et de l'intelligence, et le seul honneur le devoir et le travail. La voix de l'orateur, sonore et douce, l'encens des parfums du printemps, les hymnes des oiseaux joyeux gazouillant sur les arbres, le dôme bleu du ciel au-dessus de nos têtes — c'était là une scène faite pour toucher les cœurs les plus durs. Ces paysans simples, lorsqu'il eut fini, le regardèrent comme les pêcheurs de Génézareth durent regarder le Christ, quand il leur parla la première fois du royaume de Dieu, dans lequel il faut aimer son prochain comme soi-même. Sa sœur prit une de ses mains, j'en fis autant; nous les pressions sans pouvoir parler. Puis quittant cet endroit, après un salut amical aux paysans, nous descendîmes, par des chemins délicieux, à travers les bois, en silence, car nos cœurs s'entendaient sans parler.

Pendant que nous goûtions ainsi les douceurs

d'une union si pure, des nuages s'accumulaient sur nos têtes. La nature du sentiment qui nous unissait ne pouvait plus rester un secret pour nos deux familles, quoique ni lui ni moi n'en eussions dit un mot. Un mécontentement très net se manifesta sans qu'on en parlât. La famille de mon ami ne voyait que les obstacles qui m'avaient d'abord fait combattre mon amour, c'est-à-dire que j'étais son *aînée* de quatre ans, et qu'il n'avait pas encore de position. Ma famille en voyait un autre, et le plus grand, c'est qu'il était un démocrate avéré et le devenait de jour en jour davantage. La plupart des jeunes gens de la société le détestaient, comme son père l'avait prédit, à cause de sa supériorité et de l'emploi intelligent qu'il faisait de son temps. Les dames et les jeunes filles ne l'aimaient pas, parce qu'il ne s'occupait que d'un très petit nombre d'entre elles, de celles avec lesquelles il pouvait parler d'autre chose que du beau temps et de la cuisine. Mon beau-frère et mon frère étaient furieux contre lui, parce qu'il avait écrit un article où il blâmait ouvertement les grandes dépenses qu'on faisait pour le théâtre, aux dépens du peuple. Lorsqu'ils le rencontraient, ils le saluaient à peine, ne lui parlaient jamais et voyaient avec un déplaisir manifeste mes rapports avec lui. Ma mère s'inquiétait de cette opposition dans notre famille et des suites qu'elle prévoyait, pour moi, de cet attachement; elle me connaissait assez pour savoir qu'avec ma nature ce sentiment était sérieux et que les obstacles me causeraient un profond chagrin.

Je m'apercevais fort bien de tout cela et j'en étais

vivement peinte. Le sentiment que j'avais pour Théodore était la fleur de tout ce qu'il y avait de meilleur en moi. Mais plus mon amour m'était sacré, plus je le renfermais dans le secret de mon cœur. J'aurais haï mes lèvres si elles avaient pu le profaner par les paroles devant tout autre que celui qui en était l'objet. Je crois que cette extrême pudeur est la qualité essentielle de tout sentiment grand et profond. Mais aussitôt qu'un tel sentiment est injustement attaqué, il trouve l'héroïsme de l'avouer et de le défendre, fût-ce devant l'univers entier. J'eus donc à passer par cette seconde phase. Je commençais à me retirer de la société où je ne rencontrais pas mon ami, parce qu'il en était « exclu ». Mais si je le rencontrais à la *Ressource* ou ailleurs, je lui parlais plus qu'à aucun autre. Je bravais les regards moqueurs ou irrités de mon beau-frère et la désapprobation visible de mes connaissances, qui s'indignaient de mon intérêt pour un « démocrate », qui, de plus, osait les traiter avec indifférence. Plus difficile à supporter était le déplaisir de ma mère ; il se manifesta bientôt en reproches et en observations ironiques et amères, d'autant plus affligeantes pour moi, que jusqu'alors je n'y avais jamais été habituée de sa part. Un soir nous nous trouvions à un bal à la *Ressource*; comme je ne dansais plus et que Théodore ne dansait jamais, il se plaça à côté de moi et nous causâmes presque toute la soirée des choses les plus intéressantes. Rentrée à la maison, je vis le mécontentement sur la figure de ma mère, et après quelques instants elle ne put se contenir et m'accabla de reproches amers. Elle me dit que ma conduite n'était pas celle d'une jeune fille « comme il faut », qu'elle était dépourvue de modestie, moi qu'on avait raillée autrefois de ce que je ne découvrais pas mes épaules autant que la mode le prescrivait. Je répondis d'abord avec douceur et avec modération, mais sentant que ces reproches étaient profondément injustes, je m'échauffai aussi, et pour la première fois de ma vie des mots durs furent échangés entre ma mère et moi. Ce fut la première véritable blessure faite à mon affection de famille, je sentis que j'aurais désormais beaucoup à souffrir.

Malgré toute ma timidité et mon humilité j'avais de l'orgueil. Souvent j'avais dit à ma sœur que mon principe, dans mes rapports avec autrui, était d' « être aimée de peu, mais d'être estimée de tous ». Maintenant je m'apercevais que la considération dont j'avais joui s'évanouissait. Et quelle faute avais-je commise? Aimer un jeune homme à qui, même ses ennemis, ne pouvaient faire aucun reproche sérieux? *Comprendre*, enfin, les principes vers lesquels toute ma jeunesse avait été une aspiration involontaire? — Encore un voile tomba de mes yeux. Je vis que je n'étais plus la créature douce et pliante qui, pour ne blesser personne, se soumettait à tout et ne s'écartait pas du sentier battu. Je devenais une individualité, avec des convictions et avec l'énergie de les avouer. Je compris que c'était là mon crime et je reconnus, comme Saint-Martin, « que j'avais été trop dépendante des regards des autres ». La considération d'autrui commença à perdre de sa valeur pour moi, et — comme le mystique français s'était tourné de l'estime des hommes vers l'estime de Dieu — je me tournai vers ma conscience et je ne m'occupai que de ce qu'elle me dictait.

Mais la lutte devint chaque jour plus difficile. Mon père vint encore nous voir pendant l'été. Hélas! même avec ce père si aimé je ne me sentais plus d'accord sur les sujets les plus graves. La politique avait pris une place importante dans mes conversations avec Théodore et mes idées démocratiques n'étaient qu'une conséquence naturelle du reste. Bien des fois j'avais fait par lettre à mon père des questions sur ses opinions politiques, pour régler, si c'était possible, les miennes sur les siennes. Il m'avait répondu une fois qu'il considérait Guizot comme le plus grand homme d'État et que je devais étudier sa politique si je voulais me former des idées justes. Après cela il s'était tu sur ce sujet, car il considérait ces choses comme en dehors de la sphère féminine. Pourtant, en réfléchissant aux principes politiques d'après lesquels je l'avais vu agir, je reconnus avec une profonde douleur que mes idées prenaient une direction très différente. Il avait été instruit des changements d'opinions qu'on voyait se faire en moi et qu'on regardait, non comme une conséquence logique de mon développement intérieur, mais comme une suite fatale d'un attachement « malheureux » pour un homme qui avait des principes excentriques et faux. Car, par une étrange erreur des orthodoxes en religion et en politique, dès qu'un esprit s'émancipe de leurs lois, ils croient que cette émancipation est due à une influence extérieure, à une séduction intellectuelle et non à une logique intérieure que les circonstances ont seulement secondée.

Mon père ne m'en parla pas; il n'y avait aucune nécessité absolue de rompre le silence de part et d'autre, mais la rupture intérieure se sentait, et ce sentiment était d'autant plus douloureux que nous ne nous aimions pas moins. Je ne voyais presque pas mon ami. On ne l'invitait pas à venir; moi-même je ne le voulais pas, parce que je savais qu'une rencontre avec mon père ne serait pas telle que mon cœur la désirait. De temps en temps seulement je le voyais en allant voir *la petite*, mais je ne pouvais pas faire cela souvent, car presque tout notre temps était consacré à mon père. Les lettres que je recevais de Théodore étaient ma seule consolation. Un jour, je compris qu'une d'elles ne m'était pas parvenue, je découvris qu'elle avait été donnée à ma mère. Lorsque je la lui demandai, elle me la rendit ouverte. Ce fut un coup terrible. Ces lettres, j'aurais pu les montrer au monde entier, à plus forte raison à ma mère. Elles étaient plus belles que bien des lettres qui ont été publiées et qui ont fait l'admiration du monde. Mais elles étaient tellement à *moi* que je ne pouvais les partager avec qui que ce fût. L'amour, comme autrefois la religion, émanait chez moi des profondeurs insondables du cœur, c'était une chose trop intime pour être discutée. Je n'avais jamais compris ce sentiment frivole, superficiel dont on fait part aux amies, aux confidentes. L'amour profond, éternel, me paraissait comme le soleil, qu'on reconnaît à ses doux et bienfaisants rayons, mais qu'on n'ose pas regarder en face, sa lumière étant trop vive. L'aventure de la lettre contribua beaucoup à nourrir l'esprit de révolte éveillé en moi. Le sentiment qui s'était dérobé à tous les yeux pour ne pas profaner sa virginité, sortait maintenant en armes pour défendre son droit légitime en face du monde entier.

Un jour, nous étions assis au milieu d'un cercle de connaissances, dans un jardin public où l'on allait pour écouter la musique, prendre des rafraîchissements et s'amuser : mon ami passa devant notre table, salua, mais ne s'approcha pas, puis il repassa plusieurs fois sans me parler. De retour à la maison je lui écrivis pour demander la cause de cet abandon. Il me répondit gaiement qu'il n'avait pas voulu m'exposer à l'embarras de parler au démocrate méprisé devant mon cercle de gens hautains. La première fois que nous retournâmes dans cet endroit, aussitôt que je vis paraître Théodore, j'allai vers lui et me promenai à son côté dans les allées; nous étions absorbés, comme de coutume, dans des conversations animées. Je savais qu'on me regardait avec surprise. Une jeune beauté, aristocrate et orgueilleuse, qui m'avait toujours témoigné une tendre amitié, nous rencontra : elle était appuyée sur le bras d'un baron, son fiancé; elle me regarda, stupéfaite, comme pour dire : Est-il possible que tu puisses t'abaisser à ce point? As-tu oublié la valeur de la petite préposition devant ton nom de famille? Choisir ce démocrate, cet homme immoral qui nie l'Église, qui nie l'aristocratie!

Tout cela était si clairement écrit sur sa figure, que je fus sur le point d'en rire. Mais une épreuve plus dure c'était de passer auprès de mes parents. Je ne pouvais pas aller au-devant d'eux et présenter Théodore à mon père; c'eût été demander leur sanction. Je savais que cela leur eût été très pénible et je ne pouvais pas exposer mon ami à un accueil froid et compassé. Je souffrais de la peine que je leur causais, mais je devais donner ce témoignage de dévouement à l'homme que j'aimais, je devais affirmer un noble amour.

L'opposition que je rencontrais s'accrut encore après le départ de mon père, mais mes sentiments avaient déjà pris cette assise profonde que nulle puissance humaine ne peut ébranler.

En automne, Théodore tomba sérieusement malade; je passai des journées d'angoisse. Je ne pouvais pas aller le soigner et je maudissais en mon cœur les préjugés du monde, qui m'empêchaient de prodiguer des soins à l'homme à qui appartenait mon cœur. Quand je sus qu'il était descendu dans la chambre de sa mère, j'allai le voir. C'était la veille de Noël. Je le trouvai avec sa mère et *la petite*. La conversation dura jusqu'au crépuscule. Les cloches de l'église voisine commençaient alors à sonner pour annoncer la fête du lendemain. Nous étions silencieux; ces sons, la veille de Noël, rappelaient tout un monde de traditions et de poésie; les heureux jours de l'enfance, lorsque l'amour maternel préparait les cadeaux, entourés d'un mystère charmant, et qu'il ornait l'arbre de Noël de bougies innombrables, symboles de la lumière répandue sur le monde dans cette sainte nuit; puis le service de minuit, où l'on chantait, dans l'église illuminée, la naissance que les anges avaient jadis annoncée comme apportant la paix sur la terre; — enfin toute cette légende poétique du salut des hommes, incarné dans l'enfant de la pauvre fille du peuple. Avec ces sons et avec ces souvenirs, un courant magnétique passait d'un cœur à l'autre, intelligible sans paroles. D'autres personnes arrivèrent et on apporta de la lumière. Je ne pouvais en ce moment supporter une conversation indifférente, je pris donc congé et j'allai dans la chambre où j'avais déposé mon manteau et mon chapeau. Cette pièce n'était éclairée que par la lune, j'en avais laissé la porte ouverte; mon ami, ayant quitté le salon pour le même motif que moi, entra. « Chère amie, il était trop pénible de se revoir de cette manière », murmura-t-il; et pour la première fois depuis notre connaissance, il m'entoura de ses bras et nos lèvres se rencontrèrent. Puis il se hâta de gagner sa chambre, et moi je m'acheminai seule par la claire nuit, qui se mirait avec ses innombrables étoiles dans mon cœur.

La convalescence fut lente et je le vis peu; il n'aimait pas venir souvent chez nous; il se sentait mal vu; de mon côté je n'étais pas non plus libre et heureuse dans sa maison paternelle. Je restais souvent seule, car je m'éloignais de plus en plus des réunions où je ne le trouvais pas et où je savais qu'on le détestait et qu'on me blâmait à cause de lui. Dans ma famille je me sentais isolée et triste; ce désaccord tacite pesait sur moi. J'étais donc contente d'être seule et de pouvoir suivre par la pensée mes conversations avec mon ami et de voir la lumière se faire en moi.

Un soir, c'était peu d'instants avant l'heure du théâtre, Théodore vint. J'avais dit d'avance que je ne sortirais pas, parce qu'on donnait un opéra que j'avais entendu trop souvent. Mon refus avait été accepté en silence, quoique avec déplaisir. Quand mon ami apprit que je restais à la maison, il demanda la permission de prolonger sa visite, malgré le départ des autres personnes. Sous ce rapport, il régnait dans notre famille une tolérance qui honorait également ceux qui la pratiquaient et ceux qui en étaient l'objet. On ne pouvait faire une exception en refusant en cet instant. Nous étions donc seuls; c'était presque la première fois depuis notre connaissance. Le bonheur de pouvoir enfin tout nous dire sans témoin était si grand qu'il m'aurait suffi; mais Théodore ne se contenta pas de cela, il me prit dans ses bras et me pressa sur son cœur. Nous gardions le silence, plongés dans le sentiment de la plus pure félicité. Enfin il dit : « Et pourtant libre ! »

« Que tu es fier, lui dis-je en souriant, mais je ne le suis pas moins; oui, que jamais bonheur ne nous soit doux et cher qui ne soit compatible avec la liberté. »

Ces moments passèrent vite. Lorsque les miens rentrèrent du théâtre, je semblais tranquille comme à l'ordinaire; mais, dans mon cœur, tout était lumière et paix.

Une épreuve plus dure que toutes les précédentes se préparait pour nous et me contraignit à une démonstration plus énergique que toutes les précédentes. Ma mère résolut de donner la grande soirée annuelle à laquelle assistaient les jeunes princes et les princesses. Autrefois, ces fêtes dans notre maison me faisaient toujours grand plaisir; j'étais alors une des danseuses préférées du prince héréditaire. Maintenant, je savais qu'au château on avait beaucoup changé à mon égard. Mes « sentiments démocratiques » déplaisaient à ces microscopiques souverains dont le territoire avait quelques lieues carrées. Cette fois la fête ne devait pas être un bal, mais une soirée avec des tableaux vivants. Tout cela ne m'intéressait plus guère; cependant je me prêtais, comme toujours, à aider aux préparatifs, lorsque tout à coup ma mère me fit savoir qu'il n'y avait pas moyen d'inviter Théodore, qu'on inviterait naturellement sa famille, son père étant le premier dignitaire de l'Église; mais, quant à lui, mon beau-frère et mon frère avaient déclaré qu'il était impossible de faire aux jeunes princes l'injure d'admettre dans le même salon qu'eux, l'homme qui avait écrit un article contre les penchants innocents de leur père, et qu'ils ne viendraient pas si Théodore devait y être. Ma mère avait cédé à leurs instances et consenti à faire ce qu'elle regrettait pour moi. Ce coup me venait de ma famille, qui m'aimait, qui n'était composée que d'êtres bons, aimables et tendres!

Mes sœurs étaient tout occupées des préparatifs pour les « tableaux vivants », aidées en cela par un jeune artiste, l'enfant gâté de la maison, un jeune homme doux, agréable, assez doué et « sans opinion politique ». Je les voyais presque avec dédain admettre cet être insignifiant dans leur intimité, le cajoler, le regarder comme l'âme de tout ce qui se faisait, pendant que l'homme de génie, noble, idéal, était banni, offensé publiquement, parce qu'il avait écrit qu'on dépensait plus qu'il n'aurait fallu pour satisfaire le caprice d'un prince. Je n'insistai pas, j'étais trop fière pour demander grâce pour lui; mais je déclarai que je n'assisterais pas non plus à la soirée, si une promesse solennelle ne m'était faite de réunir immédiatement après une petite société d'élite et de l'y inviter. Ceci fut accepté; ma mère était peinée et ne voulait pas que la chose devînt notoire par mon absence. Pourtant la rumeur s'en était déjà répandue avant la fête. La mère de Théodore était profondément blessée de l'offense faite à son bien-aimé fils, l'orgueil de son cœur. *La petite* et le père refusèrent l'invitation qui leur fut envoyée, il ne vint que la sœur aînée, fiancée alors à un jeune homme de bonne famille. J'envoyai à Théodore un bouquet de violettes, les premières de la saison, avec quelques lignes. Puis je subis avec une contenance ferme, soutenue par un dédain intérieur, toute cette soirée. On sentait un certain malaise. Il était évident que l'on commentait l'absence d'une des premières familles de la société, et l'inclination que ma famille désavouait ainsi publiquement.

Le matin suivant je reçus un billet de Théodore dans lequel il me remerciait de mes violettes et des paroles de consolation que je lui avais adressées, concernant le bruit et les méchants propos qui allaient circuler à la suite de cette soirée. Il finissait par ces mots : « Je lis Platon pour me purifier de la fange du monde moderne ».

Quelques jours après je réclamai péremptoirement la soirée promise, non comme un plaisir pour lui ni pour moi, car quelle joie pouvait nous donner une réunion de personnes qui n'avaient que des sourires moqueurs ou de la pitié hautaine pour un sentiment si élevé qu'il était au-dessus de leur compréhension? Mais je la demandai comme un acte de justice qui nous était dû, comme une preuve d'estime et de regret. La soirée eut lieu; *la petite* vint avec son frère. Mon beau-frère et mon frère n'y étaient pas. Toutes les personnes invitées tâchaient d'être aimables et obligeantes, ma mère la première. Mon ami, quoique cette soirée fût pour lui plutôt une torture qu'une satisfaction, s'efforça d'être sociable et agréable, et réussit à contenter tout le monde. On s'aperçut avec étonnement que, loin d'être un monstre, c'était au contraire un jeune homme d'une instruction vaste et d'un esprit charmant toutes les fois qu'il n'effrayait pas par sa hardiesse et « sa critique intempérée ». Ce soir-là, il évita soigneusement tous les sujets scabreux. En somme, la soirée se passa bien. Les dehors furent sauvés, mais l'aiguillon était entré trop avant dans mon cœur pour qu'on pût l'en retirer. J'avais trop bien compris la signification de tout cela : désormais j'étais en guerre avec le monde dans lequel j'avais été élevée, et il ne s'agissait plus d'un sentiment personnel, mais de l'indépendance de mes convictions. Enfin je sentais que j'avais commencé la lutte de la liberté contre l'autorité tyrannique.

Nous eûmes pourtant encore bien des heures douces durant le printemps. Libres, sûrs de notre affection mutuelle, nous jouissions de chaque moment de bonheur qui nous était accordé par les circonstances. Nous nous rencontrions souvent chez la gouvernante des princesses, une aimable, intelligente, excellente vieille fille qui était l'amie intime de la famille de Théodore et qui l'avait connu tout enfant. Elle m'aimait tendrement, et l'injustice avec laquelle le monde nous traitait la révoltait. Bien souvent, alors que le soleil couchant dorait les cimes des grands arbres, ou plus tard, quand le rossignol chantait et que le jardin, situé sur les remparts qui entouraient le manoir féodal nous envoyait ses parfums, nous étions près de la fenêtre ouverte, dans son beau salon, elle, Théodore, *la petite* et moi, occupés à lire ou à causer ensemble; souvent nous nous amusions à entraîner notre bonne amie à « des conséquences dangereuses » que sa grande intelligence était forcée d'admettre comme logiques, mais que sa piété traditionnelle lui défendait de reconnaître. Elle lisait, par exemple, avec orgueil et plaisir le livre de notre ami, mais elle allait encore à l'église et y adorait avec ferveur le Christ rédempteur. Elle avouait des principes démocratiques, mais elle défendait, par attachement, ses seigneurs et maîtres. Dans des moments particulièrement gais, nous l'entraînions à chanter avec nous la *Marseillaise*, chant qui retentissait comme une ironie sous les voûtes du vieux château. En revanche, elle nous taquinait aussi, et un jour elle dit à notre ami, qu'elle tutoyait depuis son enfance : « Écoute, il viendra un jour où je te verrai assis à la place que ton père occupe maintenant aux dîners du prince, et tu t'y amuseras beaucoup. »

« — Alors sois sûre, répliqua Théodore, que tu

verras aussi l'esprit de ma jeunesse debout derrière ma chaise et qu'il me reniera. »

Certes, lorsque je rentrais de ces réunions libres et heureuses, il me fallait les expier, car on me recevait dans ma famille avec autant de froideur que si j'avais commis quelque chose de blâmable. Oh! pourquoi les préjugés des hommes viennent-ils empoisonner ces courtes heures de bonheur qui ne sont données qu'une fois dans la vie, pourquoi versent-ils l'amertume dans la coupe d'un amour innocent? Si Théodore eût su masquer ses opinions et s'il m'eût demandée en mariage, on y aurait consenti. Mais on ne comprenait pas ce que cet amour était pour mon développement intellectuel et quel trésor durable il m'en resterait, dût-il même aboutir à une profonde douleur.

L'été approchait; il fut décidé que nous irions voir mon père et passer quelque temps dans le midi de l'Allemagne. Théodore résolut de partir pour Brême, qui était alors un centre littéraire; il voulait écrire, après avoir rompu à jamais avec la théologie. Un jeune homme de sa connaissance, arrivant de cette ville, l'y avait décidé. Ce jeune homme, faisant visite à ma mère et parlant de Théodore, dit : « Ce sera un second Lessing; il a cette puissance critique qui est une création. Un grand avenir lui est réservé. »

Il fallait donc nous séparer! Ce fut pour moi comme un arrêt de mort. Mais pas un instant je n'eus la pensée d'entraver sa liberté, d'exiger de lui des promesses, de le retenir loin du lieu où son esprit pourrait prendre un plus libre essor. Au contraire, ma mère, émue de ma souffrance muette, rompant enfin le silence, me proposa d'intercéder pour moi, puisque mon bonheur paraissait dépendre de mon amour, et de plaider notre cause auprès de mon père; par son influence, elle espérait qu'il pourrait obtenir pour mon ami une position qui rendrait notre union possible. Je fus touchée de cette victoire que son amour pour moi avait remportée sur ses préjugés, mais je refusai formellement. L'idée de la moindre obligation, du moindre engagement dans une affection qui reposait sur tout ce qu'il y avait de pur en nous, me répugnait. J'avais longtemps lutté contre ce sentiment puissant lorsque je l'avais senti naître. Mon ami lui-même avait contribué à me le faire avouer en m'élevant à la liberté. Maintenant l'amour et la liberté étaient devenus tellement un, que tout en moi était confiance illimitée. Plus d'une fois je l'avais arrêté, lorsqu'il me jurait que son affection serait éternelle. Je ne comprenais pas qu'un amour comme le nôtre pût changer, et, s'il le pouvait, à quoi bon un serment? Il ne m'avait jamais parlé de mariage et j'y avais à peine songé. Nous devions nous aimer, par cet amour devenir meilleurs et nous élever aux plus hautes aspirations; c'était notre destinée; ce que l'avenir nous réservait de plus, il fallait l'attendre avec résignation.

Il partit quelques jours avant nous. La veille de son départ il vint à la maison. Ma mère et mes sœurs, par un sentiment de délicatesse, nous laissèrent seuls. L'unique promesse que je lui demandai ce fut de m'écrire, si un autre attachement venait à s'emparer de son cœur. Il répondit en souriant : « Comme si les pareilles étaient nombreuses dans le monde ! »

Encore une fois il déploya pour moi toute la richesse de son intelligence, de son imagination ; encore une fois il m'emporta dans les hautes régions de l'idéal pendant que, la tête appuyée sur son épaule, j'écoutais, avide de rassembler une éternité de bonheur dans ce dernier moment.

Le jour suivant, je reçus ces lignes écrites au moment de son départ : « Sois forte et n'oublie pas ce que tu as conquis. Cette espérance est ma consolation. Laisse-la-moi, conserve-la-moi ! »

Ainsi finit le printemps de ma vie !

CHAPITRE XVI

Catastrophe.

Après son départ, j'étais impatiente de partir aussi. Tout me semblait changé comme si un vent glacial avait défloré le printemps. Ce qui me fit le plus de peine, ce fut de quitter *la petite*. Notre amitié était restée aussi étroite, et pourtant je n'avais pu me décider à parler avec elle du sentiment qui m'unissait à son frère. Elle le connaissait naturellement, mais elle aussi, de son côté, avait toujours observé la plus parfaite discrétion. A mon départ elle me donna un bouquet de roses cueillies dans leur jardin. Je le conservai jusqu'à ce que nous eussions atteint le Rhin ; là, je le jetai dans les flots, comme la bague de Polycrate, pour engager les dieux à me conserver mon bonheur suprême.

J'étais pourtant loin d'être heureuse dans ces moments-là. J'avais fait appel à toute ma résignation, mais il y avait des moments où il me semblait impossible de supporter notre séparation.

Mon père vint à notre rencontre. Je l'aimais toujours avec une inexprimable tendresse, mais je sentais que mon intelligence s'était à jamais séparée de la sienne et suivait un courant qui ne pouvait plus me ramener vers lui. Cependant, malgré la peine profonde que me donnait cette conviction, en le voyant si jeune, si robuste, je pensais que j'avais encore bien du temps pour l'aimer et lui prouver mon amour, en me taisant sur des différences d'opinions qui lui faisaient de la peine.

Mon père nous conduisit aux eaux de Hombourg, pour y passer l'été. C'est un lieu qui réunit les charmes d'une belle nature aux plaisirs de la société, de l'élégance et du luxe. Le temps était loin, où le grand monde me paraissait entouré d'une auréole, où je pensais que je pouvais y trouver une occasion de perfectionnement quelconque. Tous ses plaisirs m'étaient devenus indifférents. J'aurais voulu être dans la solitude au sein d'une nature belle et grandiose, en harmonie avec la tristesse solennelle de mon cœur, solitude où j'aurais pu m'abandonner en paix aux pensées qui seules me soutenaient loin de mon ami. Mais cela ne se pouvait pas. Le seul endroit qui me plaisait, c'était un vaste parc où je trouvais de beaux vieux arbres, des eaux tranquilles, et nul de ces gens à la mode qui encombraient les promenades. J'aimais à y lire les œuvres d'un des plus nobles génies poétiques de l'Allemagne, peu connu dans son pays et encore moins à l'étranger. Je veux parler de Hölderlin, l'auteur d'*Hypérion*, d'*Empédocle* et d'un grand nombre de poésies lyriques, presque toutes d'une beauté exquise. Il était un de ceux qui avaient été inspirés le plus puissamment par l'idéal grec, vers lequel tous les grands esprits de la littérature renaissante se tournaient alors en Allemagne. J'avais lu ses œuvres pour la première fois avec Théodore et nous avions, pour ainsi dire, pendant quelque temps, vécu dans le commerce poétique de cet idéaliste. Dans la vie réelle, le calme et la sérénité grecs n'avaient pas été le lot de Hölderlin. D'une beauté rare, l'âme remplie d'harmonies célestes, il fut écrasé par des circonstances mesquines, par la pauvreté et par un amour malheureux. Sa noble intelligence, trop éprise du beau pour lutter contre la bassesse des hommes, commença à se voiler et se perdit enfin dans la nuit de la folie. Il vécut jusqu'à un âge assez avancé, mais privé de raison, ne gardant de tous ses dons que l'amour de la musique. On raconte que rien n'était si touchant que les sons évoqués par ses doigts errant sur le piano; c'était un faible écho de ces harmonies qui autrefois avaient peuplé son imagination. C'était sous les vieux arbres de ce parc qu'il avait passé bien des heures, au début de sa maladie mentale. Bettina d'Arnim, cette Pythie inspirée, parle de Hölderlin dans les lettres à son amie Caroline de Günderode et dit que, dans la nuit de son intelligence même, il était peut-être plus sage que le reste des hommes et qu'il rêvait une apocalypse que les vulgaires ne pouvaient comprendre. C'était là une des illusions poétiques de Bettina, et la ruine de cette noble intelligence n'était que trop réelle. Mais ce qui frappe le penseur, c'est que son malheur ne resta pas un cas isolé et que son destin fut, un peu plus tard, celui de Lénau, un autre jeune poëte des plus distingués de l'Allemagne. Cette fin cruelle semblait menacer tous les jeunes idéalistes de la première moitié de ce siècle, qui rêvaient une révolution morale; si bien que Théodore lui-même, pendant que nous lisions les œuvres de Hölderlin, était souvent saisi de la pensée qu'il allait au-devant du même sort. Où fallait-il en chercher la raison? Était-ce parce que dans le mystère des temps se préparait un idéal nouveau, dont les esprits d'élite seuls pressentaient l'approche, et que le monde entier reniait encore dans son ignorance sensuelle et dans les grossières jouissances de l'égoïsme brutal? Heureux ceux qui, dans ces moments de crise du genre humain, trouvent, comme Colomb, un monde matériel à découvrir! Ils touchent de la main un résultat positif, et leur idée trouve un corps. Mais les âmes trop finement organisées qui cherchent l'idéal se brisent contre les rudes obstacles de la vie vulgaire.

Mes jours de fête étaient ceux où je recevais des lettres de Théodore. Elles m'apportaient les pensées et le souffle d'une vie nouvelle. Il vivait dans un cercle intelligent, travaillait avec succès, et la mélancolie qui m'avait souvent inquiétée en lui paraissait avoir disparu. J'en étais trop heureuse pour souhaiter son retour auprès de moi; mais je désirais des ailes pour m'envoler aussi vers la sphère de liberté dont je sentais le besoin.

La tranquillité de notre vie fut troublée par un coup terrible. Il vint d'un être qui nous était cher à tous et dont nous n'avions jamais douté. Pour cacher ce pénible secret, il fallait payer une somme considérable, qui dépassait de beaucoup les ressources dont mon père pouvait disposer. Nous dûmes retourner en hâte à Francfort, où le prince et mon père avaient, depuis quelques années, un domicile. Une profonde mélancolie s'empara du chef de notre famille, mélancolie d'autant plus douloureuse que jusqu'alors l'âge n'avait pas diminué la sérénité de sa nature. Un jour je m'approchai de lui pendant qu'il était à la fenêtre et qu'il regardait tristement la rivière. J'essayai quelques paroles de consolation; il m'écouta en silence, puis il secoua la tête et dit : « Ce coup m'a abattu, je ne m'en relèverai pas. »

Quelques nuits après nous fûmes réveillés en sursaut; il était subitement tombé malade. Je sentis dès le premier instant que sa prophétie allait se réaliser. Après des journées d'angoisse, il se remit assez pour se promener dans la chambre, appuyé sur le bras de l'une de nous. Mais il était évident que le principe de la vie était brisé en lui et qu'il n'était plus que l'ombre de lui-même. Ma seule consolation était de l'entourer de soins; je saisissais avec une sorte d'angoisse chaque regard, chaque parole, pour les garder dans mon cœur. Je restais souvent seule avec lui et je prenais soin qu'aucune parole ne lui rappelât nos divergences d'opinion. Je voyais que mon existence devait se prolonger au delà de la sienne et que plus tard j'aurais à lutter pour mon indépendance; mais devant sa vie qui s'éteignait, il ne restait rien entre nous que le lien d'un amour enraciné dans le fond de la vie même. Un matin, j'étais toute seule avec lui; il s'était promené quelque temps appuyé sur mon bras; puis il s'était assis près de la fenêtre ouverte. Il regarda longtemps en silence le paysage éclairé par un soleil d'automne, portant ces teintes douces et mélancoliques que prend la nature lorsqu'elle se prépare au grand sommeil. Je me taisais aussi et je l'observais avec une profonde émotion. Je lisais clairement ses pensées sur sa figure; il prenait congé de ce monde où sa vie s'était écoulée vertueuse et pure. Il avait été un franc-maçon zélé, il avait obtenu la plus haute dignité de l'ordre, et je crois qu'il avait des principes plutôt humanitaires et moraux que chrétiens. Avant sa maladie, me promenant un jour seule avec lui, je lui demandai ce qu'il pensait de la divinité du Christ et de la Bible comme révélation. Il me répondit que le Christ était plutôt pour lui un modèle de perfection humaine qu'un Dieu, et qu'il s'occupait de la morale de la Bible et non de sa révélation. Une autre fois, le trouvant le soir à la fenêtre en contemplation devant la nuit et les étoiles, je lui demandai à quoi il pensait. Il me répondit : « Je me prépare à déposer un jour dignement cette dépouille mortelle. » Des mots de ce genre résumaient, dans leur simplicité, tout son être. Plus tard, après sa mort, nous lûmes en famille un commencement de *Mémoires* qu'il n'avait malheureusement pas achevés. Il y disait que dans sa jeunesse, son désir avait été d'étudier l'économie rurale et de vivre à la campagne. Je compris alors combien cette vocation eût été plus conforme à sa nature que la carrière agitée d'homme politique.

Mais, quoique l'idée de sa fin prochaine l'occupât visiblement, il n'en parla pas, excepté avec mon frère aîné, le seul de ses fils qui fût présent et qu'il chargea de ses dernières dispositions.

Oh! que n'aurais-je donné pour qu'il me révélât ce qui se passait dans son âme, pour qu'il me permît de l'accompagner dans cette marche solennelle vers l'inconnu, pour participer à sa préparation intérieure à cette grande heure, et lui prouver que mon cœur le suivait pas à pas et aurait voulu boire avec lui jusqu'à la dernière goutte du calice et lui enlever la moitié de son amertume! Mais l'étrange barrière entre lui et moi ne tomba pas même dans ces heures suprêmes, malgré un amour intense de part et d'autre. Pourtant je n'avais de repos qu'auprès de lui, et souvent je me tenais cachée dans un coin de la chambre, lorsqu'il souffrait beaucoup et que, se croyant seul, il se laissait aller à l'expression de ses souffrances physiques. Je retenais mon souffle pour ne pas trahir ma présence, mais je trouvais encore une consolation à souffrir avec lui en secret.

On était à Noël. Sa vie n'était plus qu'une question de jours et d'heures. Par une étrange coïncidence, son vieil ami le prince, dont il avait partagé la fortune et les malheurs, était mort subitement quelques jours auparavant, et ses dernières paroles avaient été pour son ami. On avait caché la chose à mon père, craignant l'effet d'une telle nouvelle sur le malade, mais il en avait eu l'intuition. Peut-être en avait-il moins ressenti l'effet parce qu'il rêvait déjà d'une réunion prochaine.

Pour la première fois de notre vie, nous ne pouvions avoir ni fête ni arbre de Noël. Ma mère nous avait pourtant préparé quelques petits cadeaux, selon l'ancienne coutume. Nous les reçûmes avec une profonde émotion, car à *lui* nous ne pouvions plus rien donner. Il était tranquille dans son lit, sommeillant presque toujours et murmurant de temps en temps quelques douces paroles, reflet des images qui flottaient devant lui, comme de pâles lueurs roses sur les nuages du soir, lorsque le soleil s'est déjà couché. Ce que j'avais vu à la mort de ma sœur aînée, je le vis encore ici. A l'approche du fatal moment, lorsque tout ce qu'il y a de factice dans l'homme, tout ce que les habitudes de la vie lui imposent, lorsque les qualités acquises, l'intelligence même — tout se dissout et se perd, alors le vrai caractère, le ton fondamental de l'individu, tel qu'il sortit des mains de la nature, reparaît en entier. La dernière impression qui me resta de ces deux êtres chéris que je vis mourir, fut celle d'une bonté et d'une innocence du cœur qu'aucune corruption du monde n'avait pu altérer.

Les amis dans la maison desquels nous occupions le second étage nous forcèrent presque à descendre et à prendre part à leur fête. Avec la fausse notion de sympathie qui veut distraire et soulager une tristesse profonde par une gaieté superficielle, ils firent tout leur possible pour nous associer à leurs plaisirs. Mais je ne pus supporter le bruit et les rires plus d'une demi-heure. Je me glissai dehors, et je montai dans la chambre, faiblement éclairée, où sommeillait mon bien-aimé père. Il ne souffrait plus. Là, je me trouvai douloureusement bien et, m'asseyant dans un coin, il me sembla de nouveau entendre la grande symphonie de la mort, que les échos de la gaieté d'en bas avaient interrompue comme un bruit discordant. Le mystère de l'existence était résolu pour lui. Ma vie, au contraire, était détachée de sa racine; je me sentais jetée sur le vaste Océan pour conduire seule ma barque et suivre l'unique étoile qui m'apparût derrière d'épais nuages : ma *conviction*.

Ce soir-là je lui fis mon véritable adieu. Il respira encore trois jours. Le quatrième, au matin, je lui apportai une tasse de café, autorisée par le médecin. Il ouvrit les yeux, me regarda de ce regard du voyageur qui, déjà embarqué sur la mer sans fin, fixe pour la dernière fois le rivage où le soleil de vie lui a souri; puis, me reconnaissant, il dit : « Ah! c'est toi, mon trésor! » J'approchai la tasse de ses lèvres; il but pour la dernière fois, puis il referma les yeux et resta tranquille. Je m'assis dans une autre pièce pour écrire à Théodore. Après une heure de tranquillité parfaite, on ouvrit rapidement la porte et me fit signe de venir. Je volai auprès de son lit. — Tout était fini, il avait cessé de vivre!

Cette fois, je ne me demandai plus rien et aucune voix ne me dit : « Tu vas le revoir ! »

Rien peut-être ne distingue les hommes autant que leur manière de supporter la douleur. La joie et le bonheur ouvrent généralement le cœur, ils sont expansifs et, dans leurs accords bruyants, bien des sons discordants passent inaperçus. Mais la douleur fait autour de nous un silence dans lequel nous n'écoutons qu'une seule note triste et solennelle. Tant qu'on n'interrompt pas ce *requiem* de l'âme, il y a une beauté même dans le plus profond chagrin. Mais lorsque les bruits vulgaires du monde extérieur recommencent, le charme est rompu, et c'est alors qu'arrive pour certaines natures la souffrance aiguë, intolérable, tandis que d'autres y trouvent un soulagement et une distraction. Je me trouvais dans le premier cas. Toute mon âme était encore concentrée dans celui qui n'était plus; chaque mot qui troublait son souvenir m'était odieux. Seule j'allai le voir lorsqu'on l'eut mis au cercueil; je l'entourai de lauriers et de myrte, et je contemplai cette figure tranquille sans pouvoir m'en détacher. C'est alors que je compris entièrement la beauté de ces pages immortelles dans le *Wilhelm Meister* de Gœthe, où l'auteur décrit les funérailles de Mignon. Oui, nous devrions poétiser la conclusion de la grande tragédie de la vie, et puis retourner à notre tâche quotidienne, remplis de « ce sérieux sacré qui seul donne à l'existence un caractère d'éternité ».

Malgré mes grandes préoccupations, lors de la maladie de mon père, d'autres émotions, pour être secondaires, ne m'en avaient pas moins fortement agitée. J'avais revu mon frère cadet, un homme éminent, arrivé à une haute position, heureusement marié, mais protestant rigide et monarchiste.

Il avait été averti du « tour malheureux » que prenaient mes idées, et il s'en aperçut à mon silence sur tous les sujets scabreux. Il en était fâché, et en cherchait la cause, comme les autres, dans mon malheureux attachement pour un homme « sans principes »; car autrement comment eût-il été possible qu'une fille dans ma position eût de telles idées? Il avait eu le projet de me marier à un de ses amis, et aussi sous ce rapport il se trouvait contrarié. Il chercha donc l'occasion de me parler et la trouva. Il entama le chapitre des idées religieuses et je lui parlai franchement. Il essaya de me persuader, mais ses arguments me paraissaient faibles et inconséquents. A la fin il se tut. Il me considérait évidemment comme perdue. Il n'était venu que pour peu de jours voir mon père pendant sa maladie et se hâta de rejoindre sa jeune femme qu'il adorait, qui était atteinte d'une grave maladie. En effet, elle suivit, peu de semaines après, mon père dans la tombe. Je pris une part profonde à la douleur de mon frère et je lui adressai une lettre pleine d'affection. Il ne me répondit pas, mais il écrivit à ma sœur qu'il sentait que tant que je serais dans cette disposition d'esprit voltairien, il n'avait rien à me dire et que nous ferions mieux de rompre toute relation. Je me soumis, sentant qu'il avait raison; entre deux convictions opposées et fortes comme les nôtres, il n'y avait pas de trait d'union.

Mais je sentais aussi que cette séparation serait définitive, car ma disposition d'esprit n'était pas voltairienne, elle était au contraire la conséquence logique de toutes les luttes de ma jeunesse.

Une autre de mes préoccupations pendant les premiers temps de la maladie de mon père, c'était la guerre du Sonderbund, en Suisse, guerre démocratique et de principe par excellence. Théodore m'écrivait là-dessus : « C'est une guerre vraiment humaine, entreprise par un peuple pour le triomphe de la liberté. » Le médecin qui soignait mon père était un homme libéral, il s'intéressait vivement au triomphe du parti représentant ses idées. Avec lui je discutais mes opinions politiques plus ouvertement que je ne l'avais encore jamais fait.

J'avais, malgré ce temps de souffrance, une oasis où j'étais en paix, où tout était serein. C'était mon amour pour Théodore et ma confiance dans le sien. Ses lettres étaient ma consolation, et en outre il m'envoyait encore les bonnes feuilles d'un second livre qu'il publiait. Il m'écrivait : « C'est à toi que je dédie les premières feuilles imprimées de ce livre, il t'appartient si complètement, que je sais à peine distinguer ce qui vient de toi de ce qui vient de moi. »

J'y trouvais en effet à chaque page les traces de notre vie commune, de nos conversations, de tous les trésors de pensée et de vie intellectuelle qui s'étaient éveillés en nous. L'idée de partager avec le public cette noble intimité me causa d'abord une peine profonde; mais je combattis ce sentiment comme trop égoïste. Le poète vit deux fois : premièrement pour lui-même, puis pour le monde. Malheur à la femme qui ne sait pas le comprendre et devient jalouse de ce partage : elle brisera le génie, ou elle brisera son propre cœur!

En lisant ces pages et les lettres de Théodore, je me disais souvent : « Laisse-moi ce seul bonheur, ô destinée, et je serai forte dans toutes les épreuves que tu me réserves. »

CHAPITRE XVII

1848.

Le jour de l'an, dans le petit cercle de notre famille, on ouvrit le testament de mon père. Nous accomplîmes cet acte avec toute la vénération due à celui dont nous pleurions la mort. Pas une parole discordante ne fut prononcée, et nous n'eûmes pas le spectacle hideux de voir la solennité de la mort troublée par des querelles d'héritage. Je m'arrêtai surtout aux paroles simples et dignes par lesquelles mon père affirmait sa foi inébranlable dans l'immortalité individuelle. J'y retrouvais sa nature simple, bonne et vraie; le reste m'importait peu. Pourtant nous éprouvâmes une déception mêlée de crainte, car personne de nous ne soupçonnait à quel point la fortune de mon père avait été diminuée, la part de chacun réduite. Il était même à craindre que la part de ma mère ne fût perdue; en ce cas, nous aurions naturellement partagé avec elle, mais ses revenus devaient suffire à peine à l'entretien d'une vie modeste, très différente de celle qu'elle avait menée jusqu'alors. Pour la première fois, l'idée se présenta à ma sœur et à moi qu'une de nous aurait à gagner sa vie. Nos frères avaient, il est vrai, de belles positions, mais nous ne songions pas être à leur charge. Nous discutions déjà ce point, et chacune réclamait son droit au sacrifice. Moi j'étais bien décidée à ne pas céder, et, s'il le fallait, à partir, car je commençais à sentir que je ne pourrais plus vivre longtemps avec ceux qui regardaient mes plus saintes convictions comme des erreurs, sinon comme des crimes. Mais, en même temps, je fus péniblement frappée de cette idée : « Que pourrais-je faire pour gagner ma vie? »

J'avais beaucoup réfléchi, plus que la majorité des femmes de mon âge; j'avais beaucoup lu; mais savais-je quelque chose assez à fond pour en faire part aux autres, et en faire la base de mon indépendance? Je sentais avec une peine amère l'insuffisance de mon éducation. Je n'avais aucune spécialité. Depuis que j'avais dû abandonner la peinture, j'avais quelquefois espéré que je pourrais un jour écrire quelque chose; j'avais fait quelques essais timides, en envoyant à des éditeurs de petites choses que j'avais composées, sans les montrer à personne. Plusieurs furent imprimées, mais jamais on ne me les paya; et ne sachant pas comment m'y prendre, n'osant pas demander conseil à ma famille pour des articles qui lui déplaisaient, je ne voyais pas d'avenir dans cette direction.

Tandis que l'horizon de ma vie était sombre et voilé, celui de la vie des peuples commença à s'éclaircir. Les journaux apportèrent la nouvelle des soulèvements en Sicile et à Naples. Le dur et stupide despotisme qui pesait sur ces belles contrées parut subitement brisé, et une nouvelle vie semblait prête à éclore. Mon ami m'écrivait : « Dire qu'à Naples on parle au peuple, sur les places publiques, de la liberté et de ses droits, et être obligé de rester dans l'Allemagne endormie ; c'est presque plus qu'on ne peut supporter. »

Combien j'aurais désiré lui donner la possibilité d'y aller, pour le savoir dans la plénitude de la vie au milieu d'un peuple qui se délivre d'un joug insupportable! Mais, malheureusement, je ne pouvais rien faire que suivre de loin ces événements, comme lui, avec une sympathie ardente.

Un jour, en rentrant d'une promenade solitaire, je trouvai tout le monde dans la plus grande agitation. Des nouvelles de Paris étaient arrivées! La révolution du 24 février avait éclaté! Mon cœur battit de joie. La monarchie renversée, la république proclamée, un gouvernement provisoire, dont un poète célèbre et un simple ouvrier faisaient partie : cela paraissait un rêve sublime, et pourtant c'était une réalité. Il y avait eu, relativement, peu de sang versé, et la grande devise : Liberté, Égalité, Fraternité, était de nouveau écrite sur le drapeau révolutionnaire.

Quelle agonie de ne pouvoir montrer mon bonheur, de devoir tout refouler dans mon cœur, de sentir que l'on redoutait de grands malheurs, là où je ne voyais que des espérances! de comprendre par des regards et des observations que la joie que je laissais paraître malgré moi m'était reprochée comme une faute énorme! — Je me taisais autant que possible et j'épanchais mon cœur dans des lettres à Théodore et à *la petite*.

Le courant électrique se répandit bientôt dans toutes les directions. L'Allemagne, qui avait paru endormie, tremblait comme sous l'action d'un feu souterrain. Les nouvelles de Berlin et de Vienne arrivèrent. Le prince des ténèbres politiques, Metternich, avait dû fuir! Les bases du despotisme parurent ébranlées. L'appui du pouvoir absolu, la force militaire, se montrait impuissante devant les peuples, enthousiasmés pour la conquête de leurs droits. Les trois glorieuses journées de la révolution de Berlin le prouvèrent. Chaque jour était signalé par un événement inattendu et important. Seulement, combien l'appréciation de ces événements variait selon les différents points de vue! Un jour, par exemple, en entrant au salon, je trouvai ma mère, le journal à la main, qui me dit : « Eh bien! te voilà contente : le roi de Prusse est allé en procession par les rues de Berlin, portant le drapeau tricolore, rouge, noir et or. Que pouvez vous désirer de plus toi et les tiens? »

Je répondis que cela ne me faisait pas le moindre plaisir, et, en effet, je fus plutôt indignée de cette mascarade, qui ne pouvait être qu'une concession faite à la pression du moment, de la part d'un souverain, qui n'avait rêvé autre chose que de rétablir la monarchie féodale du moyen âge. Ce que je désirais, ce n'étaient pas des faveurs et des concessions royales, je désirais que le peuple prît sérieusement sa destinée dans ses propres mains et que les souverains fussent contraints de se soumettre ou de disparaître.

La nouvelle qu'un parlement préparatoire devait se rassembler à Francfort me remplit d'une joie immense. Toute la ville était dans une excitation extrême. Le peuple sortait de ses tanières avec ce regard curieux et naïvement étonné d'un homme qu'on a longtemps tenu dans les ténèbres et qui revoit le jour. Me mêlant à la foule, je voyais avec enthousiasme planter l'étendard tricolore allemand sur le vieux palais, où la diète germanique avait siégé pendant tant d'années sans aucun résultat pour le bien de l'Allemagne. Je m'approchais des groupes d'ouvriers rassemblés devant les vitrines, où l'on exposait les portraits des membres du gouvernement provisoire français, des hommes du parti libéral allemand, des gravures représentant des scènes de la révolution, etc., — et je tâchais de leur expliquer tout, de leur faire connaître les hommes en qui ils pouvaient avoir confiance; je leur signalais l'importance du moment. Une nouvelle vie se manifestait partout. Les drames de Schiller, bannis depuis longtemps de la scène, comme trop révolutionnaires, reparurent. J'assistai à la première représentation de *Don Carlos*. On aurait dit qu'alors seulement on commençait à comprendre l'immortel poète, que sa grande âme parlait pour la première fois à la patrie renaissante. Pendant la scène où le marquis de Posa réclame la liberté pour les peuples opprimés, l'enthousiasme éclata avec une véhémence inouïe. En même temps des cris de joie retentirent du dehors. On en demandait la raison, la réponse fut faite publiquement. On acclamait plusieurs députés du parlement qui avaient passé des années en prison, à cause de leurs idées libérales. Le peuple avait dételé les chevaux et traînait lui-même les voitures en triomphe. C'était une ivresse d'émotions heureuses.

La nature même célébrait ce renouveau. Le printemps était précoce ; à la fin de mars tout était déjà en fleurs, de sorte que les habitants de Francfort avaient pu transformer leur ville en un jardin. Toutes les maisons étaient ornées de fleurs et de drapeaux tricolores, et les rues formaient des dômes de verdure. La foule affluait de tous côtés. Les trains, les bateaux à vapeur, décorés de drapeaux et de fleurs, allaient et venaient sans interruption et amenaient des pèlerins joyeux, accourus pour le grand jubilé de la liberté. Jamais, peut-être, même dans ses jours de gloire, aux élections des empereurs, la vieille ville n'avait vu tant d'hommes réunis dans son enceinte.

Le dernier jour de mars arriva. Un soleil radieux brillait dans un ciel sans nuages, éclairant la ville toute ornée de fleurs et la foule endimanchée. Une jeune dame, la seule personne de mon entourage qui partageât mes sentiments, vint me chercher pour faire une promenade matinale. Nous nous dirigeâmes naturellement vers le vénérable édifice dans lequel se faisait autrefois l'élection de l'empereur du saint empire romain germanique. La place était cernée par la garde nationale de Francfort et par une double rangée de gymnastes. Les *Turnvereine* du père Jahn avaient été prohibés pendant bien des années par le gouvernement, dans la crainte que l'esprit d'indépendance ne remplaçât l'esprit de subordination militaire. La révolution les avait tout de suite fait renaître. C'était un spectacle gai et charmant que toute cette jeunesse en blouse, avec des chapeaux garnis de plumes, les armes à la main et la figure rayonnante d'enthousiasme. C'était la promesse d'un avenir où l'on n'aurait plus besoin d'armées permanentes, ce cancer des budgets et de la morale publique. Nous réussîmes à nous frayer un passage à travers les rangées d'hommes armés et, entrant dans une maison, nous priâmes les habitants, qui nous étaient tout à fait inconnus, de vouloir bien nous permettre d'assister au spectacle à une fenêtre inoccupée. Nous nous étions adressées à de simples et braves bourgeois qui trouvèrent notre requête toute naturelle, et nous introduisirent dans une chambre à coucher, où un petit enfant dormait dans son berceau.

La place était encombrée de monde. Les gardes nationaux avaient de la peine à tenir un passage libre pour les députés qui devaient se rendre au *Römer*, dans la vieille salle des empereurs. Là, le parlement devait se constituer, choisir son président et puis se rendre à l'église de Saint-Paul, qui avait été disposée en salle des séances. Pendant qu'on délibérait dans le vieux palais, l'aspect de la place offrait une animation incroyable : chacun parlait, discutait sur les événements des derniers temps. Enfin le canon et les cloches annoncèrent que le premier parlement allemand s'était constitué. Lorsque les salves ne se firent plus entendre, les cris de joie cessèrent aussi; alors un des députés proclama, de la même fenêtre d'où l'on proclamait autrefois les empereurs, le nom du président élu; c'était un nom connu et honoré de ceux qui aimaient la liberté. Quel œil n'eût versé des larmes de bonheur en cet instant! Quel cœur n'eût battu d'espérance! Qui n'eût pensé que le peuple allemand, si sérieux, si instruit, ne fût désormais majeur et apte à prendre la responsabilité de son avenir! Qui eût douté que ces hommes, choisis par la confiance et l'amour populaires, ne fussent capables de réaliser enfin les rêves de toute leur vie? Quant à moi, je n'entrevoyais que du bonheur. Mes luttes personnelles s'effaçaient devant le glorieux avenir qui s'ouvrait pour ma patrie. Jamais je n'avais tant aimé l'Allemagne. Quelques semaines auparavant je désirais être en Italie, où la liberté se réveillait; maintenant je me sentais unie par des liens tout-puissants à ma patrie, et j'étais persuadée que nulle part le développement de la liberté ne serait plus complet ni plus beau.

Lorsque je dis à la maison où j'avais été, on s'étonna de ma hardiesse, mais on ne la blâma pas; le succès de ma cause faisait taire un peu la critique. Mon seul regret pendant ces jours-là fut de ne pouvoir assister aux sessions du *Vorparlament*, car on n'admettait que les hommes aux tribunes, faute de place. Ce qui me consola un peu, ce fut le spectacle de la rue. Des tribunes s'improvisaient, sur les places publiques, du haut desquelles les hommes marquants haranguaient le peuple. La jeunesse, surtout, se pressait autour d'eux, et, par le costume pittoresque des gymnastes, donnait aussi un charme pittoresque à ces spectacles. Le parti républicain voulait des mesures radicales, la déclaration des droits du peuple, l'armement immédiat de toute la nation et la permanence du *Vorparlament* jusqu'à ce qu'une assemblée fût élue par la nation pour remplacer celle-ci, qui n'était que provisoire. Certes, c'était un programme révolutionnaire, c'était la déclaration de la souveraineté du peuple. Les modérés, les timides en furent effrayés. Les ennemis cachés, les serviteurs du jésuitisme politique et religieux, qui s'étaient introduits, sous différents masques, dans l'assemblée, agissaient en secret et minaient le terrain. La majorité était encore trop étonnée des événements pour avoir clairement conscience des nécessités du moment. On transigeait avec le passé, on prenait des précautions, on sauvait la forme, on voulait éviter *la Terreur*; on rejetait la proposition de la minorité républicaine, on acceptait des demi-mesures, ce qui est toujours un signe de faiblesse. Un comité fut élu pour agir d'accord avec la vieille diète, dans laquelle on introduisit des membres libéraux. On s'en remit de l'armement national à la décision du parlement futur, et l'on déclara le *Vorparlament* incompétent à décider du sort de la nation. Là-dessus, les républicains sortirent de l'église pour s'adresser directement au peuple. Ceci eut lieu le troisième jour des réunions; la division dans le parti régénérateur était évidente ; la consternation, l'agitation, les appréhensions et les colères, de part et d'autre, étaient terribles. Des démonstrations de tous genres, des délibérations violentes dans les divers clubs des sections se prolongeaient jusque dans la nuit. Le soir de ce troisième jour, la jeune dame avec qui j'avais été au *Römer*, vint toute joyeuse me dire qu'un monsieur de sa connaissance lui avait promis de nous faire entrer dans l'église de Saint-Paul, à un endroit où nous pourrions tout voir sans être aperçues. Qui fut plus heureux que moi? Le lendemain nous nous rendîmes à l'église et fûmes conduites par notre protecteur dans la chaire, voilée vers l'intérieur par des draperies tricolores. De là, en écartant un peu les étoffes, nous pouvions voir tout l'intérieur de l'église et parfaitement entendre, car la tribune des orateurs était juste au-dessous de nous. Plusieurs femmes de députés arrivèrent après nous ; elles eurent la bonté de nous nommer tous les députés qui entraient. Ceux de la gauche qui étaient restés, demandaient la réconciliation avec les républicains qui étaient partis. Un de ces députés fut envoyé pour les ramener par la persuasion. Il y réussit. Après quelque temps, les soixante membres, Hecker en tête, rentrèrent. Hecker s'élança à la tribune. Il était beau ; il avait une tête de Christ, de longs cheveux blonds et une expression noble et enthousiaste. Depuis des années déjà son nom était connu dans toute l'Allemagne, comme celui d'un des champions de la liberté, qui réalisait dans sa vie privée les principes pour lesquels il combattait en public. Il parlait avec un feu et une éloquence irrésistibles. J'admirais en ce moment le sacrifice qu'il faisait à l'union, et le public l'acclama avec enthousiasme. C'était pourtant un sacrifice dangereux, et bien des ennemis assis sur les bancs de l'église, pouvaient sans doute à peine retenir un sourire en voyant les fautes de ceux qui devaient sauver la liberté.

Après cette déclaration il y eut encore des discours sur les résultats définitifs de cette assemblée; le plus important fut celui qui demandait de convoquer pour le 1ᵉʳ mai un parlement législatif, élu par le suffrage universel, parlement qui devait régler l'avenir de la nation. Un cri de joie salua cette résolution au dedans et au dehors, lorsqu'elle fut connue du public. Un vertige de bonheur m'avait saisie; je voyais mes rêves accomplis, un avenir large, libre, glorieux s'ouvrait enfin pour ma patrie. Il était six heures du soir lorsqu'on termina le *Vorparlament*. Les députés sortirent en procession, parmi les fleurs qu'on jetait sur leur chemin et les acclamations qui les accueillaient. Je ne m'étais pas aperçue que je n'avais pas mangé de toute la journée, je ne pensais qu'à l'avenir de l'Allemagne et au 1ᵉʳ mai. Hélas! je ne réfléchissais pas alors que chaque délai, dans un moment de crise, est funeste et que, pour obtenir la victoire, il ne faut jamais laisser à l'ennemi le temps de se recueillir.

Lorsque je rentrai chez moi, tout le monde était sorti. J'en fus contente, car je pouvais me laisser aller aux douces émotions qui remplissaient mon cœur. Je m'assis à la fenêtre ouverte, où m'arrivaient des parfums avec l'air tiède du printemps.

Dans un jardin public, où avait lieu le repas d'adieu des députés, j'entendais jouer la *Marseillaise*, ce chant de liberté qui, comme la statue de Memnon, ne résonne que lorsque le soleil est près de se lever. J'éprouvais une fatigue délicieuse; je jouissais de ce bienheureux état de l'âme où le sentiment personnel se perd dans un grand sentiment universel. Je ne savais pas encore que l'humanité n'entre pas subitement dans les phases nouvelles, que les moments où tout est espérance ne sont que des lueurs qui éclairent un but, vers lequel s'acheminent les masses par un sentier long et pénible; j'oubliais la maxime de Jésus-Christ « qu'il ne faut pas mettre le jeune vin dans de vieilles outres ».

Peu après ces événements, on décida que nous retournerions avec ma mère à Cassel, et que nous nous y fixerions pour toujours, car la fortune qui nous restait ne nous permettait plus de voyager. La nécessité de quitter Francfort fut pour moi comme un arrêt de mort. Dans quelques semaines cette ville allait devenir le centre du mouvement national. Toutes les grandes décisions devaient y être prises, les meilleurs hommes s'y rassembler, et moi je m'en allais dans un petit coin que le grand courant de la vie ne toucherait même pas. J'en ressentis une douleur plus affreuse que je n'en avais encore éprouvée de ma vie. Je me connaissais une grande force de résignation pour tout ce que les hommes appellent ordinairement le bonheur; mais renoncer à la source de toute vie intellectuelle, m'exclure des grands événements de l'histoire, voilà à quoi je ne pouvais me résoudre, et cela me semblait un véritable péché contre le Saint-Esprit. Les droits de l'individu se présentèrent avec une clarté amère à mon esprit. Il était juste de briser toute autorité pour conquérir ce droit, je n'en doutais plus; mais, malheureusement, pour user de cette indépendance morale, il faut l'indépendance pécuniaire. Jusqu'alors on n'avait admis l'indépendance de la femme que par la fortune; or, celle qui n'en avait pas, que pouvait-elle faire? Pour la première fois, la nécessité de l'indépendance économique des femmes se formula dans ma pensée.

Pour le moment pourtant je ne pouvais faire autre chose que de me soumettre à mon sort, car je n'avais pas le courage de me séparer brusquement de ma famille, et je ne le pouvais pas, parce que la question du revenu de ma mère n'était pas encore tranchée. Mais j'étais fermement résolue, s'il le fallait, à lui céder ma part d'héritage et à me faire gouvernante.

Nous quittâmes Francfort. J'emportais le double regret de m'éloigner du tombeau de mon père et du sol où la nouvelle vie de l'Allemagne devait prendre naissance. Lorsque les adieux furent faits, je sentis mon cœur se briser. Au but du voyage, en revoyant la petite vallée qui devait désormais être notre demeure, il me sembla qu'un cercueil se fermait et qu'il n'y avait plus pour moi ni vie ni avenir.

Pendant le voyage, j'eus encore quelques moments bien heureux. Notre train était immense, il transportait toute une compagnie de volontaires qui allaient dans le Schleswig-Holstein se battre pour la nationalité allemande. Les voitures étaient ornées de drapeaux et de guirlandes. A chaque station je me glissais hors du wagon pour regarder ces jeunes gens, dont la figure rayonnait, et je les enviais d'aller prendre leur part de danger dans la cause commune, tandis que, réduite à faire mes sympathies, je devais aller où il n'y avait rien à faire. A une des stations je vis plusieurs Polonais qui retournaient en Pologne, dans l'espoir d'un soulèvement. Les volontaires leur parlaient gaiement, et l'un d'eux leur dit : « Quand nous aurons fini là-bas, nous irons vous aider ». La jeunesse, dans son généreux élan, croyait alors à la naissance de la liberté et au triomphe de la révolution. Elle ne savait rien encore de ces mesquines jalousies nationales qui se développèrent quelques années plus tard, entretenues aussi bien par les démocrates que par les réactionnaires, et qui firent dire à un démocrate renommé : « Si la haine entre les Slaves et les Allemands n'existait pas, il faudrait la créer. » Paroles funestes, dont les effets profitèrent aux tyrans seuls.

Dans la générosité de leur cœur, les jeunes gens alors trouvaient très naturel d'aller aider les Allemands à être Allemands, et les Polonais à être Polonais. Je suis sûre qu'aucun d'eux n'aurait fait la moindre difficulté pour rendre aux Polonais la partie de leur patrie injustement possédée par l'Allemagne.

Comme mon cœur applaudissait à ces généreuses paroles ! Comme j'étais loin de penser que, dans quelques semaines, ces lèvres qui parlaient de bravoure et d'espérances, seraient muettes, ces yeux brillants fermés à jamais, et que tant de sang serait répandu en vain !

Le grand mouvement s'était pourtant aussi communiqué à notre petite résidence. Des scènes révolutionnaires avaient eu lieu avant notre arrivée. On s'était rassemblé devant le vieux château où nous avions autrefois chanté la *Marseillaise*, et on avait demandé la convocation de la Chambre, ce qui n'avait jamais eu lieu durant le règne du souverain actuel. Le vieux prince avait cédé, quoiqu'il prévît que la première chose que ferait la Chambre (composée à peu près de trente députés) serait d'examiner le budget et d'en rayer les prodigalités pour le théâtre. Le prince héréditaire, qui, selon la mode en Allemagne, était entré dans l'armée d'un grand État pour remplir *dignement* son temps jusqu'à son avènement au trône, n'était pas là, sans cela aurait peut-être empêché son père de faire une telle concession à la *plèbe*. C'était un jeune homme fort épris de sa grandeur par droit divin. Une dame de la ville où il était en garnison me raconta, plus tard, qu'il lui avait dit un jour avec un air de souveraine assurance, en parlant des événements de février à Paris : « Lorsque nous marcherons sur Paris, je crois que nous remettrons Henri V sur le trône et non les Orléans, car il faut être logique en soutenant la légitimité! »

Le second frère, également dans l'armée, avait donné sa démission après les journées de la révolution; son orgueil avait été trop cruellement blessé par cette victoire du peuple. Il ne put surmonter la honte qu'il éprouvait de ce que la milice régulière, la caste la plus proche de la royauté, avait dû mettre bas les armes devant de misérables plébéiens qui parlaient de droits et de liberté. Il revint à la maison paternelle, plongé dans la plus profonde mélancolie, et s'enferma dans son appartement pour ne voir personne.

Plusieurs des grands dignitaires du petit État, contre lesquels la fureur populaire s'était manifestée en brisant les vitres de leur domicile, en les sifflant dans les rues et en faisant d'autres manifestations plus turbulentes que dangereuses, marchaient les yeux baissés, l'air intimidé et humilié, tandis qu'autrefois ils regardaient avec une arrogance superbe ce qui leur semblait au-dessous d'eux. Un jeune homme, jadis rejeté de la société comme démocrate, était maintenant le lion du jour. C'était lui qui était chef du mouvement, qui haranguait le peuple, apaisait les émeutes et recevait avec un sourire protecteur (car ce n'était pas un homme sérieux) les remerciments des nobles humiliés, qu'il protégeait par son intervention.

Tout cela avait quelque chose de mesquin et de ridicule, car ces petits mouvements empruntaient les noms et les formes des grands, et on aurait pu, pour persifler cette révolution, en faire une comédie bien plus spirituelle que celle que fit Gœthe en parodiant la révolution française. Pourtant il y avait au fond du sérieux, et c'étaient, ici comme ailleurs, les cris des opprimés qui s'élevaient contre les petits tyrans aussi bien que contre les grands.

La petite n'était pas chez elle à mon arrivée. Elle était en visite chez son grand-père, à Berlin; mais elle devait bientôt revenir, avec son frère. Avec quel bonheur j'attendais cette double rencontre! C'était la lumière qui devait rentrer dans mon âme. J'en avais bien besoin. Les lettres de Théodore étaient devenues de plus en plus rares et courtes pendant ces événements et avaient cessé tout à fait dans les dernières semaines. C'était une privation terrible pour moi, mais je l'excusais entièrement à cause des préoccupations du temps. Pas un doute n'entra dans mon âme; le lien qui nous unissait était plus sacré que celui béni par un prêtre : c'était le lien d'un amour sans calcul et d'une confiance sans bornes.

J'allais souvent voir sa mère, avec qui j'avais lié une amitié nouvelle. Elle avait suivi en partie son fils bien-aimé dans la voie de la liberté. Tout en restant chrétienne, elle était devenue démocrate. Sa tolérance lui permettait de comprendre que ses enfants et moi nous restions fidèles à l'idéal chrétien, en abandonnant complètement les dogmes. Chez elle je trouvais la sympathie qui m'était refusée à la maison, et lorsque mon cœur était trop plein, j'allais auprès d'elle. Un jour nous étions assises ensemble sur le canapé, dans son petit salon; elle me lisait plusieurs lettres de son fils dans lesquelles il lui parlait de tous les événements auxquels il avait pris part. Il disait que sa journée presque entière était consacrée à la vie publique, et « puis le soir, ajoutait-il, je cours au petit jardin m'asseoir dans le bosquet; j'aide à dévider le coton, tout en causant doucement. C'est là ma récréation. »

Lorsqu'une flèche frappe le cœur soudainement au milieu d'une fête paisible, l'effet ne peut pas être plus terrible que ne le fut pour moi la lecture de ces quelques lignes. A qui étaient ce jardin, ce bosquet?

A qui prodiguait-il ces petits services? Qu'étaient ces causeries qui formaient sa récréation? Tout cela paraissait si naturel à sa mère, qu'elle n'en donna pas même un mot d'explication et passa outre. Pourquoi moi seule n'en savais-je rien? J'étais trop fière pour le demander, mais je sentais un vent glacial passer sur ce qui, quelques moments auparavant, était une oasis pleine de fleurs dans le désert de ma vie. Pendant que j'écoutais encore, en apparence, le reste de la lecture, tandis que, en réalité, ma pensée s'était arrêtée avec une morne stupeur sur ce seul fait, la porte s'entr'ouvrit et la tête de *la petite*, en chapeau de voyage, se montra. Derrière elle était son frère. Ils venaient d'arriver et avaient voulu faire une surprise. C'était enfin cette rencontre attendue avec toute la ferveur, toute la tendresse de mon cœur!

Il me tendit la main d'un air embarrassé; une pression légère et froide fut le seul salut après cette longue et triste séparation, après les pertes cruelles que j'avais éprouvées, après les événements inattendus qui promettaient de réaliser nos plus chères espérances. *La petite* me pressa sur son cœur et me regarda avec des yeux attendris, car elle voyait mes habits de deuil, les traces de souffrances sur mes traits, et peut-être l'expression d'une douleur dont elle connaissait la cause et prévoyait l'effet.

Je les laissai bientôt à eux-mêmes, car j'avais besoin d'être seule pour regarder en face l'immense malheur qui se dressait devant moi, comme une ombre menaçante, quoique rien n'eût encore été dit.

Qui pourrait décrire la tristesse, l'angoisse des

semaines qui suivirent? Je le voyais chez nous et ailleurs, mais ce n'était plus comme autrefois. Il n'y avait plus de lettres qui allaient et venaient, plus de mots furtifs et confidentiels, plus de regards éloquents qui parlaient d'un cœur à l'autre. Il n'évitait pas précisément d'être seul avec moi, mais notre conversation roulait sur des sujets généraux, comme si nous n'en eussions jamais connu d'autres. *La petite* était encore plus affectueuse qu'auparavant, si c'est possible, mais elle était évidemment embarrassée et nos rapports étaient gênés. Je luttais à la fois contre la fierté, contre la tendresse, contre l'impossibilité de croire qu'un amour tel que le nôtre pût mourir. Je sentais l'aiguillon de la jalousie contre une inconnue qui m'avait enlevé son amour; mais ce qui me blessait le plus amèrement, c'est qu'il n'osait tout dire, comme je l'avais prié tant de fois de le faire. S'il m'eût avoué franchement ce qui se passait dans son cœur, j'aurais reçu sa confidence avec ce respect de la liberté qu'il avait lui-même aidé à développer en moi. Mais ce silence, cette indifférence apparente, c'était une offense affreuse, cruelle, indigne de lui et de moi. Après quelques semaines passées ainsi, j'appris qu'il partait pour Francfort afin d'assister aux séances du parlement. J'attendais avec une angoisse mortelle un adieu réparateur, un aveu simple et noble, tel qu'il le devait à une amitié indestructible, qui aurait dû survivre à l'amour. Rien! — Une courte visite d'adieu à laquelle mes sœurs furent présentes, une poignée de main comme à une simple connaissance, quelques paroles banales. Ce fut tout.

Ainsi disparut cette étoile dont la clarté avait seule illuminé la nuit de mon existence. Ainsi se termina cet amour, qui m'avait soutenue dans toutes les tristesses, qui était presque devenu l'ancre de salut de mon âme, auquel j'avais tant sacrifié et pour lequel j'étais prête à sacrifier davantage!

Je ne le crus pas encore, je ne pouvais admettre l'idée qu'un sentiment que je sentais si vivace, si profond en moi-même, pût s'évanouir en lui. Je me disais que cette situation n'était qu'une phase de notre liaison, qu'il reviendrait à ce lien que la liberté avait sanctionné. Pourtant je voulus avoir une certitude, ces vagues terreurs étaient insupportables. Quelques jours après son départ j'allai voir *la petite* et je lui demandai solennellement de me dire la vérité, sans rien cacher ni adoucir. Elle hésita quelques instants, il lui coûtait de me répondre; mais elle resta digne de l'amitié qui nous unissait, et elle me dit que son frère s'était attaché à la femme d'un de ses meilleurs amis, habitant la ville où il venait de passer la dernière année; elle aussi l'aimait beaucoup, quoiqu'elle fût très dévouée à son mari; ils avaient même parlé de leur attachement à celui-ci, qui avait agi fort noblement, et d'un commun accord il avait été convenu que Théodore quitterait pour quelque temps la ville.

Je ne pus trouver d'abord une parole après cette révélation. Dans un état d'incertitude, on donnerait tout pour savoir la vérité; il semble que la plus affreuse certitude est préférable au doute. Quand l'arrêt est prononcé irrévocablement, quand la triste réalité a été dévoilée, que ne donnerait-on pas pour rappeler, ne fût-ce qu'un moment, le doute, la possibilité d'espérer encore! A la fin je dis : « Et pourquoi ne pas m'en avertir? »

La petite me répondit qu'elle aussi avait pressé son frère de m'en parler; mais il n'avait pu s'y décider, disant qu'il était persuadé que ce serait un sentiment passager dont il ne pouvait me rendre compte. *La petite* me combla de caresses, de preuves d'affection; j'étais incapable de lui montrer, même à elle, toute la douleur qui remplissait mon cœur. C'étaient la désolation et la solitude d'une tombe.

A la maison, je ne trahis pas même par une syllabe mon triste secret. Je voulais encore sauver Théodore de la haine que les miens auraient éprouvée pour lui, s'ils avaient connu l'excès de mon chagrin. Mais la nuit, lorsque je fus seule, une lutte commença entre la vie et la mort. Mon cœur battait comme s'il allait se briser et la mort m'eût paru un bienfait. Enfin j'entendis s'élever de nouveau du fond de ma souffrance (comme tant de fois déjà dans ma vie) une voix qui me disait : « Vouloir mourir pour ne pas souffrir, c'est de la faiblesse. Vis pour l'idéal, pour travailler au bien en toi-même et autour de toi. » Et lorsque le jour vint, j'avais de nouveau accepté la vie et ses lourdes charges, mais il me sembla que je n'étais plus moi-même. C'est dans des nuits semblables que se décide la destinée des hommes. S'ils sortent victorieux de la lutte, c'est pour être à jamais les serviteurs de l'idée. Selon les natures, cette idée se transforme en un fanatisme qui absorbe l'individu, comme dans Ignace de Loyola: ou en un principe libérateur, comme dans

Jésus de Nazareth; enfin, dans des sphères plus humbles, comme la mienne, par exemple, elle devient le stimulant de la dignité personnelle, qui sort intacte de tous les conflits, et triomphe de toutes les déceptions.

Plus que jamais je me plongeai dans l'étude, et avant tout dans les lectures touchant aux événements du jour. Plusieurs fois par semaine j'allais lire avec *la petite* et sa mère; toutes deux redoublèrent de tendresse pour moi, comme pour excuser un fils et un frère; jamais cependant un mot n'avait été dit entre nous à son égard. Nous lisions les discours de Fichte à la nation allemande. Ils semblaient écrits pour le moment que nous traversions, et témoignaient du temps qu'il faut aux masses pour comprendre les prophètes. Ses idées sur l'éducation nationale nous intéressaient le plus. Nous les discutions avec enthousiasme. La nécessité d'étendre cette éducation aux femmes devint évidente pour moi. Cette idée m'occupait nuit et jour. Comment une nation peut-elle se régénérer et devenir libre si une moitié du genre humain est exclue d'une préparation préliminaire? Comment une femme, entre les mains de laquelle repose l'éducation du futur citoyen, pourra-t-elle former le cœur et l'esprit de l'enfant à l'observance de ses devoirs, si elle ne les a pas compris elle-même? si elle n'a pas senti le lien qui la rattache à son pays? Comment l'homme saura-t-il jamais remplir ses devoirs civiques, s'il n'a pas au foyer à côté de lui, pour l'aider, le soutenir, partager ses idées, une femme prête au besoin à sacrifier son bonheur au salut de tous?

Pendant ce temps, la Chambre de mon petit pays s'était réunie comme les Chambres des autres États, à côté du grand Parlement de Francfort. Il y avait dans le petit nombre de députés quelques démocrates résolus et intelligents. *La petite*, qui était sous ce rapport aussi influente chez elle que je l'étais peu chez moi, obtint facilement de ses parents des réunions auxquelles ces quelques hommes, ainsi que deux ou trois démocrates distingués de la ville, étaient invités. Tout ce monde, après m'avoir regardée avec méfiance, comme appartenant à une famille aristocratique, me trouva bientôt si sincèrement dévouée à ses principes, qu'on me traita avec distinction et avec respect. Parmi eux se distinguait un jeune homme dont l'esprit philosophique, les opinions radicales, le caractère noble et énergique me frappèrent. Il avait suivi les cours de théologie à l'université avec Théodore; comme lui, le travail de la pensée l'avait mené à la liberté. Nous parlions surtout des questions sociales; je me mis à étudier avec lui les différents systèmes socialistes; il me prêtait des livres. L'une des idées qui me préoccupait le plus était la suppression de l'héritage; cette théorie me semblait contenir en germe tout un code de morale nouvelle.

Il me semblait injuste, impossible même de supprimer la propriété, le fruit du travail. Mais je trouvais raisonnable de faire cesser le droit de propriété avec la vie de celui qui l'avait acquise. Il me semblait qu'on pouvait limiter ainsi la puissance excessive du capital et forcer les parents à donner aux enfants une éducation qui leur permît de se suffire à eux-mêmes. Chacun devrait travailler pour vivre; on préviendrait ainsi beaucoup de vices inhérents aux grosses fortunes, acquises par héritage. Plus je pesais ces considérations, plus elles me semblaient justes et fondées.

Il me fallait toujours payer cher ces agréables causeries. Elles déplaisaient au plus haut degré à ma famille. Notre médecin, un ami intime de la maison et une sorte d'oracle dans toute la ville, trouva un jour la *Politique sociale* de J. Frœbel sur ma table. Il en fut indigné et dit à ma mère qu'il ne permettrait jamais à sa fille de lire un livre pareil, quoique ce livre ne contînt rien que des idées très élevées sur un nouvel ordre social. Tels étaient encore les préjugés et les opinions des classes instruites en Allemagne. Ma mère savait qu'elle ne pouvait diriger mes lectures, car je n'étais plus assez jeune pour qu'elle me guidât sous ce rapport; mais elle n'en fit pas moins des remarques qui me blessèrent. Mes sœurs l'imitèrent. Le reste de ma famille semblait m'éviter et me regarder comme une personne à jamais perdue. Lorsque je rentrais le soir de chez mes amis on répondait à peine à mon salut; on continuait la conversation avec une grande animation pour ne pas me laisser le temps de parler, ou bien on paraissait si absorbé que mon entrée n'était pas remarquée. Je m'asseyais aux repas et aux réunions de famille avec le sentiment amer d'être regardée comme une coupable, à cause de convictions qui seules me rendaient la vie supportable. Je ne peux pas dire quelles étaient mes souffrances, d'autant plus que je voyais ma mère souffrir cruellement. Elle me croyait engagée dans une fausse voie, elle voyait mes anciennes connaissances m'éviter ouvertement. La conversation était gênée en ma présence, on n'osait pas se prononcer sur ses opinions, je me taisais sur les miennes. Pour couronner l'anathème sous lequel je vivais, ma mère et mes sœurs reçurent une invitation à dîner à la cour, et j'étais exclue de cette invitation. C'était la guerre ouverte. J'étais du parti des ennemis de la monarchie, et les dieux de ce petit Olympe se vengaient sur moi par leur dédain. Le coup fut rude pour ma mère; sa fierté se révolta, elle refusa l'invitation, mes sœurs y allèrent seules.

Outre cela, ma mère s'apercevait bien que j'avais reçu un coup mortel au cœur. Elle haïssait l'auteur d'une souffrance, dont elle voyait les traces sur ma figure pâle; elle le croyait toujours responsable de mes opinions erronées. Je ne trahis pourtant jamais par un seul mot ce qui s'était passé. Je ne pouvais supporter l'idée de le voir accuser, et je crois qu'il n'y a rien de plus poignant que d'être obligé d'avouer les fautes de la personne aimée. On peut l'avoir condamnée soi-même en silence, mais l'entendre blâmer est insupportable. Aussi je ne pouvais souffrir d'être plainte et je crois que toute profonde douleur a cette fierté-là.

Mais moins je parlais, plus ma peine secrète était intense. J'avais écrit à Théodore quelque temps après la révélation que m'avait faite sa sœur, je lui disais que je savais tout, que la seule chose dont je l'accusais était de ne pas avoir eu une plus haute idée de moi et de ne pas m'avoir informée lui-même.

J'ajoutais que je pouvais encore sympathiser avec sa douleur dans cette affection mal placée, et je ne lui demandais rien que de continuer nos rapports d'amitié. Il me semblait que cette lettre devait trouver le chemin de son cœur. L'amour pur et désintéressé qui l'avait dictée avait triomphé de l'amertume de l'abandon.

Ma lettre resta sans réponse. Je ne comprenais rien à un silence si cruel; mais l'amour immense que j'avais eu pour lui n'était pas encore éteint.

Ah! si les hommes connaissaient la profondeur et le désintéressement d'un véritable amour de femme, ils agiraient autrement. Si, par un des courants étranges qui portent un cœur vers l'autre, un second attachement vient prendre la place du premier, l'homme devrait avoir le noble courage de l'avouer franchement, en laissant ainsi à la femme qu'il a aimée la part d'amitié qui doit survivre à toute affection sincère. Il enlèverait à la douleur son aiguillon le plus poignant. Un amour qui a été l'union de deux intelligences autant que de deux cœurs devrait se transformer en amitié, car les satisfactions de l'intelligence adouciraient les souffrances du cœur, pour la femme dont l'esprit et le cœur sont également développés.

Les débats du Parlement de Francfort continuaient; la tribune retentissait de discours remarquables, tout pleins des principes les plus élevés de l'humanité. Les droits fondamentaux de la nation furent définis dans des formules courtes, positives, résumant à peu près tout ce qu'il faut à un peuple pour être grand et prospère. Ces droits, imprimés sur des feuilles volantes, furent répandus dans toute l'Allemagne, et il n'y avait pas une chaumière où on ne les étudiât avec joie. Moi-même je portais plus d'une de ces feuilles chez les pauvres que je visitais encore plus assidûment qu'auparavant, car je pouvais maintenant leur annoncer *la bonne nouvelle* et leur faire entrevoir l'avenir. Je comprenais pourquoi les prêtres peuvent consoler le peuple à si bon marché. Ils n'ont qu'à lui promettre un paradis qui l'attend derrière les nuages, et avec ce leurre ils lui font supporter une vie de privations et de misères. Promettre le paradis n'engage en rien leur responsabilité.

La démocratie avait entrepris une tâche plus difficile : elle voulait rendre la terre aux hommes, leur donner la possibilité de mener une vie humaine et heureuse ici-bas. Il était malaisé de trouver des fidèles en venant prêcher ce nouvel évangile, car il fallait réaliser ses promesses. Néanmoins le peuple commençait à espérer et à comprendre qu'un jour viendrait peut-être, où l'ancienne malédiction, dont lui seul avait hérité, pourrait être levée.

Le plus beau des débats de Francfort fut celui sur l'instruction publique. Ce que Fichte et d'autres patriotes avaient demandé était accompli, dépassé même. Je versai des larmes de joie en lisant ce débat. Une nation de quarante millions d'âmes avait non seulement reçu les garanties de tout ce qui est matériellement nécessaire à une existence humaine; par ce vote elle recevait aussi la garantie d'une vie intellectuelle au moyen de l'éducation. Les sciences et les arts ne devaient plus être le monopole des classes privilégiées: leur lumière consolante devait pénétrer dans la cabane du pauvre comme dans le palais du riche. L'instruction était rendue obligatoire. Jusqu'à un certain âge les enfants devaient ne travailler qu'à l'école, afin que, plus tard, après des heures de travail limitées, ils pussent trouver à leur foyer les joies de la vie intellectuelle, ce nouveau convive qui devait venir s'asseoir partout au cercle de famille, et faire de l'étable de la bête de somme l'habitation d'êtres humains.

A l'automne, Théodore revint de Francfort, mais seulement pour peu de jours. Il était nommé rédacteur en chef d'un des plus grands journaux démocratiques du nord de l'Allemagne. Grâce à la liberté de la presse, c'était la meilleure activité pour lui. C'était en outre une excellente position. Un an auparavant, cette circonstance eût immédiatement changé notre vie à tous deux, notre union en eût été la conséquence : maintenant elle nous séparait de plus en plus. Tenu à l'écart de ma famille qui le détestait, il ne vint faire qu'une courte visite de politesse, et je le vis à peine deux ou trois fois.

Ne pouvoir lui exprimer la joie que je ressentais de l'heureux événement qui donnait un aliment à son activité juvénile fut une nouvelle source d'amère douleur pour moi. Quelquefois j'étais sur le point d'aller vers lui, de lui parler au nom de cette amitié qui n'avait changé de nature que par son abandon. Il me semblait impossible qu'il pût me répondre autrement que de cette douce voix d'ami qui avait si longtemps été la seule consolation de ma vie. Et s'il m'avait dit : « Pardonne-moi, j'étais trop jeune pour connaître mon propre cœur, reste mon amie ! » ne l'aurais-je pas compris ? Mais il n'en eut pas le courage moral. Une dame, qui l'aimait aussi beaucoup et qui connaissait notre histoire, me dit quelques années plus tard : « Votre abandon est la seule tache dans la vie de cet homme. » Je luttais douloureusement en moi-même, mais la fierté, se réveillant dans toute sa force, me retenait aussi bien que la délicatesse, car, dans ce moment, moins que dans tout autre, je ne voulais lui rappeler que mon cœur avait des droits sacrés, ceux d'un amour fondé sur le respect de la liberté.

Il partit pour sa nouvelle destination. Son journal débuta par de brillants articles, tels que lui seul pouvait en écrire ; une critique impitoyable s'alliait à l'enthousiasme du poète, qui sait détruire pour créer. Pour son anniversaire je ne pus résister au désir de lui envoyer une marque de souvenir. Je lui écrivis quelques mots, sans plaintes ni allusions, exprimant mes vœux sincères pour son bonheur. Cette fois il me répondit quelques paroles seulement, mais douces et bonnes, et pour la première fois il toucha au passé en disant : « Nous vivions trop exclusivement l'un dans l'autre, il était naturel qu'une rupture se fît. Si vous aviez été plus coquette, vous l'auriez emporté. Mais il est entendu que je chante vos louanges en disant cela. »

Pour la première fois je compris que la coquetterie a du pouvoir même sur les hommes distingués. J'avais toujours détesté ce défaut féminin, pensant que la franchise et l'ingénuité d'un sentiment sont les plus belles qualités. Après la lecture de cette lettre, je vis que, si j'avais été capable de calcul dans mon amour, si j'avais pu cacher ma souffrance derrière les attraits de l'intelligence, qui sont toujours forts auprès d'un homme d'esprit, tout aurait été probablement différent.

J'ai eu, par la suite, plus d'un exemple de la faiblesse des hommes supérieurs devant les femmes coquettes et capricieuses. L'homme se plaît à la conquête continuellement renouvelée que la femme coquette lui impose, tandis que la femme simple et dévouée, une fois l'amour établi, ne connaît d'autre bonheur que d'élever paisiblement l'édifice de la vie entière à l'ombre de cet amour.

Ma position à la maison devenait de jour en jour plus intolérable. Ma mère, mes sœurs, malgré leurs cœurs aimants et nobles, étaient devenues cruelles envers moi; j'en ai déjà fait connaître le motif. Je sympathisais avec une cause qui n'était pas la leur, et je fréquentais des personnes qu'elles n'aimaient pas à cause de leurs opinions. C'était la tyrannie de famille, fondée sur l'idée regrettable que les femmes ne doivent pas penser par elles-mêmes, qu'elles doivent rester à la place que le sort leur a assignée, sans se demander si leur individualité en souffre ou non. Ma sœur me demanda un jour : « Y a-t-il donc vraiment quelque chose que tu aimes plus que la famille? » Et lorsque je répondis oui, elle secoua la tête et dit : « Alors, tout est clair. » C'était la vieille histoire; il faut abandonner père, mère et famille pour suivre le Messie. Mais, bien que je me sentisse dans mon droit, je n'en étais pas moins mortellement triste à l'idée de faire souffrir les miens et de voir grandir l'abîme qui menaçait d'engloutir notre affection.

La petite et sa mère faisaient tout leur possible pour me consoler, pour adoucir l'amertume et la tristesse qui me consumaient. Mais l'harmonie qui régnait entre elles me faisait sentir davantage la misère de ma propre position. Je reçus donc avec joie une invitation d'une jeune dame de Berlin, qui m'avait montré beaucoup de sympathie et d'amitié pendant une courte rencontre en été. *La petite* me conjura de partir pour me calmer un peu. Je n'ai pas besoin de dire combien je le désirais moi-même. Le parlement de Berlin était le seul point lumineux qui restait de la révolution; celui de Francfort déclinait depuis l'élection de l'archiduc Jean d'Autriche. La liberté était condamnée, la réaction rentrait à pleines voiles sous l'égide de l'absolutisme et du jésuitisme de l'Autriche. A Berlin, le parti radical tenait ferme et continuait vaillamment la lutte.

J'étais si abattue que j'avais à peine le courage de demander le consentement de ma mère pour entreprendre ce voyage. Je ne rencontrai pas de résistance, car on ne considérait pas cette dame comme *excentrique*. On me laissa partir, non sans verser encore quelques gouttes d'amertume dans le calice. Lorsque je fus en route, je me sentis comme échappée d'une prison. Cependant j'étais triste et accablée; je ne me remis un peu qu'après la réception que me fit mon aimable hôtesse, et lorsque les scènes nouvelles et intéressantes auxquelles j'assistai eurent distrait mes tristes pensées. Je n'avais jamais vu Berlin, je fus enchantée de l'aspect grandiose de cette ville. Je me sentais libre et comme dans mon véritable élément. Je comprenais plus que jamais qu'il faut à l'homme de l'espace pour penser, de l'espace pour se mouvoir, de l'espace enfin pour agir, c'est-à-dire la liberté de vivre selon ses convictions. J'allais naturellement souvent aux séances de la Chambre; j'assistais à des débats d'un intérêt puissant, où les radicaux avancés avaient le dessus. L'abolition de la peine de mort et des titres de noblesse fut votée à une grande majorité. On allait beaucoup plus droit au but qu'à Francfort. Toutefois les plus sombres pressentiments se mêlaient à ces victoires. La réaction relevait déjà insolemment la tête, et on entrevoyait une lutte terrible, une lutte à mort. Un député, un ami de mon hôtesse, venait nous voir lorsqu'il avait un moment de loisir, et nous racontait les intrigues qu'on tramait contre la liberté.

Enfin l'état de siège fut déclaré. On ne savait ce qui pourrait arriver d'un moment à l'autre, vu l'agitation qui régnait parmi les classes ouvrières et les étudiants. Mon amie voulut me faire partir le jour même à cause de ma mère; elle ne voulait pas être responsable des malheurs qui pourraient m'arriver, si je restais dans une ville menacée d'être bombardée d'un jour à l'autre. J'aurais voulu rester au contraire pour partager tous les dangers avec mes amis et avec le peuple. Mais, par respect filial, je résolus de m'éloigner, uniquement pour ne pas tourmenter ma mère.

Je partis, le cœur déchiré et enviant mon amie, qui pouvait assister à quelque grand événement.

Encore une fois je subis l'affreux tourment de quitter le centre de la vie publique, d'abandonner le théâtre d'une lutte qui avait pour objet les intérêts les plus sacrés.

Mon amie m'accompagna à la gare. Nous la trouvâmes remplie de soldats qui surveillaient les départs. Les salles d'attente étaient encombrées de monde; tous fuyaient la ville sur laquelle étaient braqués les canons d'un gouvernement paternel; d'un moment à l'autre, elle pouvait être réduite en cendres. C'était absolument comme si l'ennemi eût été aux portes de la ville. Des familles entières de toutes les classes s'y pressaient; les pauvres emportaient des provisions, des corbeilles remplies de hardes, des matelas, etc. Les enfants pleuraient, les femmes se désolaient, les hommes étaient consternés. Le train était énorme. Dans le wagon on discutait les éventualités les plus sombres. Tout à coup le train s'arrêta. Toutes les têtes furent dehors en un clin d'œil; on questionnait, on criait, on sortait des voitures, quoiqu'il y eût un ravin assez profond des deux côtés de la voie. Enfin on apprit que le peuple avait enlevé une partie des rails à Potsdam, et qu'on avait averti le train de s'arrêter jusqu'à ce qu'on les eût replacés. Les conversations qui s'engageaient pendant ce temps montraient que la peur s'était de nouveau fortement emparée des cœurs. L'esprit qui avait inspiré les journées de Mars se mourait; la chute de Vienne, l'état de siège de Berlin, avaient éteint la foi dans la révolution. La réaction triomphait!

Le train se mit de nouveau en marche et nous

n'arrivâmes à Potsdam que la nuit. Là aussi tout était plein de soldats, et il y avait une telle cohue que je me sentais perdue, ne sachant comment avoir mes bagages. Dans mon embarras, je fus agréablement surprise lorsqu'un officier s'approcha de moi, me salua et se nomma en m'offrant ses services. C'était un jeune homme que j'avais rencontré autrefois au bal; il m'avait reconnue. J'acceptai volontiers, en ce moment, l'offre de ce protecteur, quoiqu'il appartînt aux ennemis du peuple et pût être appelé le lendemain à le combattre. Il me conduisit jusqu'à la maison du grand-père de *la petite*, située hors de la ville. Mon intention était de lui demander l'hospitalité pour la nuit. La sonnette retentit bien longtemps avant qu'on vînt à la porte. Enfin une voix craintive demanda qui était là. Aussitôt que je me fus nommée, on m'admit. Je trouvai le vénérable grand-père et ses deux filles, dont l'une était la fameuse *tante*, encore levés quoiqu'il fût fort tard. Ils me reçurent à bras ouverts et s'excusèrent de ne pas m'avoir fait ouvrir plus tôt. Ils avaient eu peur, parce que l'on venait de commettre plusieurs attentats contre les dignitaires de l'Église. Ils me prièrent si amicalement de m'arrêter quelques jours que j'acceptai; je n'étais que trop contente de pouvoir rester encore dans le voisinage de Berlin. Le jour suivant nous fûmes foudroyés par la nouvelle que Robert Blum, le puissant orateur populaire du Parlement de Francfort, avait été fusillé à Vienne. La première victime de la réaction était tombée; après cela il fallait s'attendre à tout. Ayant osé tuer l'homme le plus populaire, un des caractères les plus braves, une des intelligences les plus pratiques de tout le parti révolutionnaire, la réaction devait se sentir de nouveau bien forte et pouvait oser tout.

Le cœur gros d'appréhensions funestes, je me décidai à partir le soir même. Dans mon wagon, il y avait deux messieurs que je reconnus pour des membres du parlement dissous, zélés partisans de la droite. J'avais les yeux fermés, mais je ne pouvais dormir. Ces messieurs, se voyant seuls avec une personne qu'ils croyaient endormie, parlaient sans réserve. Ils retournaient chez eux et se réjouissaient que « le tapage fût terminé, que les beaux jours de l'ordre pussent revenir et que la canaille eût enfin ce qu'elle méritait ». L'un d'eux, qui paraissait au courant des faits, racontait que la dissolution de la Chambre et l'état de siège étaient des mesures depuis longtemps décidées par le gouvernement, et que l'on n'avait attendu que le retour des troupes de Schleswig-Holstein et « l'heureuse fin de cette affaire » pour procéder contre la révolution dans la capitale même. Le narrateur ne se doutait guère que ses naïves révélations étaient entendues et interprétées; je vis combien la réaction était puissante et qu'elle avait systématiquement tendu les pièges dans lesquels devaient tomber les révolutionnaires. Hélas! il y avait de leur propre faute, ils avaient perdu le moment propice, ils n'avaient pas su frapper à temps.

Ma vie à la maison resta pénible comme auparavant. Tout ce que je racontais de mon voyage produisait sur ma mère et mes sœurs des impressions opposées aux miennes. Chaque événement politique dont les journaux nous apportaient la nouvelle était jugé dans un sens directement contraire à mes appréciations. Ma seule ressource était, comme auparavant, mon amitié pour *la petite* et sa mère.

Un soir par semaine on se réunissait chez elles pour lire des œuvres philosophiques avec le *Démocrate*. Ce jeune homme avait quelque chose de gauche, une manière lourde de parler; dans la société des dames il éprouvait un embarras qu'il tâchait de cacher sous une réserve et une raideur extrêmes. Il ressemblait en cela à beaucoup de jeunes Allemands; nés dans une petite ville, dans une position modeste, n'ayant jamais eu l'occasion de se mouvoir dans la société plus mouvementée d'une grande ville, ils conservent une gaucherie et une lourdeur qui les font paraître inférieurs aux jeunes Anglais ou aux jeunes Français qui, souvent avec moins de savoir, moins de mérite réel, savent beaucoup mieux se présenter, grâce à leur vie publique, à leurs habitudes plus libres. Mais malgré cela, le *Démocrate* avait une intelligence si profonde, un caractère si estimable et une bonté de cœur si grande, qu'il nous devenait très cher, et sa connaissance fut pour moi un grand bien, quoiqu'elle me valût un reproche de plus dans ma famille. Nous commençâmes nos lectures en commun par Schleiermacher, qui avait introduit l'esprit philosophique dans la chaire et qui, sans avoir le courage d'aller au bout de sa pensée, avait pressenti que le libre examen était la conséquence naturelle, inévitable, du protestantisme. Deux ans auparavant, les idées de Schleiermacher m'auraient complètement satisfaite. A cette date je partageais encore cette crainte de toucher aux bases de la tradition et de tirer les dernières conséquences du raisonnement philosophique. Maintenant je m'apercevais que j'étais au delà de ce libéralisme religieux qui se trompe lui-même. Après avoir bu à la coupe du premier scepticisme, qui trouble douloureusement notre quiétude, je me sentais forte et prête à renoncer à toute tradition qui ne résiste pas à l'examen de la raison. C'est avec empressement que j'accueillis la proposition du *Démocrate* de laisser Schleiermacher et de lire tout de suite Feuerbach. Cette œuvre m'avait jusqu'à présent été défendue. Ma mère eût été choquée de me voir ce livre dans les mains, car selon ses idées il était l'expression de l'athéisme. Moi-même j'avais eu peur jusqu'alors, en quelque sorte, de m'attaquer aux libres penseurs; mais cette crainte ayant disparu, j'abordai l'*Essence du christianisme* de Feuerbach. Dès les premières pages je ne pus m'empêcher de m'écrier : « Mais c'est ce que j'ai pensé depuis longtemps, ce sont mes raisonnements que je n'osais avouer ». Toutes les angoisses religieuses de ma première jeunesse me semblaient naturelles; elles n'étaient que le besoin de la pensée, de déchirer le joug et de se mouvoir librement. Feuerbach nommait pour la première fois les choses de leur vrai nom; il anéantissait à jamais l'idée d'une révélation autre que celle qui se fait dans les grandes intelligences et les grands cœurs. Son idée se résumait dans les mots par lesquels il termine son livre : « Sacré nous soit le pain, sacré le vin, mais sacrée aussi l'eau. » Donc, plus de transsubstantiation surnaturelle, plus d'exclusivisme sacerdotal, mais que la vie, jusque dans ses moindres manifestations, soit l'expression d'une morale pure et humaine.

Le progrès philosophique qui s'achevait ainsi en moi, achevait naturellement aussi de m'isoler dans mon cercle. On me disait en parlant d'une jeune fille : « *Quelle charmante personne, elle n'a pas d'opinion personnelle* », on tenait d'autres propos analogues, voulant me faire entendre par là combien je m'étais éloignée de la bonne voie. Mais, au lieu d'y revenir, je m'occupais de plus en plus de l'émancipation de la femme; j'aurais voulu l'émanciper du joug des préjugés, l'amener au plein développement de toutes ses facultés et au libre exercice de la raison, depuis longtemps accordé à l'homme. Dans le cercle restreint de mes connaissances, il m'arrivait d'entendre parler de plus d'une individualité féminine réveillée au souffle régénérateur qui agitait le monde, résolue à s'émanciper de la triple tyrannie du dogme, de la convention et de la famille, désireuse de former ses propres convictions et de faire son propre sort. La femme allemande commençait à pressentir une vocation autre que celle d'être une bonne ménagère, titre d'honneur qu'on lui avait exclusivement accordé pour la caractériser. Je commençais à faire des plans avec *la petite*; je voulais établir une correspondance avec les femmes ou les jeunes filles que nous connaissions, ou dont nous avions entendu parler, qui avaient les mêmes aspirations que nous. Nous voulions les engager à se mettre à leur tour en rapport avec celles qu'elles connaissaient et ainsi erder en Allemagne une grande association féminine. La réforme de l'enseignement, l'acquisition de connaissances pratiques assurant l'indépendance pécuniaire de la femme, telle devait être notre première tâche; ensuite les femmes seraient aptes à prendre en main l'éducation de la jeunesse dans un sens patriotique et humanitaire, et à participer à cette grande œuvre de l'éducation nationale qu'avaient prêchée tant d'hommes illustres. Je ne voyais pas encore clairement mon chemin, je ne savais pas encore *comment* je pourrais réaliser ce qui s'agitait dans mon esprit, mais je sentais que le but de ma vie serait désormais de travailler à l'émancipation de la femme; il fallait l'affranchir des entraves que la société, depuis des siècles, a opposées à son développement.

La blessure de mon amour trahi saignait toujours au fond de mon cœur. Je ne pouvais la guérir et je ne l'aurais pas voulu, si j'avais pu le faire. La fidélité me semblait digne de ce grand sentiment. Je ne me livrais pas à de vains regrets ni à des plaintes impuissantes, et je parvins à cacher ma souffrance et à porter fièrement mon malheur. Mais je n'aurais, pour rien au monde, pu accepter les hommages d'un autre homme ou laisser naître un sentiment sérieux dans son cœur. Je fus bientôt mise à l'épreuve. Le *Démocrate*, pendant une petite absence, m'écrivit et me dit combien il se sentait d'affection pour moi. Je lui répondis que je ne pouvais pas lui laisser un seul moment d'illusion, et je lui dis que mon cœur était engagé, quoique sans espoir. Mais j'ajoutai que lui et moi nous avions d'autres aspirations, des espérances communes dans lesquelles nous pourrions nous sentir unis. Il me répondit de la manière la plus noble, compatissant délicatement à ma souffrance, dont il avait tout de suite deviné l'auteur. Quant à lui-même, il se dit avec Hegel : « Laisse le cœur être la tombe du cœur. » Et il me promit une amitié et un dévouement éternels.

Le sort m'accablait de toutes sortes d'épreuves. Je tombai de nouveau gravement malade et j'étais à peine rétablie vers Noël, lorsque la mère de *la petite* mourut subitement. Cet événement me bouleversa profondément, non seulement parce qu'elle avait été presque une seconde mère pour moi, mais aussi parce que je savais combien Théodore l'adorait et quel coup cette mort lui porterait. Ma première visite fut naturellement pour *la petite*. Nous pleurâmes dans les bras l'une de l'autre. Le père, inconsolable de la perte d'une telle compagne, me pria de revenir le lendemain pour rester avec sa fille pendant l'enterrement, car ce n'est pas la coutume en Allemagne que les femmes aillent aux enterrements. Je savais qu'on attendait Théodore. L'émotion de le revoir devait s'ajouter aux autres émotions, mais je ne reculai pas et je me rendis à l'heure convenue le lendemain dans la maison. L'entrée était jonchée de fleurs, et au milieu on avait placé le cercueil. Mon cher maître d'autrefois était revêtu de son habit sacerdotal : une longue robe noire, comme en portent les pasteurs protestants dans l'Allemagne du Nord, costume digne et pittoresque qui relevait sa belle tête de vieillard, éloquente de douleur et de résignation virile. J'entrai dans la chambre, où je trouvai *la petite* avec tous ses frères. Théodore me tendit la main, nous n'échangeâmes pas une parole, mais il savait que je souffrais avec lui. Les hommes qui voulaient se joindre au cortège arrivaient. Les membres de la société chorale entonnèrent des chants funèbres et solennels auprès du cercueil; l'assemblée réunie au salon écoutait dans un profond recueillement. J'avais été accablée sous le poids d'une immense douleur. Je savais qu'il était vis-à-vis de moi, appuyé contre le mur, et quoique je ne le regardasse pas, je sentais que son regard s'arrêtait sur moi. Ce chant doux et sublime fit sur moi un effet magique. Je brisai avec un effort de fierté et d'énergie ce joug de douleur qui m'écrasait. Je relevai la tête; je m'élevai dans ma pensée au-dessus du destin et de la mort; je me sentis de nouveau moi-même, un esprit digne de comprendre, d'être compris et de marcher en avant, fût-ce contre le monde entier. Ce mouvement fut tout spontané, mais il avait été vu et compris. Au même moment Théodore vint à moi, me tendit la main et pressa la mienne avec chaleur. Puis il sortit, pour prendre avec son père sa place derrière le cercueil.

Je restai seule avec *la petite* pendant les deux heures que dura la cérémonie. Ensuite le père et les fils revinrent. Quelques minutes après leur retour, je me levais pour les laisser à eux-mêmes, mais au moment où j'allais quitter la chambre, Théodore me dit qu'il m'accompagnerait à la maison. En effet, il vint avec moi jusqu'à ma porte. Nous par-

larmes de la mère qu'il venait de perdre. En me quittant, il me serra la main avec effusion et dit : « Adieu, ma chère amie! » Le jour suivant il repartit sans que je le revisse. Il ne pouvait pas quitter plus longtemps son travail.

Ce fut le dernier jour de l'année 1848.

CHAPITRE XVIII

La réaction et la prison.

Les anniversaires des révolutions de Paris, de Berlin, de Vienne revinrent. Il y avait un an que les peuples les plus civilisés de l'Europe s'étaient levés, comme mus par une inspiration commune; qu'ils avaient proclamé à haute voix ces principes qui, depuis la révolution française, étaient le rêve de tous les cœurs nobles et le cauchemar de tous les tyrans. Quelle année que celle-là! Quelle floraison soudaine et exubérante! la Liberté, le *self-government* des peuples, la distinction des classes abolie, le pauvre appelé à tous les droits matériels et intellectuels de l'homme! Et tout cela avait coûté, relativement, peu de victimes! Douze mois s'étaient écoulés, la chute était complète. Le parlement allemand n'existait plus. Pris dans ses propres filets en appelant l'Autrichien à la tête du pouvoir provisoire, il succomba par impuissance; et les derniers membres de la gauche qui, en quittant Francfort, se réfugièrent à Stuttgard, ne faisaient que sauver leur honneur personnel. Le choix d'un radical à la place de l'archiduc venait trop tard. La révolution s'était déjà démentie elle-même. Elle n'avait plus la puissance de dicter des lois.

L'insurrection de Dresde, au mois de mai, fut une dernière convulsion de la révolution expirante. Avec quelle angoisse je suivais les péripéties de cette lutte! On espérait que d'autres parties de l'Allemagne viendraient en aide aux frères insurgés et que la révolution allait renaître, après avoir vu ce que valent les demi-mesures. Pendant ces jours d'attente, j'allai un matin chez mon frère marié. Je ne trouvai personne, excepté le bébé endormi dans son berceau. Je me penchai sur l'innocente créature et une douleur aiguë me serra le cœur. Le contraste était terrible : d'un côté ce sommeil tranquille de l'enfant, qui ne sait rien de la lutte affreuse entre la conscience qui appelle la liberté, et la force brutale au service de la tyrannie; de l'autre côté, le peuple, payant de son sang ce cri de la conscience étouffé par la violence. Et j'étais là impuissante, ne pouvant même pas mourir. Du fond de mon âme alors je fis le vœu ardent de vivre pour élever des vengeurs à la liberté, d'élever des femmes qui à leur tour élèveront des hommes libres. C'était ma coutume de confier au papier mes émotions profondes. Mon cœur saignait de trop de blessures pour trouver encore, comme autrefois, dans le rythme, un baume souverain. Mais j'écrivis en souvenir de cette heure, passée près du berceau de mon petit neveu, un article intitulé : *Serment de femme*. Je l'envoyai au démocrate, qui me répondit : « Votre serment fera renouveler le leur à bien des combattants. » Il l'envoya ensuite à une feuille démocratique.

Mais avant qu'il fût imprimé, le sort de Dresde fut décidé. Le découragement avait déjà pris le dessus. On hésitait à venir en aide aux insurgés, on n'avait plus foi dans le succès d'une révolution. La masse de la société voulait l'ordre à tout prix. La milice prussienne vint soutenir le pouvoir. Dresde fut bombardée et l'on commit des cruautés. On fusilla, on emprisonna, on exila. Puis tout redevint tranquille. En bas la tombe et les cris étouffés, en haut les trônes raffermis et la gloire militaire rehaussée. Les droits des populations allemandes furent de nouveau soustraits aux regards des mortels. Le peuple avait été comme le berger du conte de fées : il trouve une fleur d'une beauté extraordinaire qu'il n'avait jamais vue, il la cueille pour la porter à sa fiancée; mais pendant qu'il la tient, il voit soudain dans la montagne une porte qu'il n'a jamais vue non plus. Il l'ouvre et parvient à des salles souterraines, où sont entassés des trésors. Une voix lui crie : « Prends-en ». Le berger, heureux de s'enrichir pour épouser sa fiancée, remplit ses poches d'autant de richesses qu'il peut en porter. Mais lorsqu'il veut s'en aller, la voix lui crie : « N'oublie pas le meilleur ». Il retourne et prend encore de plus beaux bijoux. Puis la voix lui crie une seconde fois la même chose. Mais il ne peut plus en porter davantage et se promet bien de revenir le jour suivant. La porte se referme derrière lui avec fracas, et lorsqu'il se retourne pour bien remarquer l'endroit et y revenir, tout a disparu. Alors seulement il se souvient de la fleur qu'il avait mise sur son chapeau pour avoir les mains libres. Il la cherche, mais elle n'y est plus; il l'a probablement laissé tomber en se penchant pour ramasser les trésors. C'est alors qu'il comprend ce que voulait dire la voix. Il a perdu le talisman qui lui donnait accès au trésor, et tout a disparu dans les profondeurs de la montagne enchantée.

J'avais été souffrante tout le printemps. Un malaise grave succédait à l'autre; mais je souffrais plus moralement que physiquement. Vivant toujours sous l'anathème de ma famille et de la société, mes seuls soutiens étaient l'étude, une correspondance avec quelques-uns des hommes les plus distingués de la révolution, que je ne connaissais que par lettres, mes pauvres que je voyais plus que jamais et près desquels, consolatrice, j'étais moi-même consolée; enfin mes rapports avec *la petite*. Cette dernière ne quittait plus son père pour ne pas lui laisser trop sentir la perte qu'il venait de faire; cependant nous nous réunissions chez elle le soir. Depuis quelque temps une anxiété profonde s'emparait de nos cœurs. Au moment de la crise et après la dissolution du parlement de Francfort, Théodore avait écrit un article dans lequel il engageait le peuple à s'armer et à faire une nouvelle révolution plus radicale que la première. On l'avait immédiatement décrété d'accusation. Il lui était interdit de faire paraître un article, et nous attendions avec inquiétude l'issue de son procès. Un soir, que notre petit cercle se trouva réuni, *la petite* reçut une lettre de son frère. Après avoir lu quelques lignes, ses yeux se remplirent de larmes et elle se jeta dans mes bras. « Il est condamné à trois ans de détention », dit-elle. Elle savait que cela frappait mon cœur tout autant que le sien. La lettre de Théodore était écrite avec une grande sérénité; il cherchait à consoler les siens et disait qu'il avait pressenti, en écrivant l'article, qu'il serait poursuivi; mais il ne s'en effraya point, d'autant plus que, son appel étant resté sans résultat, il n'avait plus rien à dire.

Son activité, son avenir, étaient donc paralysés pour trois ans! Trois des plus belles années de la vie, en plein épanouissement des forces viriles! Lorsque tous les rêves s'évanouissaient, que toutes les espérances mouraient d'une triste mort, lui, avec ce pressentiment du martyre qu'il avait eu depuis son enfance, et en même temps avec cette soif ardente de vie, d'activité, de lutte sérieuse, il devait s'enfermer dans la triste solitude d'une prison! Je souffrais aussi pour moi, qui, dans ce moment plus que jamais, aurais trouvé un bonheur suprême à lui témoigner mon affection et à inventer mille moyens ingénieux pour adoucir son sort. J'étais fermement résolue à m'effacer de sa vie, à m'habituer à l'idée que le sentiment qui vivait à jamais en moi avait cessé d'exister en lui. Mais en cette occasion je ne pus m'abstenir de lui témoigner ma sympathie par quelques lignes. Chaque sentiment profond et vrai a une telle innocence qu'il ne se doute même pas qu'on puisse le méconnaître. Si mon amour eût été plus égoïste ou si j'eusse été coquette, je ne lui aurais jamais écrit, j'aurais rejeté avec orgueil l'homme qui m'avait si cruellement traitée. Mais cet amour avait été la plus belle fleur de ma vie; en lui se réunissaient les sentiments d'une femme, d'une mère, d'une sœur et d'une amie; et si la femme refoulait fièrement sa sainte douleur au fond de l'âme, la mère, la sœur et l'amie restaient pour plaindre et secourir le fils, le frère, l'ami dont le souvenir ne pouvait s'effacer. Il me remercia en quelques lignes et me dit qu'il avait espéré en ma sympathie dans cette circonstance. Je ne lui écrivis plus, mais à l'approche de Noël, je fis préparer un arbre de Noël orné de tout ce qui pouvait lui être agréable. On obtint la permission de le lui faire parvenir. J'eus la satisfaction de penser que sa cellule s'éclairerait ce soir-là de mille petites bougies, que cet arbre lui rappellerait doucement son enfance, sa mère, et qu'il se sentirait consolé par la certitude d'une sympathie inconnue qui le suivait jusque dans la solitude de la prison. En effet, le prisonnier ne sut jamais d'où cet arbre lui était venu.

J'ai un peu devancé le cours des événements et je reviens en mai 1849. Les souffrances physiques et morales m'avaient tellement accablée que la vie me devint un supplice. Je résolus d'employer un remède énergique pour rétablir au moins ma santé et voir ce qu'il y aurait à faire ensuite. Je déclarai que je voulais essayer les bains de mer. J'avais fait des économies et je pouvais y aller sans exiger des autres un sacrifice. *La petite* voulut m'accompagner, ainsi que notre amie de Berlin, Anna, qui était venue passer le printemps avec elle. Nous formions donc un agréable trio; la cure devait nous faire doublement de bien dans ces conditions. Les miens étaient très étonnés de cette nouvelle « extravagance ». Le médecin que l'on consulta haussa les épaules et dit : « Laissez-la aller, puisqu'elle a tant de confiance. »

L'idée seule de fuir pour quelque temps l'atmosphère lourde de ma vie domestique, et de revoir la mer, me releva. Il y a des spectacles dans la nature dont la vue agit sur nous presque comme un grand événement; ils nous délivrent du poids de l'existence individuelle en nous unissant à l'existence universelle. Telle est la mer. Je ne puis pas dire combien de fois elle m'était apparue dans mes rêves avant de la voir pour la première fois. Je ne connaissais que la Méditerranée, je brûlais du désir de voir l'Océan.

Nous partîmes pour Ostende. Je me trouvai en wagon à côté d'une jeune femme dont la figure sympathique m'attirait. Elle était en compagnie d'un vieux monsieur et d'une vieille dame. La conversation s'engagea bientôt entre nous et tomba enfin sur la lutte en Hongrie. « Comment, vous vous intéressez aux Hongrois, vous prenez leur parti? » me demanda vivement la jeune dame, rougissant de plaisir.

« Je crois bien, je leur souhaite la victoire de tout mon cœur », répliquai-je, « non seulement pour eux-mêmes, parce qu'ils ont droit à leur indépendance, mais encore parce que leur victoire pourrait influer favorablement sur les destinées de l'Allemagne, en affaiblissant le despotisme de l'Autriche. »

La jeune dame, dès ce moment, entra avec moi dans une conversation plus intime, puis elle se pencha à mon oreille pour me dire son nom : c'était celui de Pulsky, illustre Hongrois dont elle était la femme. Elle allait le rejoindre en Angleterre, où il avait été envoyé de la part du gouvernement républicain, alors établi en Hongrie. Elle voyageait avec un faux passeport et me raconta l'histoire de son départ de la Hongrie et de son passage à travers l'armée autrichienne qui bloquait le pays. Le vieux couple qui l'accompagnait s'était rencontré avec elle à la frontière. Sans la connaître, mais devinant sa situation, ces personnes lui avaient offert de lui faire traverser le camp ennemi, en la faisant passer pour leur fille ; ils s'étaient pris d'une telle affection pour elle, qu'ils l'accompagnaient à travers toute l'Allemagne jusqu'à Ostende, où elle devait s'embarquer.

Je fus si vivement intéressée par les récits de cette charmante femme, que j'oubliais pour le moment tout le reste. Elle avait dû laisser ses jeunes enfants avec des amis, en pleine guerre civile. Le dernier avait vu le jour cette même année dans une chaumière de paysans, la mère ayant dû fuir de sa propriété, chassée par les Autrichiens. On avait peine à croire que cette jeune et délicate créature eût passé par tant d'angoisses et de périls ; mais elle avait une âme virile qui se montra plus tard dans toute sa force dans les rudes épreuves de l'exil, et lui causa, à force de travail et de dévouement, une mort prématurée.

Arrivés à Ostende, nous l'accompagnâmes tous,

le soir même, sur le bateau à vapeur qui devait la conduire en Angleterre. Ses vieux compagnons restèrent encore quelques jours à Ostende dans le même hôtel que nous et nous fîmes plus ample connaissance. Le vieillard était un socialiste allemand qui, comme tant d'autres, avait essayé de réaliser ses théories en Amérique, l'Europe étant fermée à toute tentative libérale. Il avait échoué aussi comme tant d'autres, et, revenu en Europe, il s'était laissé persuader par un Hongrois que la Hongrie était la terre promise où le socialisme trouverait sa réalisation. Il avait donc passé plusieurs années en Hongrie sans pouvoir réussir plus qu'en Amérique. La révolution et la guerre avaient mis fin à tous ses rêves et il était sur le point de retourner en Allemagne lorsqu'il avait rencontré la jeune femme dont il était devenu le protecteur. J'eus avec lui de longues conversations sur le socialisme théorique et pratique. En partant, il écrivit sur une page de mon portefeuille : « Toutes les révolutions politiques ne serviront à rien, jusqu'à ce qu'on ait trouvé les moyens de combattre le grand oppresseur du genre humain, *la faim* et toutes les misères qui forment son cortège. »

Le séjour à Ostende fut pour moi une véritable résurrection physique et morale. Quelques personnes intéressantes vinrent augmenter le charme du séjour. Une entre autres nous occupa beaucoup. Nous avions remarqué un prêtre qui se promenait toujours seul et, comme nous, généralement aux heures où il n'y avait pas beaucoup de monde. Sa beauté extraordinaire nous avait frappées. Un jour, étant assises toutes les trois au bas de la digue, tout près des flots, Anna, en badinant, présentait son pied, remarquablement petit et joli, à la rencontre des vagues, de sorte que l'écume mouillait ses bottines. Nous étions gaies, et tout en riant je tournai la tête. Je vis le prêtre debout derrière nous; un sourire fin, mais bienveillant, passa sur ses traits. Comme si nous nous fussions connus de tout temps, il s'assit à côté de nous, et après quelques minutes nous nous trouvâmes engagés dans une conversation fort animée, qui bientôt tomba sur les questions religieuses, l'état du protestantisme en Allemagne et les communes libres. Ces dernières surtout qui, sous le nom de catholicisme allemand, se séparaient des Églises établies, paraissaient l'occuper beaucoup. Il prétendait naturellement que tout cela n'était que de tristes aberrations et qu'il n'y avait qu'une religion et qu'une Église, la religion et l'Église catholiques. Les miracles, disait-il, ne sont qu'un moyen de soutenir les âmes faibles, les masses ignorantes; les hommes éclairés de l'Église n'y croient pas et les miracles ne constituent nullement l'essentiel du dogme. Il nous engagea fortement à lire Bossuet et nous dit que, par ce grand homme seul, nous pourrions comprendre le vrai catholicisme.

On se sépara comme d'anciennes connaissances, et pendant plusieurs jours nous nous rencontrâmes régulièrement, consacrant quelques heures à des discussions sérieuses. De nous trois, c'est moi qui parlais le français avec le plus de facilité, donc c'est moi qui soutenais la discussion. Je lui disputais bravement le terrain. Il employait toutes les subtilités du raisonnement, tous les arguments de l'imagination et du sentiment pour nous convaincre ; mais il vit que c'était peine perdue. Il se fâcha, et un soir quand je lui dis finalement que je ne croyais ni à la divinité du Christ, ni à la Bible comme révélation, ni à ce Dieu personnel et limité qu'enseigne l'Église, il s'écria tout courroucé : « Donc vous n'êtes même plus protestante ? »

« Non, certes, lui dis-je ; je vous ai bien prouvé qu'il y a quelque chose au-dessus du protestantisme, la libre pensée et le droit d'examen. »

« Vous êtes perdue et je vous plains », dit-il en ôtant à peine son chapeau et nous quittant brusquement. Les jours suivants nous ne le vîmes plus que de loin, il nous évitait ; puis il partit. Nous apprîmes plus tard que c'était un jésuite belge assez connu. Nous ne pouvions nous empêcher de rire en pensant au sentiment désagréable qu'il dut éprouver en voyant trois personnes, qu'il avait probablement crues faciles à convertir, lui résister avec obstination. Cette rencontre, cependant, me fit quelque impression. C'était la première fois que j'avais ouvertement soutenu la liberté de mes convictions religieuses, et cela me donnait une grande satisfaction. Combattre pour une cause nous la rend plus chère et nous rend plus sûrs de nous-mêmes.

Le temps de notre départ arriva, en même temps que les tristes nouvelles de la défaite de la révolution badoise par l'armée prussienne, et de la chute de la Hongrie par la trahison de Görgey. C'en était fait de la liberté des peuples et de notre liberté individuelle. Il fallait se remettre sous le joug.

Une fâcheuse coïncidence nous fit monter dans le même wagon qu'un officier prussien revenant de Bade, qui racontait à deux dames avec lesquelles il voyageait les magnifiques exploits de l'armée prussienne, les châtiments qu'on avait infligés à *cette canaille révolutionnaire*, etc. J'eus grand'peine à ne pas lui répondre. J'étais exaspérée, et pourtant que pouvais-je faire? Lui jeter un regard de mépris et changer de wagon.

L'hiver que je passai à la maison fut plus triste que jamais. Ma santé était meilleure, mais ma situation devenait tous les jours pire. J'étais absolument traitée comme une personne coupable; toute confiance avait cessé entre ma famille et moi. Mon beau-frère et mon frère m'adressaient à peine la parole; même mes nièces, des jeunes filles insouciantes, étaient réservées et gênées en ma présence. J'avais, par *la petite*, fait la connaissance d'une dame mariée chez qui j'allais, une fois par semaine, passer la soirée pour lire avec elle et un démocrate avéré fort instruit, *la Philosophie de l'histoire*, de Hegel. Ces soirées m'étaient comptées comme un crime à la maison. Je sentais le besoin d'utiliser pour d'autres les connaissances que j'acquérais. Je commençai par nos femmes de chambre et j'allais de temps en temps leur expliquer, pendant qu'elles cousaient, des choses telles que le mouvement de la terre autour du soleil, le changement des saisons, etc. Elles étaient enchantées et me disaient : « Ah! mademoiselle, si tout le monde pensait comme vous, combien cela rendrait notre travail plus doux! Nous pourrions penser à des choses intéressantes! » Autrefois, non seulement ma mère n'eût rien dit, mais elle eût été contente de me voir faire des choses pareilles. Maintenant, elle considérait ces conversations comme des essais de propagande de mes idées extravagantes, elle s'en fâcha et vint me faire des reproches amers, disant que je faisais perdre à ces filles un temps précieux, en leur mettant dans la tête des choses qui n'étaient pour elles d'aucun usage. Je tâchai de lui prouver que ce n'était pas du temps perdu que de combler par des connaissances sérieuses le vide de leur pensée pendant le travail manuel. Elle, si indulgente autrefois, devint tout d'un coup exigeante et me répondit durement. Je me fâchai et je dis aussi des paroles amères, dont je me repentis aussitôt, mais qui étaient la réponse à une autorité injuste et mal exercée.

De telles scènes se répétaient sans cesse. Je sentais que l'amour filial devait infailliblement dépérir, et qu'il n'y avait qu'un seul moyen de le sauver : la séparation.

Pour la première fois, je me le dis clairement : lorsque l'autorité de la famille devient la mort de la personnalité et veut assujettir la liberté de la pensée et de la conscience à une conviction imposée, — *il faut s'en affranchir* — si douloureux que cela puisse être. La liberté de pensée et une vie conforme aux principes est le premier des droits et le premier des devoirs de l'homme. Jésus-Christ déjà l'avait compris en disant qu'il fallait quitter père, mère, famille et tout pour le suivre, c'est-à-dire pour suivre la nouvelle conviction qu'il avait donnée aux esprits. Jusqu'à présent, dans l'histoire, on avait exclu les femmes de ce devoir et de ce droit sacré de l'humanité, sauf au cas où elles se marient ou au cas où elles entrent en religion. Or, parmi les premiers martyrs qui moururent pour leur croyance, il y avait presque autant de femmes que d'hommes. Dans l'Église catholique, non seulement on permet aux jeunes filles de quitter leur famille et d'entrer au couvent, mais on leur en fait un mérite. Dans le mariage également la jeune fille laisse sa famille pour suivre son époux. Mais dans les autres domaines de l'activité humaine on interdit aux femmes d'avoir une conviction et de la suivre. Je sentais qu'il était temps de lever cette interdiction. Je me disais que je ne pourrais plus m'estimer, si je n'avais pas le courage de tout abandonner pour affirmer mes convictions. Ma résolution prise, je ne pensai qu'à la réaliser. Je ne voyais qu'un moyen, c'était d'aller en Amérique, sur une terre vierge, où le travail n'est pas une honte comme en Europe, mais un titre d'honneur par lequel l'homme établit ses droits dans la société. Travailler pour me suffire devenait d'ailleurs non seulement une question de principe, mais une question de nécessité, car la petite fortune dont j'avais hérité ne suffisait que pour le voyage et un premier établissement. Aller en Europe, me placer comme gouvernante, eût été une trop cruelle épreuve pour ma famille, on ne me l'eût pas même permis. En outre, j'avais le désir de quitter cette vieille Europe, où toute tentative de liberté échouait, où le despotisme dans l'État, la religion et la famille écrasait les peuples, la pensée et l'individu. Je désirais aussi partir pour m'éloigner enfin à jamais de celui dont le souvenir ne voulait pas s'effacer, pour faire taire mes vains regrets de ne pouvoir ni briser les murs de sa prison ni la partager avec lui. Sur le sol du nouveau monde, je voulais recommencer la vie en réalisant mes principes. Cette idée me donnait une grande sérénité et me rendait plus indifférente au désaccord avec mon entourage. Je redevenais plus souple et plus tendre dans la pensée secrète d'une prochaine séparation. Je souffrais de cette triste perspective, et pourtant je sentais que c'était la seule réconciliation possible, la seule manière de sauver ce qu'il y avait d'éternel dans nos liens. Il va sans dire que je n'osais pas parler de ces projets, car on les eût regardés comme de la folie et on eût pris des mesures pour m'empêcher de les exécuter. J'en parlai seulement à *la petite* et j'écrivis à ce sujet à un des plus nobles démocrates de la révolution allemande qui s'était réfugié en Amérique après la révolution de Bade. J'étais depuis longtemps en correspondance avec lui, et quoique je ne l'eusse jamais vu, il m'était devenu cher. Il me répondit : « Venez » et m'encouragea de toutes les manières.

J'étais donc bien décidée. Au fond de moi-même, je me détachais de tout et je respirais déjà l'air d'une nouvelle patrie. Il ne s'agissait maintenant que de trouver le moyen d'épargner aux miens et de m'épargner à moi-même des luttes inutiles et douloureuses.

Un jour on me raconta que des dames généreuses venaient de fonder à Hambourg un collége supérieur, qui offrirait aux femmes les moyens de développement intellectuel, que l'université offre aux jeunes gens. Il était surtout question d'une femme, Émilie Wustenfeld, qui était à la tête de l'entreprise, et on me dépeignit son caractère énergique et noble de manière à me donner grande envie de faire sa connaissance. La transition me parut trouvée ; je me décidai à aller dans ce collège, puis à passer de là en Amérique. Tout paraissait concourir à m'ouvrir cette voie ; le professeur qui dirigeait avec sa femme cet établissement était le frère de l'homme éminent qui m'attendait en Amérique. J'admirais cet enchaînement inéluctable des causes et des effets qui fait notre destinée. Dans cette logique des choses mêmes, je reconnaissais la seule divinité qui régit notre vie et je m'inclinais humblement devant ce mystère, beaucoup plus émouvant, à mes yeux, que ne me l'avaient jamais semblé les mystères du christianisme.

Rassemblant mon courage, je dis à ma mère que j'avais entendu parler de ce collège et que j'avais résolu d'y aller passer trois mois. J'ajoutais qu'elle savait combien j'étais toujours avide d'apprendre et que je désirais combler enfin les lacunes que je sentais dans mon savoir. Je lui représentai en outre avec toute la douceur possible qu'une séparation de quelque temps nous ferait du bien, calmerait l'irritation qui s'était établie de part et d'autre, et rendrait à l'amour tous ses droits. Je n'avais aucun autre sacrifice à demander, car mes économies suffisaient à me faire admettre pour un trimestre. Je fus agréablement surprise de trouver moins de résistance que je n'aurais cru. Ma mère sentit la justesse du second argument. Voyant que je ne revenais pas aux « idées raisonnables », elle pensa qu'un changement de vie me calmerait peut-être et me rendrait la modération que, d'après elle, j'avais perdue. Elle se réservait seulement de m'accompagner avec ma sœur, pour s'assurer que l'endroit où je me rendais était convenable. Je me préparai donc avec la pensée bien arrêtée de ne plus revenir. Il me semblait faire mon testament. J'en finissais avec ma jeunesse, avec les rêves du passé. J'allais résolument vers la tâche de l'âge adulte, vers l'action. Je voulais conquérir ma place dans la vie comme un être responsable qui forme sa destinée d'après ses principes. Je sentais ce calme que donne toute résolution courageuse, dictée par une idée qui nous élève au-dessus des circonstances. Je parcourus encore une fois tous les lieux où mes pensées de jeune fille s'étaient élancées vers l'infini, où j'avais joui du bonheur d'un amour pur et tout-puissant. Je pris congé, en pensée, de la prison où vivait celui qui avait anéanti mon avenir de femme et de mère. Aimer une seconde fois comme j'avais aimé, je le savais impossible, et sans un amour pareil, le mariage me paraissait un sacrilège. J'avais choisi une autre fin, je m'étais mise au service d'une idée, je luttais pour un principe.

Je ne lui écrivis pas ; la décision que j'avais prise me fortifia dans cette résolution. Je l'aimais encore, mais je ne pouvais m'empêcher de voir dans cette nature, supérieure sous tant de rapports et douée d'une fascination extraordinaire, un côté dangereux. Je ne pourrais l'appeler autrement que le *Don Juanisme de l'idéal*. J'ai rencontré plus tard le même écueil dans des natures semblables. Trop élevées pour se souiller par un contact impur, elles se tournent avec toute leur ardeur vers la recherche de l'idéal dans l'amour. Les besoins de l'imagination remplacent les besoins de la sensualité. Comme le Don Juan vulgaire cherche dans chaque beauté la satisfaction des sens, le Don Juan de l'idéal cherche dans chaque belle âme l'idéal dont son imagination est remplie. Il croit que c'est l'amour qui l'unit à tel ou tel être, et pourtant un regard, une mélodie, une rencontre sympathique suffisent pour captiver de nouveau son imagination et lui montrer l'idéal ailleurs. Si le Don Juan sensuel est répugnant, celui de l'idéal est peut-être plus dangereux, car il ne parle qu'aux nobles cœurs et souvent brise de belles existences. Outre la femme pour laquelle il m'avait abandonnée, Théodore s'était successivement attaché à plusieurs autres femmes, sans qu'aucune de ces liaisons eût rempli sa vie et fixé sa destinée. Je savais tout cela par *la petite*. C'était elle aussi qui m'avait raconté qu'un jour, au commencement de sa captivité, il avait reçu une lettre d'une dame inconnue qui lui disait avoir lu avec une profonde sympathie ses articles. Elle avait exprimé les sentiments les plus élevés, les principes les plus larges et tout cela avec une originalité surprenante; puis à la fin elle ajoutait qu'en apprenant son sort, elle avait osé l'approcher, mais elle ne voulait signer que de son nom de baptême, afin de n'être pour lui que l'expression d'une pure sympathie. Il avait pourtant su trouver son nom de famille et son adresse, et dès lors il s'était établi entre eux un échange de lettres qui remplissait sa prison de charme. La correspondante révélait un esprit éminent et tout à fait dépourvu de préjugés. Devant l'image qu'il se faisait d'elle et qu'il ornait de toutes les grâces, tout attachement antérieur s'évanouit. Il ne rêvait plus qu'à s'unir à elle à la fin de sa détention. Avant de savoir cela, j'avais plusieurs fois eu l'idée de lui écrire sous l'anonyme et de ne me nommer que lorsqu'il aurait de nouveau senti qu'il y avait entre nous une sympathie impérissable. Maintenant qu'une autre avait réussi à captiver de cette manière son imagination de poète, je sentais qu'il fallait mettre une barrière infranchissable entre lui et moi. J'avais conscience que ce n'était pas moi qui avais manqué de fidélité. La fidélité me paraissait la marque d'estime que tout véritable amour se doit à lui-même. La différence entre nous était celle-ci : moi je l'avais aimé de ce grand amour de femme qui résume l'existence entière, lui ne m'avait aimée que de l'amour du poète, qui ne représente qu'une phase de la vie.

Le jour du départ, je cachai mon émotion en prenant congé de ma famille; je savais que je ne devais plus la revoir. Mes adieux à *la petite* furent profondément douloureux. Nous savions toutes deux ce qu'ils signifiaient, mais nous savions aussi que nous marchions par le même chemin vers le même but, et c'est ce qui nous consolait.

Mon grand chagrin était aussi de quitter mes pauvres. A eux appartenaient mes dernières tendresses. La dernière que j'allai visiter avant de partir était une fille de vingt-cinq ans, seule au monde et presque aveugle, réduite à tricoter toute la journée dans une petite chambre obscure, où elle vivait du peu qu'elle recevait de la commune. J'avais passé bien des heures chez elle pour distraire la monotonie de sa vie par des conversations qui l'instruisaient et lui laissaient des sujets de réflexion pendant ses longues heures de solitude. Croyant ne plus la revoir, j'avais laissé un thaler sur la table comme cadeau d'adieu; mais trouvant un moment de liberté j'allai encore une fois la voir. Elle me remercia de mon petit cadeau et dit qu'elle avait une confession à faire. Elle avait donné la pièce à une pauvre fille de la campagne qui avait été séduite, puis abandonnée, repoussée par tout le monde et réduite à la dernière misère avec son enfant. « Alors, ajouta-t-elle, j'ai pensé qu'elle avait plus besoin du thaler que moi; j'ai du moins assez pour ne pas mourir de faim et je n'ai pas d'enfant. » Je me rappelai le denier de la veuve, et en sortant de cette humble demeure je sentis que la bénédiction qu'avait prononcée sur moi la pauvre aveugle me lavait du mépris dont m'accablaient mes connaissances aristocratiques d'autrefois, à qui, du reste, je ne fis pas même de visite d'adieu.

CHAPITRE XIX

Une nouvelle vie.

J'avais écrit à Émilie Wustenfeld, qui était à la tête du collège en question. Elle m'avait répondu en m'engageant à venir au plus vite. Ma mère et ma sœur m'avaient accompagnée à la ville de Hambourg où était l'établissement. Je les laissai à l'hôtel et je me fis conduire au collège. Un sentiment étrange, presque solennel, me saisit en entrant dans la maison où devait commencer pour moi une nouvelle vie. Je n'étais plus une jeune écolière venant pour recevoir l'enseignement de la vie, mais une femme adulte qui se sauvait des conflits de la vie dans le seul vrai refuge, l'activité.

Le professeur et sa femme me reçurent avec une telle cordialité que je me sentis comme chez moi. Au thé on me présenta cinq ou six demoiselles qui, venues de loin, étaient pensionnaires comme moi. Le soir je fis aussi la connaissance de la fondatrice de l'établissement, dont j'avais tant entendu parler. Émilie Wustenfeld était une de ces puissantes individualités qui frappent d'abord par ce qu'elles ont d'un peu anguleux, mais qui gagnent peu à peu l'affection par une nature noble, énergique et bonne. Elle aussi m'accueillit chaleureusement, et en me parlant de ses plans elle me fit voir que mes rêves allaient prendre ici une consistance. L'indépendance économique de la femme, son développement comme un être qui s'appartient avant d'appartenir à un autre, et qui doit se former librement d'après les besoins et les capacités de sa nature : tel était le principe sur lequel on avait fondé l'établissement. Il faut dire qu'ici, comme dans plusieurs autres villes d'Allemagne, l'idée de l'émancipation de la femme s'était développée à la suite du mouvement libre dans l'Église. Les communes qui s'étaient détachées d'abord de l'Église catholique, et ensuite de l'Église protestante, sous le nom de communes libres, amis de la lumière, etc., — s'étaient répandues depuis la révolution de 1848. Toutes les grandes villes d'Allemagne et quelques petites villes en possédaient. Les réformateurs placés à la tête de ce mouvement étaient des hommes plus ou moins remarquables, mais agissant tous à peu près dans le même sens. L'indépendance de la communauté vis-à-vis de l'État, son autonomie dans les affaires de la religion et de l'éducation, le choix des pasteurs et des maîtres d'école par la commune elle-même et l'égalité des droits civils pour les femmes : voilà les bases principales qu'on avait posées. Dans plusieurs endroits on allait même jusqu'à vouloir rétablir les anciennes coutumes des premières communes chrétiennes ; on se tutoyait et on célébrait la communion comme symbole de la fraternité. D'autres avaient entièrement aboli la communion et d'autres cérémonies du culte, vides de sens. Le baptême n'était qu'un acte civique. Dans la ville de Hambourg la commune libre avait trouvé de nombreux et de chaleureux partisans. Mais les dames qui avaient fondé le collège dont je parle avaient jugé avec raison qu'il ne suffit pas d'accorder les droits civils aux femmes, qu'il faut aussi leur fournir les moyens d'en user dignement. Or, pour les femmes, de même que pour le peuple, il n'y avait qu'un seul remède, l'éducation. L'idée si répandue que l'éducation de la jeune fille cesse lorsqu'elle quitte l'école, que dès lors elle n'a plus rien à faire qu'à entrer dans le monde, se marier, devenir mère et charmer la vie domestique et le cercle de connaissances par ses talents — cette idée-là avait besoin d'être combattue. On voulait donc offrir aux filles qui sortent de l'école ou à celles qui, plus tard encore, voudraient compléter les lacunes de leur savoir, l'occasion de poursuivre des études de tous genres, soit qu'elles en eussent besoin pour se vouer à une spécialité, soit pour apprendre à remplir leur tâche de mère le mieux possible. Le collège était entretenu par une société d'actionnaires, composée presque entièrement de femmes mariées et de mères de famille qui avaient puisé dans leur propre expérience la conviction qu'il faut une autre base à la vie que la subordination à un autre être. Les actionnaires formaient le conseil général d'administration, il y avait en outre un comité plus restreint, composé des dames fondatrices qui prenaient un intérêt plus spécial à l'œuvre, et des professeurs qui faisaient les cours. Ce comité se réunissait une fois par semaine, décidait des questions financières, du choix des sujets de cours, des règlements pour la pension, etc. Les soins de la vie domestique étaient confiés à un professeur et à sa femme, qui habitaient la maison. Ils étaient responsables devant le comité, comme celui-ci l'était devant la société des actionnaires. Les professeurs étaient les premiers savants de la ville, on avait même fait venir plusieurs savants du dehors. Au commencement, ces messieurs avaient eu peu de confiance dans le succès de l'entreprise, surtout parce qu'ils avaient douté de la persévérance et de l'énergie des femmes dans les études sérieuses. Ils n'avaient entrepris cette tâche que par estime et par amitié pour les fondatrices, surtout pour Émilie, qui jouissait de la considération générale. Mais déjà à l'époque de mon arrivée, l'intérêt des professeurs grandissait. Ils trouvaient leur auditoire au moins aussi attentif que celui des jeunes gens, et ils voyaient qu'il y avait là un champ fertile à cultiver.

Lorsque je me retirai le premier soir dans ma chambre, je sentis que j'avais trouvé les moyens de me créer une vie nouvelle. Le lendemain j'amenai ma mère et ma sœur, et j'eus la satisfaction de les voir plus contentes que je n'avais osé l'espérer. Après un séjour de quelques jours elles partirent et je restai seule — seule pour la première fois de ma vie et décidée à faire mon chemin sans autre guide que ma conscience, sans autre appui que mon travail, sans autre récompense que l'estime de ceux qui pourraient m'estimer pour moi-même.

Je fis la connaissance des professeurs. Deux d'entre eux me frappèrent particulièrement comme des individualités distinguées. J'assistai d'abord à tous les cours pour choisir ensuite ceux que je voulais suivre. Je fus enchantée du ton qui y régnait. Les professeurs insistaient pour que les élèves fissent des questions, des observations, afin d'être sûrs que l'étude ne restât pas lettre morte. Beaucoup de jeunes filles suivaient les cours gratuitement. Un des premiers buts de l'établissement avait été d'offrir les mêmes bienfaits, sans distinction, aux pauvres comme aux riches. Ces jeunes filles, pour être admises, n'avaient qu'à passer un examen élémentaire. Quelques-unes étaient douées d'une énergie à toute épreuve. Les cours étaient en outre fréquentés par les dames de la ville, et on voyait dans l'auditoire des grand'mères à côté de leurs filles et de leurs petites-filles. Suivant leur désir, les professeurs étaient fréquemment interrompus par des remarques, et de vives discussions s'engageaient, de sorte qu'aucun des cours ne devenait monotone ou fatigant.

A côté de l'institut se trouvaient un jardin d'enfants et une classe primaire. Les jeunes filles qui se préparaient à diriger des institutions pareilles pouvaient y faire des études pratiques. Le système des jardins d'enfants inventé par un homme de génie, Friedrich Frœbel, s'était rapidement développé en Allemagne avec le mouvement de liberté politique et religieuse. Je le voyais fonctionner ici pour la première fois et j'en étais enchantée. La nécessité de commencer l'éducation dès l'âge le plus tendre était l'idée fondamentale de Frœbel. Au jardin d'enfants on admettait les enfants dès l'âge de trois ans et on les y gardait jusqu'à six ou sept; ils le quittaient alors pour l'école primaire. A la tête de ces établissements se trouvait une *Kindergærtnerin*, car Frœbel ne voulait confier ce tendre âge qu'à des mains de femme. Il avait fondé plusieurs cours pour les jeunes filles et les femmes qui désiraient se vouer à cette œuvre. A notre collège il y avait aussi un cours spécial créé pour cet objet. Les enfants devaient être occupés alternativement par des jeux en commun et de petits travaux qui tendaient à développer leur activité, leur jugement et leur imagination. On ne leur donnait jamais de jouets par lesquels on tue l'esprit d'invention et on provoque à la destruction. On ne leur laissait que les matériaux pour construire, pour inventer. La gymnastique, le mouvement réglé par le rythme, par la musique, formaient une partie essentielle de l'enseignement. La plupart des jeux s'exécutaient, accompagnés d'un chant approprié. On a d'ailleurs tant écrit depuis sur ce système qu'il est inutile d'entrer dans plus de détails. On l'a beaucoup attaqué, même du côté des progressistes. Il est certain que la meilleure chose peut s'altérer entre les mains de l'ignorance ou de la mauvaise volonté. Quant à moi, je n'ai constaté que des résultats heureux des *Kindergarten* que j'ai eu l'occasion de visiter. Tous les enfants qui les fréquentaient étaient parfaitement contents et en revenaient plus intelligents et plus aimables. Les maîtres des écoles primaires qui recevaient des élèves venant d'un *Kindergarten* assuraient qu'il y avait une différence entre leur développement intellectuel et celui des autres enfants.

Une autre surprise et un grand bonheur m'attendaient lorsque le premier dimanche on me mena à la réunion de la commune libre. Dans une vaste salle je trouvai un public nombreux, appartenant à toutes les classes de la société. Un jeune homme simple et modeste monta sur une espèce de tribune et fit un discours éloquent. Par la critique des vieux dogmes, il arrivait à des idées nouvelles dans tous les domaines. Ce discours traitait de l'État, de la société, de la famille au point de vue historique; il indiquait les modifications que demande l'esprit moderne dans toutes ces institutions. Ces développements étaient écoutés avec intérêt, non seulement par des personnes cultivées, mais par des hommes et des femmes du peuple qui s'associaient ainsi à la grande communauté de la raison. L'égalité du royaume de Dieu était toujours restée l'inégalité devant les hommes, car Dieu seul, voyant le fond du cœur humain, avait pu la constater. Même dans l'Église, on avait vu, d'un côté, les enfants aisés couverts de riches parures, et de l'autre côté les cendrillons du père universel se pressant dans leurs haillons et répétant avec désespoir la prière si rarement exaucée : « Donne-nous notre pain quotidien. » Ici, dans cette commune, la religion était transformée en un culte de la pensée libre accessible à tout le monde sans distinction. Le service divin, si fastidieux par la monotoine de son rituel, était changé en une leçon d'histoire, de philosophie et de *sociologie*. L'idéal n'était plus dans le passé, mais dans l'avenir, comme l'étoile d'Orient qui montre le chemin à l'humanité.

Après le discours on avait coutume de se rendre dans un salon voisin; l'orateur s'y était retiré. Là on l'entoura, on lui fit des questions sur son discours. Les membres de la commune firent connaissance entre eux et tous se mêlèrent en vrais démocrates. Lorsque je fus présentée à l'orateur, je lui dis qu'il m'avait inspiré le désir de devenir membre de la commune, que je savais bien qu'un individu de plus ou de moins signifiait peu pour celle-ci, mais que dans ces temps de luttes il me semblait du devoir de chacun, homme ou femme, de déclarer nettement et hautement ses convictions, et de se ranger du côté de ceux qui les confessent.

Il me donna raison, mais il me pria d'attendre et d'examiner la chose de plus près, afin de ne pas faire à la hâte un pas d'une telle importance. Je suivis son conseil et je commençai à étudier d'abord sa propre individualité. En l'entendant parler devant la commune, on l'eût pris pour un homme d'une énergie inflexible, d'un caractère ferme et audacieux. Il était au contraire d'une douceur presque féminine, peu pratique dans la vie ordinaire, timide et réservé en société, charmant dans l'intimité. Mais lorsqu'il parlait devant la commune, la logique de la pensée l'entraînait irrésistiblement; c'était alors un penseur austère, un critique implacable. Je lui vouai bientôt une sincère amitié, qui a conservé toute sa force jusqu'à ce jour, quoique nos chemins ne puissent plus se croiser dans cette vie.

Quelque temps après je me fis admettre membre de la commune libre. On adressait simplement sa demande au comité administratif, et après un vote de la commune on était inscrit sur les registres des membres; on avait à payer annuellement une petite cotisation minime pour les frais généraux.

Pour moi, pourtant, ce fut un acte bien solennel. Il me séparait à jamais de mon passé; par lui je me dégageais publiquement de l'Église chrétienne et je m'associais à un ordre de choses complètement démocratique, où la loi suprême était le libre exercice de la raison et l'accomplissement des devoirs sociaux. J'eus bientôt à subir les premières conséquences de cette démarche. J'étais encore toute petite lorsque le souverain de mon pays natal, venant voir mon père, me trouva près de lui. Je ne sais si je lui plus, mais il me fit cadeau d'une place dans un de ses plus riches établissements de l'Allemagne, pour les demoiselles de l'aristocratie qui ne se marient pas. Ce sont des espèces de couvents protestants, sans vœux ni obligation de résidence, sauf trois mois par an. Une belle dotation donne une complète indépendance. Ces places sont si avantageuses qu'on les convoite comme une grande faveur. Les candidates avancent par ordre, aussitôt qu'une place devient vacante. Mon tour de prise de possession arriva peu de temps après mon adhésion à la commune libre. Ma mère me conjura, dans une lettre, de ne pas perdre une agréable indépendance par ma faute. L'indépendance économique était tout ce que je désirais et je réfléchis sérieusement si je ne pourrais pas faire du bien dans ma voie, en fondant une école pour propager parmi le peuple les idées dont j'étais pénétrée. Mais j'aurais dû d'abord revenir sur ce que je venais de faire : les droits de chanoinesse impliquaient une déclaration sur l'Évangile ; or, même si j'avais voulu me détacher de la commune à laquelle je m'étais associée, je ne pouvais plus redevenir chrétienne, ni appartenir à une Église dogmatique et orthodoxe. Je répondis donc que je m'étais fait, par conviction, recevoir membre de la commune libre, mais que si l'on pouvait me dispenser d'une déclaration que je ne pouvais pas faire de bonne foi, je viendrais prendre ma place. On ne daigna pas même me répondre. Ma mère déplora amèrement mon aveuglement.

Je persistai dans le dessein de quitter le vieux monde ; j'en fis part à Émilie, au professeur et à sa femme. Ils auraient voulu me dissuader à cause de l'affection qu'ils me portaient, mais ils comprenaient très bien mes motifs, et ils avaient l'esprit trop large pour contrarier une résolution qui leur paraissait naturelle. Le sort parut venir au-devant de mes désirs. Peu de temps après mon arrivée, un prédicateur d'une commune libre vint à Hambourg avec sa famille et quelques autres personnes avec l'intention de s'embarquer pour l'Amérique et d'y fonder une commune. Cette famille était fort aimable, je résolus de me joindre à elle. Il me semblait que j'avais trouvé à la fois des amis, un *home*, un but, car je savais que dans cette entreprise il y aurait assez de travail, entre autres la fondation d'une école. Ces émigrants vinrent à une réunion du soir de notre commune. On parla de l'avenir de l'humanité, de la propagation des communes libres de l'autre côté de l'Océan, du triomphe de la pensée libre, des institutions égalitaires. On se disait que désormais l'Océan ne serait plus une séparation, mais un trait d'union entre des frères qui travailleraient également à une grande tâche, celle d'émanciper l'esprit humain du joug de l'ignorance et des superstitions religieuses, et d'unir les hommes par le travail, la science et la morale. Que c'était beau! Quels sentiments généreux agitaient tous les cœurs! Je me sentais joyeuse, mes rêves étaient réalisés. Dans ce cercle composé de personnes de tous les rangs, on s'estimait d'après la seule valeur personnelle de chacun. Je considérais cela comme le véritable fruit de la révolution, et je jouissais de l'idée d'être parmi les avant-coureurs de cette vraie démocratie, qui devait s'établir dans les deux hémisphères.

Il fallait pourtant faire part à ma mère de la résolution que j'avais prise, car je ne voulais pas partir en cachette. Je lui écrivis donc en lui exposant mon projet de la manière la plus humble et la plus rassurante. Je lui parlai de l'ami inconnu qui m'attendait en Amérique; je lui dis que peut-être même je trouverais en lui un protecteur légitime, et qu'alors ma vie me serait de suite tracée; mais que, en tout cas, elle devait me connaître assez pour savoir que je saurais faire mon chemin seule et maintenir ma dignité. Je la suppliai de croire que je suivais une conviction profonde et sincère, que tout mon développement m'avait poussée vers ce but, que je ne faisais que remplir ma destinée, et je la priais de m'aimer toujours comme moi je l'aimerais jusqu'au dernier moment de ma vie, enfin j'y mis toute mon âme et j'attendis la réponse avec des battements de cœur, car mes amis voulaient partir sous peu et il fallait se hâter.

La réponse vint et me frappa de stupéfaction et de douleur. On regardait mon idée non seulement comme folle, mais comme coupable. Avec un étonnement amer, voici ce que je lisais dans la lettre de ma mère : « Toi autrefois si délicate, si féminine, tu es tellement pervertie par tes malheureuses idées, que tu veux aller loin de nous et te jeter dans les bras d'un homme que tu ne connais pas, etc. »

Devant ces injustes reproches, devant cette manière de comprendre mes intentions si pures, l'indignation me saisit. J'eus une terrible lutte à soutenir en moi-même et je regardai avec une haine profonde cet abîme où le préjugé religieux et social entraîne même les meilleures natures. Si l'homme vertueux, dont toute l'existence n'est qu'une aspiration sérieuse vers l'idéal, ose se détacher de l'Église, ose nier le dogme, sa famille orthodoxe, tout en l'aimant tendrement, lancera l'anathème contre lui et déchirera sa vie par des luttes amères. Si la femme la plus noble, ayant toujours méprisé la coquetterie, ose dire la première à un homme de bien : Unissons nos destinées pour notre idéal commun, doublons nos forces pour réaliser nos convictions, — le préjugé social la considère coupable comme la courtisane qui offre son corps au premier venu. Quant à moi, je me sentais mille fois le droit de briser ces tristes chaînes et de marcher dans ma voie, ne dussé-je y trouver d'autre approbation que celle de ma conscience, d'autre succès que celui d'avoir défendu ma liberté. Mais c'était de ma mère que me venait ce coup, d'elle qui m'avait tant aimée avant que le conflit des opinions nous divisât, et qui m'aimait encore malgré tout. Cela tranchait la question! Je lui répondis que j'étais toujours prête à sacrifier mes désirs à son repos, que je renonçais par conséquent à mon projet. Mais en faisant ces concessions je me réservais à jamais la liberté de mes convictions; aucun pouvoir de la terre ne pouvait me les enlever ni m'empêcher de les suivre, et j'avais cru qu'il lui serait moins pénible de me savoir loin que de me voir vivre avec ces mêmes convictions sous ses yeux. Le professeur écrivit en même temps à ma sœur et lui dit : « Votre sœur est une nature idéaliste qui veut vivre selon son idéal. On peut la détourner de son idée si on la croit imprudente, mais on ne peut entraver son indépendance et encore moins méconnaître la pureté de ses intentions ». Il me montra sa lettre et me témoigna, ainsi que sa femme et Émilie, la plus vive sympathie. Cette dernière me fit la proposition de rester dans l'établissement pour partager avec la femme du professeur les soins de la surveillance, et pour exercer mon influence sur les élèves. Elle m'assurait que les dames du comité et les professeurs trouvaient que j'avais apporté un élément bienfaisant à la vie de l'institut, que les pensionnaires m'étaient déjà très attachées, qu'enfin elle sentait qu'elle avait trouvé en moi l'amie qui lui manquait dans sa vie et dans son activité. J'écoutai tout cela avec une émotion profonde. Pour la première fois, j'eus véritablement conscience d'être devenue une individualité, exerçant une certaine action, et ce sentiment consolant, que j'osais m'avouer sans vanité, sans arrogance, me vint juste au moment où j'avais été si profondément blessée, où ma vie était de nouveau exposée à tous les hasards ; je ne savais en effet que faire, le retour dans ma famille me paraissant plus impossible que jamais. Je reçus donc la proposition d'Émilie avec une vive reconnaissance. Une activité conforme à mes principes, voilà ce que j'avais cherché. Je l'avais imaginée autrement, sur un sol libre, loin des souvenirs amers de la patrie ; ce fut donc avec un douloureux serrement de cœur que je vis partir mes amis pour le Nouveau Monde. Mais j'acceptai le sacrifice en expiation des douleurs que j'avais causées malgré moi à ma mère.

Je commençai ma nouvelle tâche avec un zèle ardent, et j'eus la satisfaction de me voir en peu de temps le centre autour duquel les jeunes filles se groupaient. Une de mes premières mesures fut de mettre en vigueur la division du travail. Je pris sur moi, pour économiser des domestiques, de faire chaque matin moi-même ma chambre. Bientôt je vis tout le monde suivre mon exemple; non seulement l'ordre de la maison s'en trouva bien, mais chacun ressentit l'effet salutaire d'un bon exercice physique au commencement de la journée, exercice qui faisait plus tard doublement goûter le recueillement du travail intellectuel. En outre, il fut décidé, parmi les internes de la pension, que nous laverions nous-mêmes notre linge fin, pour économiser le blanchissage. Nous nous réunissions chaque semaine une fois dans ce but, et pendant que les mains frottaient le linge, on discutait les sujets des cours ou des questions importantes, et de cette façon l'ouvrage manuel avançait parfaitement. Le plus beau résultat de cette vie en commun était la suppression de toutes les futilités, de tous les intérêts mesquins qui occupent ordinairement les femmes, surtout lorsqu'elles sont réunies, et qu'on leur reproche si souvent avec raison. Notre vie était trop remplie pour laisser de la place à la frivolité. Nous faisions le travail manuel dans l'intérêt de l'œuvre commune, et nous ne nous en trouvions pas humiliées, parce que le travail le plus humble, lorsqu'il est l'accomplissement d'un devoir, honore l'homme. Mais nous n'y attachions pas plus d'importance qu'il ne faut, car nous avions quelque chose qui remplissait notre vie, nous ouvrait de nouveaux horizons. Je voyais les changements les plus extraordinaires et les plus salutaires s'opérer dans les caractères. Des mères me disaient que leurs filles devenaient tout autres et gagnaient en équilibre; les plus studieuses, celles qui avaient jusqu'alors dédaigné le travail manuel, devenaient pratiques; les légères commençaient à réfléchir, les paresseuses à travailler, et tout cela sans effort; c'était un courant qui les entraînait vers le bien.

Les professeurs, si incrédules au commencement, s'enthousiasmaient peu à peu pour leur tâche. Ils trouvaient chez les femmes une participation beaucoup plus active aux études qu'ils n'en avaient jamais trouvé dans leur auditoire masculin, et les questions dont on les assiégeait après les conférences leur montraient bien qu'ils n'avaient pas parlé dans le vide.

La vie de l'institut ne se bornait pas aux cours et aux occupations domestiques; il y avait en outre, chaque semaine, une réception où se réunissaient les amis de l'établissement. Dans ces soirées régnait un ton animé, libre sans excès, intellectuel sans affectation. La jeunesse entourait les gens d'âge pour apprendre en les questionnant et en les écoutant. Les adultes se prêtaient avec intérêt à des entretiens où on leur demandait de donner ce qu'ils avaient de meilleur. Tous les gens de quelque distinction intellectuelle qui passaient par la ville se faisaient présenter à ces soirées, et plus d'une fois des poètes et des gens de lettres y lurent leurs productions avant de les soumettre au public. Mais ce qui était surtout intéressant, c'étaient les discussions qui avaient lieu de temps à autre. On choisissait une importante question sociale et quelqu'un ouvrait la discussion en la posant à son point de vue. Chacun y prenait part, donnait son opinion, et ainsi les femmes et les jeunes filles, même les plus timides, s'accoutumaient à parler franchement devant un auditoire, et à se défaire de cette fausse honte qui empêche si souvent de belles et bonnes choses d'être dites.

Certes, ma vie était déjà bien occupée dans l'institut même, mais je fréquentais aussi les réunions de la commune, qui avaient lieu le dimanche matin et une fois par semaine le soir. Ces dernières réunions étaient destinées à la conversation, à la lecture, à la délibération des affaires de la commune. Les ouvriers y venaient avec leurs femmes et leurs enfants, et s'asseyaient à la même table que les riches. On causait ensemble comme entre égaux. On discutait des sujets politiques, religieux, scientifiques; les femmes prenaient chaleureusement part aux débats, et c'étaient souvent leurs observations raisonnables qui l'emportaient.

L'idée principale qui occupait alors la commune était la fondation d'une école laïque, ouverte aux enfants de la commune et aux autres quels qu'ils fussent, juifs ou chrétiens. On nomma une commission pour organiser cette école. Cette commission devait être composée de trois hommes et de trois femmes. L'élection se fit par suffrage universel, chacun écrivant les noms sur un morceau de papier. Quand ils furent lus, le mien fut répété tant de fois que j'en étais toute confuse. C'était la première fois que je m'entendais nommer publiquement, et quoique je fusse prête à faire tout mon possible pour être utile, j'étais encore très craintive lorsqu'il s'agissait de me mettre en avant et de donner une opinion quelconque en public. Lorsque notre pasteur m'annonça que j'étais élue membre de la commission, j'aurais voulu refuser, car je ne me sentais pas compétente. Une école demande, outre les principes, beaucoup de connaissances pratiques. Mais on me pressa si amicalement que j'acceptai et remerciai la commune de la confiance qu'elle avait bien voulu mettre dans une personne qui n'avait encore rien fait pour la mériter. Mes deux collègues étaient des femmes d'un grand mérite. Le pasteur, un membre de la commune et notre professeur du collège formaient le reste du comité. Cette nouvelle charge m'apporta de nouveaux devoirs, mais des devoirs qui me furent chers, car j'y pouvais acquérir de grandes connaissances pratiques et aider à réaliser encore de nouveaux principes. Une des premières choses qui nous occupèrent fut la question de la rétribution scolaire proportionnelle. L'école devait se suffire, mais nous trouvions juste que le riche payât davantage pour l'éducation de son enfant que le pauvre, tandis que celui-ci serait admis aux mêmes bienfaits de l'éducation. On fixa un maximum pour le paiement annuel, mais pas de minimum; il fut convenu qu'on s'en remettrait à l'impartialité de la commission.

Une seconde innovation fut celle des classes élémentaires mixtes. Après de longues discussions, il fut décidé qu'on séparerait les sexes dans les classes supérieures, tout en donnant la même instruction aux filles et aux garçons. La religion était complètement exclue de l'enseignement; c'était l'affaire des parents. L'école ne devait donner que les connaissances élémentaires, puis secondaires, et développer le sens moral en enseignant les devoirs de l'homme et du citoyen. Outre les connaissances élémentaires, on insistait surtout sur les mathématiques, les sciences naturelles, l'histoire et les langues modernes; les langues mortes n'étaient pas obligatoires.

Je me chargeai encore d'une autre tâche utile. Les dames qui présidaient le collège faisaient partie en même temps d'une vaste association de secours. J'en devins membre et j'eus un certain nombre de familles pauvres à visiter. Que de misères je vis alors dans cette cité opulente! quelle dégradation morale! — Sans m'en douter, je passais un jour par une rue habitée presque entièrement par des filles publiques. J'en vis à demi nues, les yeux hagards, les joues flétries, à une fenêtre ouverte, regardant les passants avec un rire effronté. C'était la première fois que je voyais ce triste spectacle, je sentais une pitié infinie m'envahir le cœur pour les malheureuses que la misère et les mœurs de la société poussent à l'abîme. Mon indignation éclata surtout lorsque j'appris que ces pauvres créatures devaient payer une taxe à la ville pour exercer leur hideux métier. Ainsi l'État profitait de l'avilissement de la femme, de ce cancer de la société, qui est la ruine de la vie de famille et un outrage à toute affection pure et vraie! Un désir immense de diriger mes efforts de ce côté, de prêcher à ces malheureuses une nouvelle morale du travail, celle qui honore l'homme, s'éveilla en moi. Mais je comprenais qu'il fallait d'abord préparer le terrain pour cette question comme pour les autres, en réalisant l'indépendance économique de la femme par une meilleure éducation. La solution ne pouvait venir, ici comme ailleurs, que du fond même des choses. Comment faire une révolution morale dans des États qui protègent l'immoralité, rejettent toute l'infamie sur les victimes de la misère et de l'esclavage, tandis que les vrais malfaiteurs sont au nombre même de ceux qui dictent les lois et gouvernent ces États?

Mes jours étant remplis, il n'y avait plus de temps pour de vains regrets et d'amères réflexions. Je vivais d'une vie conforme à mes principes et je sentais mes facultés pratiques grandir avec leur libre exercice. Une paix profonde régnait dans mon cœur. Un soir, regardant à ma fenêtre la nuit tranquille et étoilée, et repassant ma vie en pensée comme j'avais chaque jour coutume de le faire, je me dis : « Oui, je suis de nouveau heureuse ».

Une lettre de *la petite* m'apprit vers ce temps-là que, sur les sollicitations de son père et de personnes influentes, mais surtout pour de graves raisons de santé, on avait remis à son frère la moitié de sa peine. Après un an et demi il était sorti de prison et on l'attendait. Quelque temps après j'appris par une lettre de ma sœur qu'il était arrivé, et que la famille avait reçu en outre la visite d'une jeune dame qui, disait-on, devait épouser le prisonnier libéré. Je savais qui c'était; *la petite* m'avait écrit qu'ils attendaient la correspondante de la prison. Ces nouvelles firent passer une ombre sur la sérénité qui régnait dans mon cœur. Je me replongeai d'autant plus dans mon activité, et j'eus le plaisir de pouvoir annoncer une nouvelle pensionnaire à l'institut. Mon amie de Berlin, Anna, m'écrivait qu'elle se sentait tellement attirée par tout ce que je disais du collège, qu'elle voulait y venir pour rendre aussi sa vie utile. Elle arriva après avoir été voir *la petite*. Elle y avait fait la connaissance de Théodore et elle était frappée de son esprit, de sa poésie, de toute son individualité séduisante. Je m'informai du mariage. Elle me raconta que tout était fini, que cette jeune fille si attrayante dans ses lettres manquait absolument de charme personnel; non seulement elle n'était ni belle ni jolie, mais elle n'avait aucune grâce dans ses manières, parlait un dialecte désagréable; enfin, autant ses lettres la faisaient admirer, autant il était impossible d'en devenir amoureux. Cela avait été naturellement un grand désappointement. En prison Théodore s'en était fait un idéal, maintenant il trouvait impossible de s'unir à elle. Tout le temps qu'avait duré cette visite si ardemment désirée, on s'était senti peu à l'aise dans la maison. Après le départ de la jeune personne, Théodore était allé aux bains de mer, parce que sa santé s'était gravement altérée dans la prison. Cette dernière nouvelle me chagrina beaucoup, mais le premier récit me donnait une certaine satisfaction. Non que je crusse encore pouvoir renouer le lien rompu, mais je voyais avec un contentement dont je n'étais pas maîtresse qu'aucune des affections qu'il avait ressenties depuis notre séparation n'avait rempli son cœur comme l'avait fait un jour son amour pour moi.

Le temps vint d'élire les maîtres et maîtresses pour l'école de la commune. Tous les travaux préliminaires étaient terminés ; la maison était louée, un grand nombre d'élèves étaient annoncé. Il y avait aussi beaucoup d'aspirants aux places d'instituteurs. Le choix était soumis au suffrage de toute la commune, la commission n'avait qu'à proposer. Les aspirants devaient exposer, devant la commune entière, leurs idées sur l'école libre et faire une leçon sur un sujet quelconque à une classe. Quelle ne fut pas ma surprise lorsque je reçus une lettre de *la petite*, disant que son frère avait envie de concourir pour la place de maître des classes supérieures. La carrière des lettres et de la presse lui étant fermée, puisque la parole n'était plus libre, le service de l'État étant impossible sous la réaction, il ne lui restait que l'activité dans les communes libres, auxquelles il appartenait depuis longtemps par ses convictions. Je fus bien émue de penser qu'il venait, pour ainsi dire, à moi, afin de se créer un nouvel avenir. Mais en même temps je résolus de le revoir avec toute la sérénité d'une âme qui avait su retrouver son équilibre. Je répondis à *la petite* que son frère n'avait qu'à venir prendre part au concours et que je ne doutais pas qu'il serait reçu.

Mon amie Anna s'était attachée de plus en plus à moi. Je l'aimais aussi tendrement, mais j'avais encore d'autres devoirs, et je ne pouvais lui donner cette affection exclusive qu'elle demandait. C'est alors qu'elle se prit d'amitié pour une jeune fille qui était depuis peu dans la pension et qui avait une nature souple, insinuante et douce. Celle-ci, Caroline, devint bientôt l'ombre d'Anna, et on ne les voyait plus l'une sans l'autre. Anna, depuis plusieurs jours, était malade et Caroline veillait constamment près de son lit. J'avais dû sortir l'après-midi pour voir mes pauvres et je ne revins qu'à la nuit tombante, fatiguée et attristée du spectacle des misères dont j'avais été témoin. En rentrant, la servante me dit qu'il y avait un étranger chez Anna. Je devinai tout de suite qui cela pouvait être et je ressentis une émotion violente. Mais, rassemblant tout mon courage, j'entrai avec calme dans la chambre. Quelqu'un était assis devant le lit, je ne le reconnus que trop bien. Théodore se leva et vint au-devant de moi. Je lui souhaitai la bienvenue et nous nous mîmes tranquillement à causer. Mais plus je paraissais tranquille, plus j'étais émue. Je ne l'avais pas vu depuis le jour où il suivait le cercueil de sa mère, et entre ce jour et celui où je le revoyais il y avait eu la prison pour lui, l'exil pour moi, et combien d'angoisses et de luttes. Sa présence me faisait sentir que je l'aimais toujours; mais j'étais de nouveau assez maîtresse de moi pour être sûre de ne jamais lui laisser voir dorénavant autre chose qu'une amitié franche et libre pour ses qualités distinguées, que je ne pouvais m'empêcher d'apprécier. Il se lia bientôt étroitement avec le prédicateur, qui apprit seulement alors que Théodore était l'auteur du livre contre le dogme chrétien dont j'ai parlé, livre qu'il avait écrit à l'âge de vingt-deux ans, à l'époque de notre plus fervent attachement. Le prédicateur dit que ce livre avait eu une grande influence sur lui et qu'il était enchanté d'en rencontrer l'auteur. Émilie était également charmée de faire sa connaissance.

Théodore n'était venu d'abord que pour quelques jours, afin de voir lui-même si notre vie lui plairait assez pour se décider à s'y associer. Pendant ce court séjour, il fut parfait avec moi, franc, attentif, amical. Le monde me parut de nouveau plus beau sous l'irrésistible charme de son esprit, et je sentis que si je pouvais jouir de la communion de cette intelligence profonde et poétique, la vie me serait douce, même si je ne possédais plus son cœur.

Je fis tous mes efforts pour disposer la commune à son élection, en parlant de ses grandes qualités, des souffrances qu'il avait endurées pour ses convictions, des dons pédagogiques que je lui croyais. Lorsqu'il fut de retour, le terrain était préparé. Émilie l'avait logé dans sa maison, qui était à deux pas du collège. Il venait nous voir chaque jour, assistait à plusieurs cours et passait presque toutes les soirées avec nous. Le prédicateur l'avait prié de débuter d'abord dans la commune en parlant à sa place le dimanche matin. Quelle sensation douce et mélancolique à la fois de le revoir parlant à une commune, comme je l'avais vu pour la première fois, lorsque nous étions encore, lui et moi, fidèles à la tradition. Alors il s'adressait à une assemblée chrétienne, maintenant à un auditoire libre; et nous, devenus libres penseurs l'un par l'autre, séparés longtemps, et après tant de douleurs personnelles, nous nous retrouvions réunis pour une activité commune.

Son discours fut beau, il fit une impression très favorable. Ce n'était plus l'ardeur poétique du jeune apôtre d'autrefois, entrevoyant un idéal éloigné et prêchant un royaume de Dieu sur la terre : c'était le calme de l'homme éprouvé, qui connaît les pouvoirs terribles avec lesquels la pensée doit lutter, et qui est prêt au travail d'abnégation nécessaire à la marche lente du progrès.

Le jour de l'élection vint. Les autres maîtres et maîtresses étaient déjà nommés, il ne restait qu'à élire le premier maître, qui devait aussi être membre du comité administratif. Le soir arrivé, la commune se réunit presque tout entière. Le comité était réuni sur la tribune, et devant nous, sur une table, était l'urne qui devait recevoir les votes. Une classe d'enfants était réunie de même sur la tribune pour l'épreuve pratique. Deux autres candidats se présentèrent les premiers, ils furent vivement approuvés. Puis vint le tour de Théodore, qui lut le mémoire qu'il avait fait. La question de l'école libre y était résolue au point de vue pratique et au point de vue théorique. Une fois des écoles, telles qu'il les décrivait, établies partout — la vraie révolution serait faite, c'est-à-dire le développement intellectuel et moral qui doit mener les peuples au *self-government* et à l'exercice de ses devoirs, serait commencé.

L'épreuve pratique fut ravissante. Les enfants, qui ne l'avaient jamais vu auparavant, étaient tellement charmés, qu'ils s'empressaient de répondre et ne voulaient plus s'arrêter. Les votes furent jetés dans l'urne, le prédicateur les lut et les compta. Je vis à son sourire satisfait quel serait le résultat. En effet, il déclara Théodore élu à une grande majorité. La même semaine, l'école s'ouvrit et il débuta dans sa nouvelle carrière. Il ne restait maintenant qu'à lui faire octroyer le droit de cité, car, quoique Allemand, il était considéré comme étranger dans cette ville, qui avait son gouvernement autonome.

Malgré ce succès, des ennuis profonds commençaient à troubler notre vie intime. L'égoïsme d'Anna s'accentuait sous l'influence de Caroline. Si elle était restée seule avec moi, elle se serait mise sérieusement à l'étude et se serait dévouée à la vie commune; maintenant, soutenue dans sa faiblesse, elle se laissait aller à ses penchants de mollesse, suivait irrégulièrement les cours, se levait tard, s'isolait du reste des pensionnaires dans sa chambre, où Caroline l'entourait de soins et lui préparait même toutes sortes de friandises, pour la dédommager de la simplicité de notre cuisine. J'avais coutume de passer une heure le soir chez elle, dans sa chambre. Théodore y venait aussi presque chaque soir. Caroline, qui réclamait pour Anna toutes les douceurs, toutes les admirations, voulut aussi que Théodore lui fût exclusivement dévoué. Toutes les deux le soignèrent et le gâtèrent d'une manière servile, ce que je n'avais jamais fait. J'estimais trop ce que j'aimais pour en faire une idole, et je dédaignais les câlineries par lesquelles les femmes cherchent à se rendre indispensables, ces futilités qui captivent quelquefois même les hommes les plus distingués. Il y a loin de là aux attentions qu'inspire l'amour vrai, et qui ne s'adressent jamais qu'à ce qu'il y a de plus noble dans l'homme, tandis que les autres flattent la vanité, les faiblesses.

Ce qui m'affligea, c'est que Anna et Caroline firent en sorte que mes visites du soir parussent une attention pour Théodore. Cette manière d'être troubla bientôt sensiblement ces relations intimes et me chagrina beaucoup. Je m'abstenais souvent le soir d'aller chez Anna, je restais seule dans ma chambre à travailler, ou bien je rejoignais le reste du cercle domestique, qui commençait à se plaindre de l'esprit de coterie introduit par les deux amies. Je n'en ressentais pas moins un profond regret de ne pouvoir m'associer à ces conversations intimes, dominées par le charme puissant de l'intelligence de Théodore, et j'éprouvais une grande amertume contre Anna et Caroline, qui allaient même jusqu'à me cacher les visites qu'elles lui faisaient.

Le nouvel an approchait. Nous avions arrangé une fête vraiment démocratique pour la Saint-Sylvestre. Plusieurs familles d'ouvriers, appartenant à la commune, furent invitées pour ce soir-là. Au souper, j'étais à côté d'un charpentier que je connaissais et que j'estimais beaucoup. C'était un homme distingué, qui avait longtemps travaillé à Paris, avait connu Bœrne et assisté aux lectures que celui-ci faisait aux ouvriers allemands établis à Paris. Sur son lit de mort, Bœrne lui avait adressé ces paroles : « Les ouvriers allemands m'ont-ils compris ? » A quoi il avait répondu affirmativement. Retourné à Hambourg, sa ville natale, il avait vécu pour la propagande de la liberté et avait montré, par son exemple, ce dont l'ouvrier est capable en dehors de son métier, pour son propre développement et pour celui des autres. Depuis la fondation de la commune libre, il en était membre. C'était toujours pour moi une vraie joie de m'entretenir avec cet homme instruit et éclairé, au cœur chaud et honnête, ennemi de la tyrannie et de l'injustice sous quelque forme qu'il les rencontrât. Sa femme était digne de lui, c'était une républicaine. En 1848, on avait mis son mari en prison. Elle était allée demander sa liberté au magistrat en disant : « Je ne demande pas de grâce, je demande la justice, car il n'est pas coupable. » Tels étaient les ouvriers allemands d'alors, et cet exemple n'est pas isolé ; tel était mon voisin au souper de la veille du nouvel an. Après le repas, Théodore nous lut *les Albigeois*, le poème épique de Lenau, de ce malheureux poète qu'un sort affreux avait enlevé à la fleur de l'âge. Ces nobles vers, racontant un martyre, touchaient une corde dans nos cœurs à tous, mais moi j'étais particulièrement émue en les entendant réciter par cette voix mélodieuse qui avait si souvent fait vibrer mon cœur, et à la vue de cette figure pâle et expressive, qui semblait appartenir à un des martyrs dont il lisait l'histoire.

La lecture terminée, j'entrai dans la chambre voisine pour calmer ma profonde émotion. J'entendis quelqu'un s'approcher, et en me retournant je vis que c'était Théodore. — Nous nous regardâmes, et dans ce regard il y avait l'expression d'un lien plus élevé que l'amour personnel, lien qui unit les hommes à jamais à travers les distances et les siècles : l'amour de l'idéal. Les paroles étaient superflues, et d'ailleurs un entretien devenait impossible, car d'autres personnes survinrent. Dès lors, l'amertume qui s'était momentanément introduite dans nos rapports cessa, il ne restait qu'une triste, mais une sainte paix.

Quelque temps après le nouvel an, la réponse concernant le droit de séjourner dans la ville et d'y exercer une fonction civique arriva. Elle était négative. On disait que des raisons de haute politique interdisaient un séjour prolongé et l'exercice d'une fonction publique à un homme qui avait été condamné pour crime de lèse-majesté. En même temps on envoyait à Théodore l'ordre de quitter le territoire de la ville. Nous étions tous consternés. La commune était en émoi. C'était le premier signal de l'approche du danger, la réaction voyait d'un mauvais œil ces petites agglomérations, pratiquant une liberté qu'on ne voulait plus tolérer nulle part. Certes, ce n'était pas le gouvernement de la ville libre qui avait imaginé ce refus. On avait demandé les ordres d'un État plus puissant, celui où Théodore avait commis son délit de presse, et on avait obéi. Les hommes les plus influents de la commune firent toutes les démarches possibles, donnèrent toutes les garanties — ce fut en vain. Je fis aussi une démarche désespérée : je demandai une audience au personnage le plus haut placé dans le gouvernement. Elle me fut accordée. C'était un vieillard poli et doucereux. Je lui dis que je connaissais intimement la famille de Théodore, que ce dernier ne pensait plus, pour le moment, à s'occuper de politique et n'aspirait qu'à se dévouer à l'instruction de la jeunesse. Le vieillard, avec un fin sourire, me fit observer que c'était peut-être plus dangereux que tout le reste; « car ces jeunes gens, dit-il, faussent même l'histoire et les faits établis pour propager leurs idées. » Puis prenant un air de bienveillance, il ajouta : « Je vous assure, mademoiselle, que ce n'est pas de nous que viennent les difficultés. On a dit de nous que nous sommes un gouvernement maternel; nous n'aurions donc rien refusé. Des raisons supérieures nous contraignent de vous dire qu'il n'y a aucune espérance. »

Force fut donc pour moi de laisser ce vieillard maternel et de m'en retourner tristement à la maison. Émilie, de son côté, avait aussi tenté tout ce qui était possible et avait également échoué.

Théodore fut profondément affligé de cet échec. Il en parlait peu, mais on voyait bien au sourire amer qui effleurait ses lèvres, à sa pâleur mortelle, qu'il comprenait maintenant seulement sa situation. La patrie lui était fermée, la dernière activité qui eût encore été possible lui était interdite. Que restait-il? — L'exil. Avec ses capacités et à la fleur de l'âge, l'exil n'eût pas encore été le plus grand des malheurs; mais ce coup inattendu révéla soudainement un état morbide dont le germe s'était développé dans la prison, germe qu'aucun de ses amis, pas plus que lui-même, ne croyait si avancé ni si grave. Puisqu'il fallait partir, car toutes les ruses que nous inventâmes pour retarder son départ ne pouvaient pas l'empêcher, la première chose à faire était une cure sérieuse et des soins prolongés donnés à sa santé. Il se décida à aller dans un établissement hydrothérapique à Stuhr, dans le Mecklembourg. Il fit ses adieux à l'école, où il eut la satisfaction de se voir vivement regretté par les élèves. Puis il s'éloigna et je sentis de nouveau une corde se briser dans mon cœur. Peu de temps après, n'entendant plus parler de lui, je me décidai à lui écrire, en lui disant que je sentais qu'il me devait trop d'estime et d'amitié pour ne pas me donner de temps en temps de ses nouvelles, sachant quelle part désintéressée je prenais à jamais à tout ce qui le concernait. Il répondit comme il le fallait avec une franche et pleine amitié. Dès lors notre correspondance fut rétablie ; mais les nouvelles qu'il me donnait de sa santé devenaient peu rassurantes. J'écrivis en secret au docteur de l'établissement et lui demandai de me dire franchement son opinion sur le malade. Après avoir constaté la nature du mal, il terminait par ces paroles : « Puisque vous me demandez la vérité, je crois vous dire que je ne peux même plus vous garantir des années de vie pour votre ami. Il ne s'agit plus que d'un développement plus ou moins rapide du mal vers une fin inévitable. »

Je restai longtemps, cette lettre à la main, sans oser même relire ces lignes funestes. A la fin je sortis faire une promenade solitaire, le long d'un ruisseau caché sous des buissons et des arbres. Le printemps était dans toute sa splendeur, les fleurs embaumaient, les oiseaux chantaient à pleine voix. Moi seule dans cette riante nature, j'avais un poids terrible sur le cœur. Le temps était passé pour toujours où je cherchais à me soulager par des confidences. D'ailleurs, qui aurait pu comprendre la profondeur de ma souffrance? A la nature seule, de tout temps ma confidente la plus intime, j'osais demander : Est-ce le dernier printemps qu'il voit? Et puisque l'espérance se taisait, des larmes silencieuses tombèrent dans le ruisseau et furent emportées dans le lointain mystérieux où tout se perd, la jeunesse, l'amour, l'espérance, la douleur et — à la fin — l'individualité même.

Il fallait choisir un maître à la place de Théodore. Les autres candidats étant repartis, je pensai au *Démocrate*, l'ami dévoué avec qui j'étais toujours en correspondance. Il était sans situation, parce qu'il était trop républicain pour se plier à un gouvernement réactionnaire quelconque. Je lui écrivis, il accepta avec joie, arriva, fut élu, et comme il n'avait jamais été officiellement compromis, il n'y avait aucun prétexte pour lui refuser un permis de séjour. J'avais donc de nouveau un ami près de moi, et je vis bientôt avec un inexpressible plaisir qu'il s'attachait à une de nos internes, une personne aimable et distinguée, pour laquelle j'avais une grande affection. Elle fut sensible à son attachement, et vers la fin de l'été nous eûmes le plaisir de les voir fiancés. A part le chagrin profond que je portais dans mon cœur, cet été fut très beau sous le rapport intellectuel. Un nouveau professeur venait de s'associer à notre collège, un homme aussi distingué qu'aimable. Il était naturaliste et nous faisait des cours de géologie et de chimie. Malgré son esprit scientifique, il avait une nature profondément poétique, et lorsqu'il nous parlait de l'atome de carbone qui voyage à travers l'éternité de la matière, pour se combiner tantôt dans le cerveau du génie qui crée des œuvres immortelles, tantôt dans le calice d'une fleur qui enchante par ses parfums — il s'exprimait de manière à nous transporter d'enthousiasme. Un monde d'idées nouvelles s'ouvrait à moi; je croyais enfin entrevoir la solution des questions fondamentales de la vie. « L'éternité de la matière », ce mot ne m'effraya point, moi qui ne croyais plus à l'éternité individuelle. Un principe éternel était assuré, et la matière, si profondément humiliée par la doctrine chrétienne, ressuscitait de sa tombe ignominieuse en triomphe et disait : « C'est moi qui suis le principe des choses, et l'individu n'est qu'une manifestation passagère de mon éternité. »

J'envoyai de longs résumés de ces cours à Théodore pour le faire participer à la jouissance qu'ils me donnaient. Lorsque vinrent les vacances pour le collège et pour l'école de la commune, je me sentis fatiguée, j'avais le désir de faire quelque chose pour ma santé. Notre médecin me prescrivit une cure à l'établissement hydrothérapique où se trouvait Théodore. J'avais un profond besoin de le revoir encore une fois, sachant ce que je savais. Anna et Caroline me détournèrent de faire ce voyage. Je ne pouvais leur expliquer ma secrète raison, le médecin ayant exigé la plus stricte discrétion. Aussi, en face de la séparation éternelle, que m'importaient les scrupules oiseux, même de mes proches. Je partis donc pour Stuhr; la ville est située au bord d'un joli lac entouré de collines et de bois. J'arrivai avant le dîner. Le médecin me reçut et me confirma ce qu'il m'avait écrit. Dans la salle à manger je trouvai une assez nombreuse compagnie. Théodore était assis au haut bout de la table. Je lui avais écrit que je viendrais, il n'était donc nullement surpris; il vint à ma rencontre et me serra la main. J'avais peine à cacher mon émotion en le voyant, tellement il était changé. Le médecin me prescrivit une cure sévère qui devait me prendre beaucoup de temps, et en outre il me recommandait une oisiveté complète pour reposer mes yeux; enfin, avant tout, une parfaite tranquillité d'âme; je devais éviter tout souci. Sous ce dernier rapport, je ne pouvais malheureusement pas lui obéir. Mon affection pour Théodore ne me laissait pas de trêve, quand je le voyais pâle, défait, allant au-devant d'une mort prématurée; triste et silencieux dans sa chambre, il restait seul des heures entières, absorbé par la souffrance et la grande lutte de la résignation, si difficile quand l'âme est encore pleine de jeunesse, de poésie, d'idées d'avenir. Quel impétueux désir je sentais de lui dire : « Reconnais-moi donc enfin pour ce que je suis, pour cet être fraternel que toi-même tu t'es attaché avec des liens si forts qu'ils ne peuvent plus se rompre. Je ne te demande rien que de me laisser t'accompagner encore, comme une sœur, sur ce sombre chemin que tu suis maintenant, car il serait digne d'êtres comme nous, de boire ce calice ensemble. »

Je m'abstins. Je ne voulais pas toucher à sa liberté, même dans ces tristes circonstances, et je souffrais à côté de lui en silence. Quelquefois il venait me chercher pour aller voir un des jolis endroits qui bordent le lac, et là il me lisait diverses choses dont il s'occupait alors. C'étaient des heures d'une douceur extraordinaire. D'autres fois il était sombre, farouche même et repoussait avec dureté toute tentative de l'approcher. Un jour, pendant le dîner, on m'apporta une lettre venant d'Amérique, de cet ami inconnu dont j'ai parlé plus haut. Il était aussi l'ami intime de Théodore, et c'était par lui que j'en avais, pour la première fois, entendu parler. Cette lettre en contenait aussi une pour Théodore. Après dîner, j'engageai celui-ci à venir dehors pour lire les lettres de notre ami commun; ces lettres étaient toujours longues et d'un haut intérêt. Nous allâmes nous asseoir dans un petit enclos formé par des rochers couverts de mousse et d'où jaillissait une source. Là, chacun lut sa lettre. La mienne était datée du Far West de l'Amérique, où cet ami se trouvait; il avait l'intention de fonder une colonie à laquelle il prédisait un grand avenir. Le sol et la position pouvaient en faire un centre international très important. Il connaissait les raisons qui m'avaient empêchée d'aller en Amérique. « Triomphez maintenant de ces difficultés et de ces scrupules, écrivait-il, et venez. Mais je sens que je ne peux pas vous appeler dans un pays si lointain, sans vous offrir une protection légitime aux yeux du monde. Venez-y pour devenir ma femme, en nous en remettant l'un et l'autre à notre cœur du soin de donner à ce lien son vrai caractère. » Il décrivait ensuite le voyage que j'aurais à faire, les choses nécessaires que je devais apporter, etc. Puis il ajoutait : « Cette lettre paraîtra terre à terre et remplie de niaiseries à côté de si grandes résolutions, et pourtant, si vous saviez avec quelle anxiété mon cœur attend votre réponse! Si vous vous décidez, amenez-nous des amis. Je pense d'abord surtout à Théodore, qui se remettrait ici du mal que le vieux monde lui a fait. »

Je me sentis rougir d'émotion en lisant cette lettre. En effet, quelle étrange position! Celui que j'avais voulu prendre comme protecteur et comme guide sur la terre étrangère, pour réaliser avec lui mon idéal d'une vie nouvelle, m'y appelait maintenant et me demandait de devenir sa femme. Mais cet appel m'arrivait au moment où le vieux monde m'avait de nouveau enchaînée. Le collège, la commune, dont l'existence, toujours menacée, était devenue une part de ma vie; puis celui qui à côté de moi se mourait lentement sur cette vieille terre; tout me faisait sentir que je ne pourrais pas partir maintenant. Je me retournai vers Théodore. Sa tête était rejetée en arrière et reposait sur la mousse des rochers qui nous servaient de dossiers. Ses yeux étaient à demi clos, et sa figure, d'une pâleur de mort, exprimait une profonde douleur. Il me tendit sa lettre sans dire un mot. Je la parcourus; elle l'engageait à venir, à m'accompagner, nous devions créer ensemble un grand avenir, un centre important dans le développement humanitaire. « Trop tard », dit Théodore enfin d'une voix étouffée. Un seul instant je posai doucement ma main sur la sienne, et une pitié sans bornes inonda mon cœur. Je me répétai involontairement les vers de Novalis :

> Wenn alle untreu werden
> So bleib ich dir doch treu,
> Damit die Treu auf Erden
> Nicht ausgestorben sei [1].

Je ne lui dis rien des conditions dans lesquelles notre ami m'appelait à lui, mais je lui lus toute la partie descriptive de ma lettre. Il me demanda si je partirais. Je lui répondis négativement, je lui dis que je ne voulais pas quitter les occupations auxquelles je m'étais vouée, à moins qu'elles ne me fussent rendues impossibles. Il me donna raison. J'écrivis une lettre dans laquelle j'expliquais ma résolution ; Théodore y joignit quelques mots où il disait : « Comme je voudrais aller te rejoindre ! Mais c'est trop tard. Je ne suis plus qu'un être chétif et malade, l'ombre de ce que je fus un jour. Je ne crois pas que je puisse jamais guérir ni espérer te suivre. »

On peut imaginer avec quels sentiments je lisais ces mots. Las de cette cure qui ne changeait en rien son état, Théodore se décida à partir sans savoir au juste où aller. Mes vacances étaient terminées, on me réclamait au collège où les cours devaient recommencer ; je partis avant lui, dans l'espérance de le revoir sous peu, car il se proposait de passer par Hambourg pour saluer encore une fois tous les amis.

Au collège je fus reçue avec joie. Anna et Caro-

---

[1]. « Si tous deviennent infidèles, je te resterai cependant fidèle, pour que la fidélité ne soit pas éteinte sur la terre. »

line avaient aussi fait un voyage de vacances; elles n'étaient pas encore de retour. Mon professeur de prédilection, le naturaliste, revenait d'un voyage dans l'Allemagne méridionale et nous raconta les trames formées contre notre collège par le parti piétiste, qui avait une forte organisation à Hambourg. Il en avait suivi les traces jusque dans un petit endroit de la forêt Noire, où il avait trouvé, chez un pasteur, des pamphlets sortant d'une imprimerie de piétistes de Hambourg. On y représentait notre collège comme un foyer de démagogie, où des plans révolutionnaires se cachaient sous le prétexte de la science, et on engageait fortement les parents à ne pas y envoyer leurs filles. On nous faisait donc la guerre! L'ignorance et la superstition qui, de tout temps, se sont servies de la religion, s'étaient armées contre nous parce que nous voulions arracher les femmes à leur joug honteux. Le danger me rendait le collège encore plus cher, et je me promis de ne pas l'abandonner et de partager sa destinée. L'orage s'approchait aussi de plus en plus des communes; déjà on en avait dissous plusieurs dans différentes parties de l'Allemagne. En attendant, notre école florissait, et le prédicateur, entraînant son auditoire aux dernières conséquences de la critique, prononça ouvertement le mot d'*athéisme* et prêcha un socialisme idéal et pratique à la place de l'ancien ordre de choses qui, vide de sens, n'était plus qu'une dangereuse erreur.

Peu de temps après mon retour, Théodore arriva. Émilie le reçut de nouveau chez elle; il n'y avait aucun danger qu'on l'empêchât de se reposer quelques jours à Hambourg. Il était content de se retrouver dans notre cercle et passait tous les jours quelques heures au collège, comme avant son départ, se trouvant souvent seul avec moi. Le soir on se réunissait chez Émilie, avec le prédicateur et l'un ou l'autre des professeurs, et l'on y passait des heures charmantes. Théodore retrouvait parfois tout l'éclat de son intelligence et paraissait se décider difficilement à partir. Enfin il fixa son départ; mais la veille du jour où il devait nous quitter, il fit une chute qui ébranla tellement son organisme malade, qu'il fut contraint de garder le lit, et le docteur déclara qu'il ne pourrait partir avant quelques semaines. Ainsi le sort même me laissait encore pour quelque temps sa présence, mais dans des conditions si tristes que j'en avais le cœur navré. Je n'avais plus alors de scrupule à le soigner en véritable sœur de charité. J'allais chaque matin, après avoir rempli mes devoirs au collège, passer une heure près de lui pour le distraire, lui porter des livres et veiller à son confort. Il me laissait faire. Il avait enfin compris que, dans tout grand amour de femme, il y a aussi un amour de mère qui ne demande rien, qui donne tout. Lorsqu'il se sentit mieux, nous passâmes encore plusieurs bonnes journées ensemble. Quand il put quitter la chambre, il m'engagea à faire une promenade en voiture avec lui. C'était par une magnifique journée d'automne. Une sérénité douce et mélancolique passa de la nature dans nos âmes; nous eûmes des entretiens doux et bienfaisants. En retournant vers la maison, il soupira et répéta les mots que Schiller fait dire au marquis de Posa lorsque, sachant qu'il va mourir, il prend congé de la reine : « Oh! reine, la vie est pourtant belle. »

Peu de jours après il partit. Il s'était décidé à aller à Gotha pour consulter un médecin dont les cures faisaient grand bruit. Mais auparavant il voulait passer quelques jours dans sa famille, puis à Bonn, où demeurait une dame avec laquelle il était très lié. C'était une jeune veuve riche et indépendante qui aimait Théodore. J'ignore pourquoi il avait hésité à conclure ce mariage; maintenant, souffrant comme il l'était, il ne pouvait y songer; cependant il désirait la revoir. Puis il avait changé de résolution, car je sus qu'il n'y était pas allé, qu'il était parti pour Gotha après quelques jours passés dans sa famille. — J'en éprouvai une grande satisfaction; son cœur n'appartenait donc pas non plus à cette femme, sans quoi il eût cherché à la voir au seuil même de la mort.

Anna et Caroline revinrent. Le collège était rempli, les cours marchaient fort bien, l'école communale prospérait; de ce côté il ne me restait rien à désirer. Il y avait parmi les jeunes filles qui assistaient aux cours des caractères admirables, des intelligences étonnantes. Elles m'aimaient toutes d'un amour fervent, et je pouvais me sentir heureuse de voir ces forces se développer sous mon égide et avec mon aide. Mais je n'étais pas au bout de mes souffrances du côté d'où m'était venue la plus grande douleur de ma vie. Je reçus une lettre de chez moi qui m'apprenait, entre autres choses, que le père de Théodore, après être resté sans nouvelles de son fils, avait reçu une lettre de Gotha dans laquelle on l'avertissait que Théodore, à peine arrivé, était tombé gravement malade, qu'on avait dû le porter à l'hôpital sans savoir son nom ni son pays; qu'il était un peu mieux maintenant et qu'il faisait avertir sa famille. Le père était parti aussitôt pour Gotha; il avait trouvé Théodore levé, mais trop faible pour sortir de l'hôpital; d'ailleurs il y était si bien soigné que son père avait pu l'y laisser et partir rassuré.

Moi seule peut-être je savais au juste ce qu'était cette grave maladie. Je fus accablée de cette nouvelle, et l'idée de ce malade recueilli dans l'hôpital d'une petite ville, sans amis, sans connaissances, ne me quitta plus ni jour ni nuit. Je lui écrivis et j'eus bientôt la consolation de recevoir quelques lignes, qui parlaient d'un danger passé et d'une faible espérance. Je n'osais pas partager cette dernière illusion; je lui écrivis sur des sujets qui pouvaient l'intéresser et le distraire. J'avais très peu d'argent, rien que mon petit revenu, dont la moitié allait aux pauvres, à la commune, etc.; je ne dépensais plus rien pour moi, pensant que je pouvais raccommoder mes robes au lieu d'en acheter de nouvelles et j'employais cet argent à procurer tout ce qui pouvait être agréable à celui qui exhalait sa vie loin des siens et des affections amies. Le moment était arrivé de soulager sa souffrance par ces petites douceurs, qui sont superflues pour l'être en bonne santé, mais qui deviennent une jouissance pour le malade. Chaque semaine partait un paquet contenant tout ce que je pouvais imaginer. C'était peu de chose, et pourtant s'il avait su comme je me refusais la plus légère récréation pour pouvoir tout lui donner, il l'aurait certainement apprécié. Il le comprit aussi, car ses courtes lettres étaient toujours bonnes et amicales; il parlait du printemps; il espérait alors être assez rétabli pour pouvoir quitter Gotha. Je lisais tout cela avec un déchirement de cœur, et pourtant j'espérais parfois aussi que la jeunesse triompherait peut-être de la mort.

Ainsi revint un autre Noël. On célébra la fête, comme toujours, dans notre petit cercle, mais cette fois la gaieté n'entra pas dans mon cœur. Les dernières nouvelles de Théodore avaient été plus mauvaises. Le nouvel an approchait. Mon angoisse, en pensant à ce pauvre malade que personne n'allait consoler, devint si grande que je ne pus résister au désir d'aller, pour le nouvel an, à Gotha et de voir par moi-même ce qu'il faisait. Je ne confiai le vrai but de mon voyage qu'à Émilie et au *Démocrate*; tous deux m'approuvèrent. Par une froide matinée d'hiver je me mis en route et j'arrivai au but de mon voyage à la nuit tombante. Après être descendue à l'auberge, je me fis conduire à l'hôpital. C'était assez loin de la ville. Il me fallut traverser des rues désertes et silencieuses, puis une longue allée située hors de la ville, bordée des deux côtés par des champs couverts de neige, qui, à la pâle lueur des étoiles, semblaient des linceuls à perte de vue. Dans mon cœur il y avait un calme solennel et profond. Il me semblait que je n'appartenais plus à ce monde et que j'allais chercher l'ombre aimée dans le Hadès, dans l'empire de la mort. Je n'avais plus peur de rien, car je savais que j'obéissais à un commandement sacré dans ces profondeurs de l'âme où toute considération mesquine disparaît. Enfin je vis une maison isolée, dont deux fenêtres seulement étaient éclairées. En entrant je trouvai une vieille femme qui, lorsque je demandai Théodore, se présenta à moi comme sa garde-malade et parut sincèrement ravie que quelqu'un vînt le voir. J'écrivis deux mots sur un chiffon de papier pour lui dire que j'étais là. Il me fit prier de monter tout de suite. Je le trouvai couché sur un sofa; il parut très touché de me voir. Moi je fus toute bouleversée à son aspect, et je me dis que les seuls martyrs ne sont pas ceux qui meurent pour la liberté sur les champs de bataille. Lui aussi était un lutteur qui expirait lentement, tué par les conséquences de la lutte.

Sa chambre était grande et aérée, mais c'était une chambre d'hôpital, et il y était seul, loin de tout ce qu'il aimait. Il n'avait pas encore trente ans, et cependant il paraissait en avoir quarante. Une longue barbe noire faisait ressortir sa pâleur et sa maigreur, et lorsqu'un sourire égayait sa figure, c'était triste à en pleurer. Je lui dis que je n'avais pu me décider à le laisser seul pendant ces jours de fête; il parut affecté, en effet, que personne de sa famille ou de ses amis ne fût venu le voir. Avant mon départ, il me pria de venir passer la matinée du lendemain avec lui, puis l'après-dînée jusqu'à huit heures du soir. Je le quittai et revins à l'auberge, triste et pourtant heureuse, car s'il y a quelque chose dans l'homme qui l'élève au-dessus de la poussière, c'est la pitié, la *caritas* infinie, qui oublie ce qui est personnel, qui embrasse la souffrance, la faiblesse, la déchéance humaine, pour consoler, sauver, pour embellir encore la mort. L'intelligence même la plus vaste a des bornes, de fausses conceptions, des aveuglements. Le grand amour qui est charité, pitié, oubli de tout égoïsme — celui-là seul est infaillible, remonte à une source inconnue et éternelle, et fait du cœur un temple où se célèbrent les mystères de la seule vraie religion, celle qui pardonne et qui sauve.

Le lendemain j'allai à dix heures chez lui. Il avait fait ranger sa chambre; il s'était habillé avec plus de soin. J'avais apporté un ouvrage à l'aiguille, je m'établis vis-à-vis de son sofa, à la table, et je me mis à coudre. Nous causâmes de mille sujets et il s'égaya peu à peu. Ne pouvant lire et encore moins écrire longtemps, parce que sa tête se fatiguait, la conversation seule lui restait. Lorsque je voyais qu'il était fatigué, je me taisais; il reposait alors la tête sur le dossier de son sofa et souvent il fermait les yeux. Je travaillai en silence jusqu'à ce que lui-même reprit la conversation. L'après-midi se passa de même, il me reprocha même d'être venue trop tard. Notre conversation fut des plus animées. Le jour suivant était la veille du nouvel an, il m'invita à rester le soir et à partager son souper. J'avais apporté plusieurs petites choses qu'il aimait pour fêter ce soir-là. La vieille garde-malade, qui m'avait prise en grande affection, m'aida à préparer le repas. Théodore était gai, je tâchais de le paraître et de ne lui rappeler ni par un geste ni par un mot qu'il y avait dans notre passé une souffrance dont il était responsable. Il pouvait se croire avec sa mère. Aussi nous parlions beaucoup d'elle et nos cœurs se confondaient dans son souvenir. Avec ce penchant qu'ont les mourants, lorsque l'avenir se ferme pour eux, de revenir sur les faits du passé, il se rappela les aventures de son enfance, son premier amour pour une petite fille; puis il parla de ses rapports avec sa belle tante, en rendant justice à son intelligence et à ses talents. Il récita des vers d'elle qui étaient vraiment très beaux. « Mais ce qui lui manquait », ajouta-t-il, « c'était un cœur de femme; elle ne pensait qu'à elle-même et elle ne savait pas pardonner. » Il s'arrêta, hésitant à avancer dans ces souvenirs. Je ne l'engageai pas à continuer, mais j'attendis ce qu'il dirait. Alors il me demanda tout à coup si son frère m'avait fait le message dont il l'avait chargé pour moi. Sur ma réponse négative, il dit qu'il lui avait parlé du sentiment qui avait suivi ses rapports avec sa tante, comme ayant été le meilleur sentiment de sa vie et la plus belle fleur de sa jeunesse. C'est avec ces paroles que finissait l'année pour moi. Lorsque j'entendis sonner minuit, quelques heures après l'avoir quitté, je sentis des larmes brûlantes inonder mon oreiller. Je savais que c'était la dernière fois qu'une nouvelle année commençait pour lui, et que, avant qu'elle fût terminée, il ne serait déjà plus qu'un souvenir.

Le matin du jour de l'an, je sortis de bonne heure pour chercher des fleurs. Théodore les aimait tant et m'en avait autrefois si souvent donné, que je voulais lui faire cette surprise. La petite ville ne connaissait pas un luxe pareil : des fleurs au milieu de l'hiver ! Enfin on me dit que le jardinier d'un château situé à une certaine distance de la ville en aurait peut-être. J'y allai, et quelle fut ma joie d'y trouver dans la serre-chaude un pot de jacinthes et un pot de tulipes en fleurs. Le jardinier, d'abord, ne voulut pas les donner, mais je les payai un bon prix et je les obtins. Je les emportai moi-même par une longue route. Un vent glacial soufflait sur les champs couverts de neige; craignant pour mes fleurs, je les entourai de mon manteau et les portai comme j'aurais porté deux enfants, tandis que le vent m'enlevait mon voile et me coupait la figure. Je fus récompensée par le sourire de Théodore lorsque je déposai les fleurs sur sa table, et par la joie avec laquelle il respira les doux parfums qui lui rappelaient tant de sensations délicieuses, à lui, amant aussi passionné que moi de la nature. L'avant-veille de mon départ, Théodore était bien faible, il pouvait à peine parler; une inquiétude fiévreuse le poussait parfois à marcher, puis bientôt épuisé, il s'asseyait tantôt ici, tantôt là. Je réfléchis aux moyens de pourvoir à ses aises lorsque je ne serais plus là. Il n'avait pas de fauteuil; il n'avait qu'un sofa et des chaises ordinaires. Je courus par la ville pour en louer un. Il n'y en avait pas à louer, mais bien un à vendre. J'hésitais un peu; il me restait juste assez d'argent pour payer mon compte à l'auberge et les frais de voyage. Mais quoi? me dis-je, j'irai en troisième classe, je ferai des économies à la maison. Il avait besoin du fauteuil, je l'achetai. Je le fis transporter dans sa chambre, puis j'allai lui dire adieu. Il était très touché, et lorsqu'il me serra la main pour la dernière fois, il me dit d'une voix émue : « C'est à moi de dire au monde que les femmes démocrates ne manquent pas de cœur comme on a voulu le prétendre. » Ce furent les dernières paroles que j'entendis de lui. Je ne pouvais rien lui dire. Mon regard était voilé de larmes, je savais que c'était l'adieu éternel.

Le lendemain, je partis avant le lever du jour. Je me promenais sur le quai de la station en attendant le départ du train. C'était un temps d'hiver d'un froid vif, mais calme; au-dessus de moi brillaient encore d'innombrables étoiles, mais à l'ouest une raie d'un rouge sombre annonçait que le soleil allait paraître pour éclairer de nouveau ce monde où tout passe. Mon cœur était si serré que je ne pouvais pleurer. Je regardais fixement cette raie de pourpre à l'horizon, et une voix au fond de mon cœur demanda avec désespoir : « Que reste-t-il ? » — « Être bon », répondit également une voix intérieure. Je me rattachai à cette idée, et pendant que le train m'emportait, je regardais la splendeur du soleil levant et je répétais, comme un hymne à ce spectacle glorieux : « Être bon, être bon. »

CHAPITRE XX

Dénouements.

L'activité accoutumée reprit son cours. Malgré la sérieuse préoccupation de mon cœur, je m'appliquais avec ardeur à mes devoirs, et les cours et les conversations de notre professeur d'histoire naturelle devinrent pour moi d'une importance immense. Ils me faisaient comprendre les changements nécessaires dans la société humaine, selon les conditions d'après lesquelles la vie des peuples s'est formée, d'après lesquelles les États, les rapports sociaux, les idées religieuses, le commerce, l'industrie, les sciences et les arts se sont développés; la physiologie donnant des bases infaillibles à une psychologie nouvelle et rationnelle. Je voyais partout la relation de cause à effet dont se compose toute l'existence, et par laquelle se résout enfin la longue antinomie entre l'esprit et la nature. Si la liberté absolue est annulée, la responsabilité morale n'en est pas du tout amoindrie, car si chaque action est un résultat, elle est aussi la cause d'une chaîne infinie de conséquences, et lie l'homme à ce grand tissu de l'existence dont le fil ne se rompt jamais. Le principe une fois posé, il nous impose la double obligation de fuir les motifs qui peuvent nous déterminer à de mauvaises actions, et de rechercher ceux qui nous font agir pour le mieux, que ce soit pour nous-mêmes ou pour ceux dont l'éducation nous est confiée. Car, si le libre arbitre n'existe pas, l'obéissance spontanée aux motifs déterminants n'existe pas non plus, mais se prépare ordinairement d'une manière très lente. L'homme conscient est donc responsable des motifs par lesquels il se laisse déterminer et de ceux dont il entoure les jeunes intelligences. C'est cette responsabilité que nous appelons sa liberté, ou en d'autres mots sa faculté de faire prévaloir dans sa vie les motifs déterminant sa volonté pour le bien. C'est dans ce sens que la société devient responsable comme l'individu, et a le devoir de faire prévaloir dans son sein les motifs qui déterminent à bien agir. Une jurisprudence éclairée devrait donc toujours examiner d'abord si la société n'est pas complice du délit commis, si elle a pris soin d'entourer l'individu des meilleurs motifs propres à déterminer ses actions : c'est d'après cela qu'elle devrait condamner ou absoudre.

De graves soucis commencèrent à peser sur nous, au sujet du collège; nous avions des difficultés pécuniaires. On nous coupait les subsides par des machinations de tous genres. Une partie des donateurs de la ville se refroidissaient, c'étaient des caractères faibles qui s'effrayaient des menaces ou cédaient à des insinuations. La liaison intime du collège avec la commune libre donnait aux hommes de l'Église (furieux de ce que les églises restaient vides tandis que la salle de la commune ne suffisait pas à contenir le nombre des auditeurs) un prétexte pour attaquer le collège et lui enlever les sympathies de ceux qui ne veulent pas rompre publiquement avec Dieu. Émilie et moi nous avions de longs et tristes conciliabules. On nous reprochait d'avoir été trop intransigeantes, d'avoir trop ouvertement indiqué notre programme et d'avoir demandé tous les moyens d'éducation pour la femme comme pour l'homme, l'indépendance économique de la femme fondée sur le développement de ses propres forces, l'égalité des droits civils pour les deux sexes. Nous ne regrettions pas d'avoir énoncé clairement ce que nous voulions. Si les temps n'étaient pas encore mûrs pour réaliser notre idée, il valait mieux remettre son accomplissement à l'avenir que de faire un compromis avec le vieux monde. Il y a des natures qui peuvent travailler au progrès tout en ménageant les préjugés, en ne nommant les choses qu'à moitié et en faisant des concessions pour obtenir quelque chose. Ces natures, parfaitement honnêtes, font leur tâche, et elle est utile. Mais il y en a d'autres qui, poussées par la logique irrésistible des principes, doivent se prononcer nettement. Si elles ne réussissent pas d'abord à réaliser leur idéal, elles engagent en sa faveur des sympathies énergiques et sont, par leur propre existence au moins, une protestation contre les formes pétrifiées, qui ne peuvent plus contenir l'esprit d'un temps nouveau. Nos plus chers professeurs étaient d'accord avec nous, quoiqu'ils pensassent avec une tristesse infinie à la nécessité de fermer le collège.

Un soir je me promenais seule au bord de l'immense bassin que forme le fleuve près de Hambourg. C'était dans les premiers jours d'avril; le printemps venait à peine de naître et l'air avait ce mélange de douceur et d'âpre vivacité qui est le caractère des printemps du Nord. La verdure n'était qu'à demi éclose; on respirait cette odeur de la terre humide et fraîche qui s'est récemment délivrée des dernières neiges. Le soleil venait de se coucher et le ciel, d'un bleu pâle et indécis, se couvrait de légers nuages roses, délicats reflets d'une grande lumière passée. Mon cœur, de tout temps ouvert aux impressions de la nature, l'était ce jour-là plus qu'à l'ordinaire. Tout ce qui pesait sur ma vie, toutes les tristes déceptions qui m'attendaient peut-être, passaient devant mon esprit. L'idée de Théodore mourant, surtout, me serrait tristement le cœur. Je savais qu'il n'y avait plus pour lui aucun espoir de quitter l'hôpital, et il le savait lui-même. Dans une de ses lettres il m'avait écrit qu'il venait de nouveau de subir une forte crise, et il avait ajouté : « Ma seule consolation, c'est qu'aucun de ceux qui m'aiment n'était présent pour souffrir avec moi. » Je lui avais fait un reproche de cette manière de voir et je l'avais même prié d'appeler auprès de lui son amie, qui était maîtresse de faire ce qu'elle voulait et n'avait aucun devoir qui la retînt. Son nom n'avait jamais été prononcé entre nous, quoique son attachement pour Théodore me fût bien connu. Maintenant, la pitié que j'avais pour lui avait tellement effacé tout reste d'égoïsme, que je désirais même qu'elle vînt auprès de lui, pour le savoir au moins bien soigné et en présence d'un être aimant. Je lui parlai de la possibilité de la mort, je lui rappelai tout ce qu'il avait été pour lui-même et pour les autres, et je l'engageai à se contenter de la riche part que la vie lui avait donnée, car en peu de temps il avait eu le double de ce qu'elle accorde aux autres. Il me remercia dans sa réponse de lui avoir rappelé ce qu'il avait été autrefois, « car je n'en suis plus que l'ombre et bientôt je cesserai même d'être cela », ajoutait-il.

Le même soir dont je viens de parler, je pris la résolution, si le collège devait se fermer, d'aller m'établir à Gotha, d'y travailler d'une manière ou d'une autre, peut-être en ouvrant une petite école ou en donnant des leçons particulières, et d'y rester tant que Théodore vivrait et que je pourrais lui être utile. En mûrissant ces projets, la nuit me surprit, et lorsque je rentrai je trouvai Anna inquiète de ma longue absence. L'ancienne amitié entre nous s'était tout à fait rétablie. Elle avait compris qu'un sentiment comme le mien est au-dessus du soupçon, de toute fausse interprétation, et elle approuvait désormais tout ce que je faisais. Je lui fis part de mon plan, elle le trouva fort naturel et juste. Le lendemain matin devait avoir lieu un examen à l'école de la commune. Je m'y rendis de bonne heure pour m'assurer que tout était en ordre. Tout le monde était assemblé, on n'attendait que le *Démocrate*, premier maître de l'école, et on s'étonna qu'il fût en retard, lui, l'exactitude même. A la fin il parut. Je vis sur sa figure, ordinairement si calme, si composée, que quelque chose d'extraordinaire venait de le frapper. Il était pâle, défait et fit un effort énorme pour maîtriser son trouble et remplir sa tâche d'examinateur. J'étais inquiète, mais l'intérêt que je prenais à l'école captiva peu à peu mon attention et me remplit de joie à la vue des progrès dont l'examen donnait les preuves.

Pendant une pause, le *Démocrate* me pria de venir avec lui dans sa salle d'étude, parce qu'il avait quelque chose à me communiquer. Lorsque nous fûmes seuls, il se tourna vers moi les yeux remplis de larmes et me dit : « J'ai reçu ce matin une lettre de mon frère » (je savais que son frère était depuis peu à Gotha et allait voir Théodore). « Mort! » dis-je, devinant tout de suite la vérité. Il fit un signe affirmatif de la tête. Nous gardâmes le silence tous les deux. Lui pleurait, mes yeux ne se mouillèrent pas. Le néant s'était fait autour de moi; un silence absolu, un grand vide. Il voulut enfin me donner des détails. « A ce soir », lui dis-je en serrant sa main. Je sortis et pris machinalement le chemin accoutumé. Près du collège je rencontrai Émilie, et lui dis doucement : « Théodore est mort. » Elle en fut affligée; elle l'avait beaucoup aimé. Je ne pouvais écouter ses plaintes, j'allai dans ma chambre pour attendre, dans l'isolement, que la conscience de la vie et du devoir me revînt. Le soir j'appris du *Démocrate* que, jusqu'au jour de sa mort, il n'y avait pas eu d'indices d'une fin prochaine; mais le matin du jour fatal il avait dit : « Si le médecin ne m'aide pas aujourd'hui, ce sera mon dernier jour. » Le médecin était venu le voir et n'avait trouvé aucun sujet de crainte immédiate. Vers l'heure du coucher du soleil, Théodore pria la garde-malade de l'aider à se mettre dans le fauteuil dont je lui avais fait cadeau, et de le tourner vers la fenêtre. Puis il avait regardé fixement la clarté qui mourait et il s'était éteint avec elle, doucement et sans souffrance. La bonne garde-malade lui avait fermé les yeux, l'avait pleuré comme une mère pleure un fils. Le lendemain, l'inspecteur de l'hôpital, à qui j'avais laissé mon adresse, m'envoya, de son côté, la nouvelle de la catastrophe. En apparence je supportai le coup avec fermeté, mais au fond tout me paraissait changé, bien que je fusse préparée. Maintenant seulement je me trouvais en face de la réalité. Cette belle individualité, capable de grandes œuvres, douée de tout ce qui rend irrésistiblement attrayant, était éteinte; ces yeux, dont le feu avait un jour transfiguré le monde pour moi, étaient fermés pour toujours. La douleur la plus aiguë, c'était de ne pas avoir été présente pour l'accompagner jusqu'au seuil de la porte mystérieuse; de n'avoir pas pu recevoir son dernier soupir et recueillir sa dernière pensée. Je me reprochais de ne pas y être retournée avant qu'il fût trop tard. Il aurait fallu le surprendre comme je l'avais fait la première fois, car ne voulant associer personne à sa souffrance, il n'avait appelé personne. Enfin c'était trop tard, tout était fini.

J'étais comme morte à tout retour sur moi-même. Je ne vivais que pour le travail. Plus que jamais je me rapprochai de la classe ouvrière. Je voyais de plus en plus clairement que l'avenir repose sur elle; la révolution purement politique ne m'intéressait plus. Je comprenais qu'elle devait toujours avorter tant que le peuple resterait esclave du capital et de l'ignorance. Je rassemblais souvent chez moi quelques-uns des ouvriers les plus avancés, tels que le charpentier dont j'ai parlé précédemment. Nous discutions les idées que je viens d'indiquer, et nous arrivions à être tous d'accord. Les associations d'ouvriers [1] qui, surtout depuis la révolution, s'étaient rapidement développées dans toute l'Allemagne, prouvaient d'une manière éclatante ce qui pouvait se faire intellectuellement et moralement

---

1. Réunions d'ouvriers non pour le travail, mais pour leur instruction, offrant un local où, le soir, ils pouvaient se rassembler pour écouter des lectures, dessiner, sculpter, etc.

avec peu de moyens par l'association libre. L'association, à Hambourg, moyennant une petite contribution, était arrivée à avoir un beau local où, le soir, l'instruction la plus variée était donnée par des savants et des artistes; il y avait une bibliothèque considérable dont le sociétaire pouvait emporter les livres chez lui, et une caisse de secours où l'ouvrier trouvait une petite avance en cas de besoin. La statistique de ces associations prouvait combien la moralité de la classe ouvrière gagnait à ce développement intellectuel. Les cabarets restaient vides, car la majorité des ouvriers préféraient passer la soirée d'une manière utile que de dépenser leur salaire en bière ou en eau-de-vie.

Croira-t-on que l'esprit de persécution s'acharnait sans relâche contre ces bienfaisantes institutions sorties de l'âme et des besoins du peuple même, ne demandant à l'État ni secours ni protection, ne le gênant pas autrement qu'en lui donnant des sujets plus éclairés, plus moraux. Le premier ministre d'un des premiers États allemands avait dit dans un discours que ces associations étaient « les ulcères de l'État ». On commençait à les supprimer partout. A Hambourg, sous le « gouvernement maternel », elles existaient encore, mais on pouvait s'attendre, aussi bien là qu'ailleurs, à une persécution. Nous décidâmes donc, dans nos discussions avec les ouvriers, de propager secrètement l'idée de l'association si on ne le pouvait plus publiquement. Il n'était pas question d'une conspiration politique, il ne s'agissait que de lier le peuple par la communauté du travail, des intérêts, par les secours mutuels, afin de l'abriter ainsi contre la souffrance et la misère, et de le préparer à la solidarité d'une nation heureuse et libre, lorsque viendraient des jours meilleurs.

En attendant, les menées ourdies contre nous commençaient à produire leur effet. Il devint évident que nous ne pourrions plus continuer le collège. Nous ne voulions pas faire de concessions, ni condescendre à demander des secours, car il nous eût fallu mentir pour les obtenir. Nous résolûmes donc de finir de notre plein gré et dans la plénitude de nos succès, pour prouver que la clôture du collège n'était pas la conséquence d'un faux principe, mais de l'insuffisance des moyens matériels.

L'expérience, en tout cas, était faite; le résultat était parfait. Il fallait maintenant des années pour mûrir la semence. L'idée d'élever les femmes à la liberté complète du développement intellectuel, à l'indépendance économique et à la possession des droits civils, était entrée dans la voie de la réalité; cette idée ne pouvait plus mourir. Nous ne doutions pas que beaucoup de celles qui avaient vu sa première incarnation dans notre collège, en verraient encore le succès complet, sinon en Europe, au moins dans le Nouveau Monde.

Des idées semblables furent exprimées dans les discours que nous firent nos professeurs, à la grande et solennelle réunion d'adieu que nous avions convoquée pour finir, non en vaincus, mais en vainqueurs. Les orateurs étaient si émus qu'ils pouvaient à peine retenir leurs larmes, et je sentais les miennes couler pendant qu'ils parlaient. La tombe de Théodore et celle du collège enfermaient pour moi la jeunesse, l'espérance, le courage joyeux qui croit encore à l'avenir. L'illusion était à jamais évanouie. J'acceptai la vie comme une tâche, mais j'étais fatiguée. Cette question se dressait devant moi : Que faire? Retourner dans ma famille m'était impossible, pour les mêmes raisons qui me l'avaient fait quitter. Si j'avais encore un désir, c'était celui d'aller en Angleterre, où vivait une nombreuse émigration dans laquelle je comptais de chers amis qui m'y appelaient. Mais à la moindre allusion à ce projet dans mes lettres, ma mère était de nouveau si malheureuse, que j'y renonçai cette fois sans trop d'efforts. Je me sentais si brisée d'âme et de corps que je croyais ne pouvoir plus vivre longtemps, et j'étais presque contente en pensant que je pourrais aussi m'ensevelir dans cette grande tombe dans laquelle s'effondraient les aspirations généreuses, la liberté des individus et de la patrie. Je ne pouvais pas rester à Hambourg, quoique mes jeunes amies du collège me conjurassent de continuer à les diriger. N'ayant pas les moyens de vivre indépendante, ne voulant pas demander de secours à ma famille, il m'aurait fallu mener une vie de labeur. Je ne m'en sentais pas la force physique en ce moment. Anna m'offrit de venir à Berlin me reposer chez elle pendant quelque temps, puis d'y décider l'avenir. J'acceptai; malgré la différence de nos natures, elle m'était très sympathique et elle s'était montrée si aimante depuis la mort de Théodore que maintenant le passé était un lien entre nous. Avec elle je savais qu'aucune corde douloureuse ne serait touchée, et je résolus de vivre chez elle pour l'étude seule, dans une retraite complète.

Les adieux à Hambourg furent infiniment tristes et achevèrent de me briser. Le matin de notre départ pour Berlin, Émilie, le *Démocrate*, le prédicateur, beaucoup d'ouvriers, des jeunes filles du collège, s'étaient réunis à la station du chemin de fer et des larmes sincères coulèrent. Aux regrets personnels s'ajoutaient les espérances déçues, la patrie étant retombée sous le joug. Arrivée à Berlin, je m'installai dans une chambre tranquille de l'appartement d'Anna. A proximité d'une bibliothèque excellente, je résolus d'attendre que la vigueur pour le travail me revînt.

Pour me retremper, je recommençai à relire les tragédies grecques. C'était surtout *Antigone* que je lisais avec une admiration toujours nouvelle. Certes, malgré l'état d'infériorité dans lequel les Grecs, selon l'histoire, maintenaient les femmes, les poètes au moins avaient d'elles l'idée la plus haute. Quelle figure que celle d'Antigone, qui brave tous les dangers pour accomplir le devoir, celui que dicte la conscience aux natures d'élite, et qui n'est que trop souvent en opposition avec la loi aveugle, avec le despotisme légal! Le contraste entre l'idéaliste qui enfreint les lois pour bien agir, et l'égoïste à l'âme étroite qui, en prenant à la lettre la loi, ordonne des iniquités, n'a jamais été mieux représenté que par l'Antigone et le Créon de Sophocle. C'est une de ces créations éternelles, parce qu'elles représentent un conflit qui se répétera tant que durera l'histoire humaine. Quelle noblesse dans les réponses d'Antigone! Quelle réponse plus parfaite l'homme moderne qui meurt pour sa cause pourrait-il faire à la tyrannie qui se cache derrière les lois? Si le poète a choisi une femme pour incarner cette idée, n'est-ce pas parce que ces âmes de la Grèce avaient la conception la plus noble de la femme? On n'a qu'à regarder la Minerve dans le *Braccio nuovo* du Vatican, cette tête où la plus haute majesté de la pensée et du caractère s'unit à la beauté pure des formes, pour comprendre que, non seulement les poètes, mais aussi les artistes grecs choisissaient la femme pour représenter la réunion des plus hautes qualités de la nature humaine. J'écrivis un article à ce sujet que j'envoyai à un journal libéral de Berlin. Le rédacteur vint me voir, accompagné de deux messieurs, des démocrates pour lesquels j'avais eu des lettres de Hambourg. Nous parlions des principes et de l'association des classes ouvrières comme nous en avions parlé à Hambourg. C'étaient les seules personnes que je voyais, et cela bien rarement en dehors de celles avec lesquelles je vivais. Je correspondais avec mes amis de Hambourg, avec ceux d'Angleterre et d'Amérique; mais dans les correspondances il n'y avait qu'un échange d'idées et de sentiments, sans la moindre arrière-pensée révolutionnaire. Je n'avais jamais eu confiance dans le succès des conspirations, et d'ailleurs qu'aurait-on pu faire dans un temps où on commençait à persécuter les *Kindergærten*, parce qu'on croyait savoir de source certaine au ministère que les pédagogues préparaient les petits enfants à la liberté! Ceci me fut dit par un employé du ministère, que je vis une fois par hasard.

Un jour je reçus une visite qui me bouleversa profondément. Le plus jeune de mes frères était venu à Berlin comme ambassadeur du gouvernement au service duquel il se trouvait. C'était un homme d'une haute intelligence, de grands talents, mais un aristocrate, un monarchiste absolu et un protestant rigide. Nous avions été très intimes; pourtant il m'avait toujours inspiré une certaine gêne; je ne m'étais jamais épanchée librement avec lui, et depuis nos dernières explications sur la religion, durant la maladie de mon père, toute communication entre nous avait cessé. Je savais par mes sœurs qu'il m'en voulait beaucoup depuis mon adhésion au collège et à la commune libre. Il vint me voir à Berlin. Je lui sus gré de sa visite, que je regardais comme un triomphe de son cœur sur ses préjugés, et je le reçus avec amour. Il me dit qu'il était venu pour me faire savoir avec quel profond chagrin il voyait une sœur qu'il avait beaucoup aimée, lancée dans une direction non seulement fausse, mais funeste et coupable. Il parla d'une lettre de ma mère, du chagrin que lui causait mon projet d'aller en Angleterre, dans la famille d'un homme coupable d'un crime de lèse-majesté. Il me conjura de ne pas faire une chose pareille, qui déshonorerait jusque dans la tombe le nom respecté de notre père. Je lui répondis que j'avais déjà renoncé à cette idée par respect pour ma mère, à laquelle je sacrifiais toujours volontiers mes désirs, s'ils étaient indépendants de mes convictions. Sur cela il commença à me prouver que je commettais une erreur fondamentale en m'arrogeant des convictions sur un terrain en dehors de la portée de la femme.

« La vraie vocation de la femme, disait-il, est de rester à la place que Dieu lui a assignée; auprès de ta mère, dans ta famille sont tes devoirs. Ceux dont tu t'es faite la compagne, quel bien ont-ils fait à l'humanité? Ils ont faussé toutes les questions de justice et de morale, parce qu'ils ont abandonné la seule vraie base, les lois divines, les commandements de Dieu révélés par son divin fils. C'est sur les bases de granit du passé que reposent les monuments du présent et que se construisent ceux de l'avenir. Seuls les hommes à qui Dieu a confié la direction des autres hommes, qui travaillent depuis longtemps à cette œuvre difficile peuvent comprendre et diriger cette œuvre. C'est une vanité coupable, de la part des femmes, de vouloir s'en mêler; elles sortent en cela du domaine que leur assignent la religion et la pudeur. Crois-moi, ma sœur, continua-t-il avec beaucoup d'émotion, il n'y a qu'un seul moyen pour toi de retrouver la vérité : jette-toi à genoux et demande à ton Sauveur de te montrer le vrai chemin. Celui qui est mort pour toi daignera t'écouter. Je t'assure que, moi aussi, je le prie chaque jour pour toi, lorsque seul dans ma chambre je m'unis par la prière à celle qui intercède maintenant auprès de lui pour toi et pour moi. »

Il faisait allusion à sa femme, qu'il avait passionnément aimée, et pour la mémoire de laquelle il avait un culte. Il ne voulut pas se remarier quoiqu'il n'eût été marié que deux ans.

Il continua longtemps sur ce ton. Au commencement, je voulais raisonner avec lui, mais je vis bientôt que c'était complètement inutile. Ses convictions aussi avaient une assise de granit qu'aucun raisonnement n'aurait pu ébranler. Il avait un jour passé par la lutte de la pensée pour se replonger dans la foi, pour accepter la révélation, et dès lors, avec un caractère ferme et fier comme le sien, il n'y avait plus rien à faire. Dans ce qu'il disait il y avait des choses qui révoltaient ma raison et ma fierté, car j'y voyais, derrière l'humilité des paroles, l'intolérance et l'arrogance de l'absolutiste. Mais avec tout cela il me parlait cependant du fond du cœur et il était très ému. Autour de lui se groupaient dans ma pensée l'ombre de mon père, les traits de ma mère, la vie de famille, si douce avant que mes convictions m'eussent isolée. Tout ce passé, qui ne pouvait plus jamais revenir, et les malheurs récents qui venaient de me frapper, saisirent mon cœur avec une telle force que je fondis en larmes. Mon frère en fut presque effrayé et me dit : « Tu es malade et cela explique peut-être tes divagations. »

« Non, lui dis-je enfin, je ne suis pas malade, mais je pleure parce que je vous aime tous tendrement et que je vois que vous ne pourrez jamais user de tolérance ; seule elle pourrait nous unir dans un amour digne de nous. Car je pourrais encore vous sacrifier mon bonheur, mes désirs personnels, mais rien ne changera mes opinions ; je me reconnais le droit d'en avoir, et, même, si je voulais qu'il en fût autrement, je ne pourrais y rien changer, parce qu'il me serait impossible de contraindre ma raison à trouver faux ce qu'elle trouve juste. » Je lui renouvelai pourtant ma promesse de ne pas aller en Angleterre, chose qu'il paraissait surtout redouter, et je le remerciai d'être venu et même de m'avoir parlé comme il l'avait fait, parce que son cœur de frère s'y révélait malgré toutes les choses dures qu'il m'avait dites.

Il était ému et fâché tout à la fois. Cependant il me dit en partant que, si j'avais jamais besoin de lui, je savais où le trouver, que si je manquais de quelque chose je n'avais qu'à le lui faire savoir. Je ne répondis rien à ces offres, mais je jurai dans mon cœur que jamais je n'aurais recours à lui et que je vivrais plutôt du travail de mes mains. Je voulais du moins lui inspirer de l'estime pour ces principes qu'il incriminait, et lui montrer que, si la religion avait canonisé la mendicité, la démocratie, au contraire, proclamait que l'homme doit vivre de son travail et que sa dignité exige qu'il conquière son indépendance par ses propres efforts.

Anna, qui n'avait pas voulu nous interrompre, mais qui avait cependant entendu des discussions vives et des pleurs, entra chez moi dès que mon frère fut parti. En voyant ma profonde tristesse, elle essaya de me calmer par toutes sortes de prévenances. Je sortis, espérant me remettre par une promenade solitaire; c'était ma ressource habituelle. M'éloignant des rues populeuses de la grande capitale, je me dirigeai vers un endroit situé hors de la ville, que je préférais aux autres promenades de la ville. C'était une petite colline sur laquelle se trouvait un enclos, arrangé en jardin, et contenant les tombeaux des hommes du peuple tombés dans la lutte contre l'armée en 1848. La démocratie, au temps de son pouvoir, immédiatement après la lutte, leur avait consacré ce dernier asile, où ils reposaient parmi les fleurs et sous de modestes monuments qui portaient des inscriptions; on lisait entre autres la suivante : « Mourir pour la liberté du peuple, c'est le testament dont nous héritons. » Le tombeau sur lequel étaient gravés ces mots avait été érigé par les ouvriers d'une fabrique à la mémoire de leurs frères qui avaient péri dans le combat. Je m'assis près de cette tombe. La fière capitale, avec ses palais, son luxe moderne, sa riche vie intellectuelle et ses soldats triomphants, s'étend au loin dans la vaste plaine que domine la colline. Tout était baigné dans les flots de lumière du soleil couchant, qui se confondaient avec les brumes légères du ciel du Nord et produisaient un effet splendide. Des bruits confus montaient de la cité populeuse, comme le bruit d'une mer lointaine. Autour de moi, dans ce jardin de la mort, régnait une paix profonde. Le chant mélancolique du rossignol, la légère brise du soir avec les effluves de parfums qu'elle enlevait aux fleurs, troublaient seuls ce repos. Je me croyais toute seule au milieu de ces tombeaux, et je contemplais le spectacle qui se déroulait devant moi, en suivant les réflexions douloureuses qu'avait éveillées la scène à laquelle je venais de prendre part. Ces morts qui reposaient autour de moi avaient-ils obtenu le prix du sang versé? Avaient-ils eu la sanction du succès? Et moi, avais-je pu réaliser les aspirations généreuses dont mon cœur brûlait? Avais-je triomphé des résistances qu'on m'opposait par la raison et l'amour?

— Eux, ils étaient là dans la terre, muets et impuissants, et leurs survivants étaient plus que jamais sous le joug du despotisme, réduits à vivre comme des bêtes de somme. Moi, j'étais seule, condamnée comme une coupable par ma propre famille; mes affections étaient mortes, mon travail était détruit.

— Avaient-ils donc demandé des choses insensées? avaient-ils voulu s'élever sur les ruines d'autrui? — Non, ils avaient simplement voulu émanciper le travail de la malédiction que la tradition fait peser sur lui, depuis qu'elle a été prononcée à la porte du paradis terrestre. Ils avaient demandé des institutions libres pour devenir un peuple libre, fort et heureux. — Et moi, avais-je jamais prêché la destruction de la famille? Avais-je demandé l'émancipation des femmes au détriment des qualités de leur sexe, demandai-je pour elles des manières, souvent très déplaisantes même chez les hommes? J'avais au contraire voulu rendre les femmes plus dignes d'être épouses et mères. J'avais voulu développer leur intelligence, les rendre plus aptes à élever et à instruire les enfants qu'elles mettent au monde. J'avais voulu que la femme, loin d'adopter la rudesse de l'homme, devînt son égale dans l'œuvre de civilisation de l'humanité et l'aidât à devenir meilleur.

Pourquoi donc étions-nous vaincus, les morts et moi? La faute n'en était pas à nous, mais à notre ennemi commun, le despotisme dans l'État et le despotisme dans la famille. Je voyais plus clairement que les deux despotismes ne sont qu'une même chose, dérivant de la même source. C'est l'éternelle tutelle de l'individu et des peuples; une foi imposée, des devoirs imposés, une conviction imposée, un amour imposé. On devrait dire au contraire à l'homme : « Choisis, selon ton intelligence, tes devoirs, ta foi, tes affections; nous respectons la liberté individuelle; si ton choix est indigne, portes-en les conséquences; si tu restes malgré tes erreurs un être moral, nous t'aimerons malgré la différence de nos idées. » Et aux peuples : « Parlez librement de vos plaintes, de vos besoins; concertons-nous pour y remédier; nous ne sommes que l'instrument qui exécute la volonté de tous. » — Comment ne pas comprendre que la liberté est la loi primordiale? Élever les enfants et accoutumer les peuples à comprendre la vraie tâche, voilà cette vérité de la civilisation. La famille et l'État y trouveraient leur vraie formule, tandis que le contraire verra éternellement la révolte guetter à sa porte.

Pendant que je songeais ainsi, le soleil s'était couché; les ombres du soir couvraient la ville; sur la colline des morts, au contraire, régnait encore une douce clarté. « La lumière de nos principes resplendira un jour, quand les tyrans seront tous couverts des ombres de la nuit éternelle », me disais-je, en tournant mes regards vers les tombeaux, comme pour consoler aussi ceux qui y dormaient. C'est alors que je vis que je n'étais pas seule. A une petite distance de moi se tenait un jeune ouvrier; sur son bras s'appuyait une jeune fille blonde; tous deux me regardaient dans une attitude de profonde attention et de respect. Je me levai, ils voulurent s'éloigner, mais j'allai vers eux. Le jeune homme me dit : « Excusez-nous, si nous avons interrompu votre contemplation; nous vous avions regardée longtemps; comme vous étiez assise là, triste et pensive, j'ai dit à ma fiancée : « Voilà assurément une des nôtres! »

Je leur confirmai que j'étais en effet une des leurs, et j'entrai en conversation avec eux. Trop pauvres pour se marier et ne pouvant se voir qu'à de rares intervalles, elle était servante, lui ouvrier de fabrique, occupés à une grande distance l'un de l'autre, lorsqu'ils avaient une heure libre pour causer ensemble, ils se rencontraient ordinairement dans cet endroit, où reposaient bien des amis et où ils se rappelaient les saintes espérances pour lesquelles leurs frères étaient morts.

Je leur racontai quelles pensées venaient de m'occuper et comment, malgré toutes les tristesses, j'étais persuadée que ce sang n'avait pas coulé en vain; que les sacrifices généreux n'étaient jamais stériles. « Le temps, ajoutai-je, viendra indubitablement où la semence de liberté portera ses fruits; vous, si jeunes encore, vous verrez peut-être ces jours heureux. » Nous parlâmes ensuite de l'association ouvrière qui venait d'être interdite par le gouvernement, et le jeune homme me raconta l'influence morale qu'elle avait eue sur les ouvriers. « A présent, on nous défend de chercher notre récréation dans l'instruction et la lecture, on nous force à la chercher de nouveau dans les cabarets; c'est ce qu'on appelle favoriser les vrais intérêts du peuple et étouffer la révolution », dit-il avec un sourire amer.

Je les quittai après leur avoir serré affectueusement la main. Cette heure de contemplation et la vue de ces jeunes gens qui, pendant les courts moments où ils pouvaient jouir de leur amour, cherchaient cet asile des morts pour se fortifier dans leurs principes, m'avaient consolée et calmée.

Ce soir-là, Caroline revint d'Angleterre, où elle avait passé quelques mois auprès d'une amie. Elle était décidée à rester toujours avec Anna. Elle égaya notre solitude par tout ce qu'elle nous raconta de Londres, du cercle de l'émigration, dans lequel elle avait vécu et où j'avais aussi tant d'amis. Parfois ces récits éveillaient en moi une grande envie de faire ce voyage, de chercher à me relever de ma mortelle tristesse par une activité nouvelle, par la puissance des influences extérieures; — mais j'avais donné ma parole de n'y pas aller, je voulais la tenir par amour pour ma mère. La vie m'était à charge, je désirais sincèrement mourir, aussi ma santé allait-elle de jour en jour en s'affaiblissant. Anna me força presque à demander enfin le conseil d'un médecin, qui m'ordonna des bains fortifiants.

Le jour où j'allais commencer cette cure, je me réveillai avec l'idée de mettre ce jour même mes papiers en ordre, de mettre en sûreté toutes les lettres de mes amis démocrates, tous les manuscrits révélant mes idées, tels que le récit de la conversation avec mon frère et de la promenade qui la suivit.

La réaction, devenant de plus en plus sombre et méfiante, nous ne croyions pas impossible qu'on vînt faire chez moi une visite domiciliaire; la servante nous avait raconté que des hommes en bourgeois, qu'elle soupçonnait d'être de la police, l'avaient déjà plusieurs fois accostée et interrogée sur ce que je faisais dans la maison, quelles visites je recevais, etc. — Plusieurs dames, connues pour leurs idées démocratiques, avaient reçu des visites domiciliaires. La même chose pouvait donc aussi m'arriver, quoique cela me parût trop absurde pour y croire. Il arrive souvent que, tout en prévoyant une chose, et pouvant en prévenir les effets, on ne le fait pourtant pas, par une sorte de confiance aveugle dans la destinée. Ainsi, tout en pensant que je devais prendre cette précaution, je n'en fis rien, mais je me promis bien de ne m'occuper, pour le moment, que du soin de rétablir mes forces, afin de commencer ensuite un ouvrage théorique sur l'éducation.

Anna avait une forte migraine ce jour-là et se trouvait au lit. Caroline veillait près d'elle. Je m'étais tranquillement établie dans le petit salon d'Anna et j'écrivais une lettre à mon ami d'Amérique, lorsque la servante entra et m'annonça un monsieur qui désirait me voir. Croyant que c'était un des deux ou trois démocrates qui, comme je l'ai dit, venaient de temps en temps, je le fis entrer. Je fus étonnée de voir un homme qui m'était complètement inconnu. Il me salua poliment et me demanda à qui il avait l'honneur de parler. Je me nommai et lui demandai ce qui l'amenait chez moi. Il me dit alors d'un air embarrassé qu'il était chargé d'une commission très désagréable : le chef de la police lui avait ordonné de fouiller mes papiers et de m'enjoindre de me rendre à la préfecture de police dans une heure. Je fis un grand effort pour rester calme et demandai froidement s'il pouvait me dire quelle était la raison qui m'avait attiré cette mesure. Il s'excusa en disant qu'il ne faisait qu'exécuter des ordres reçus, mais qu'il croyait avoir entendu dire que j'étais en correspondance avec un certain Weigelt. Il nomma notre prédicateur de la commune, à Hambourg. Je souris et je dis qu'on aurait beaucoup à faire, si on voulait examiner les papiers de tous ceux qui étaient en correspondance avec cet homme aimable et doux, qui n'avait rien à faire avec la politique. Il me demanda si j'étais dans ma propre chambre. « Non », répondis-je. — Mais vous écriviez lorsque je suis entré? » Puis il se dirigea vers la table près de laquelle j'étais assise. Mon portefeuille était là avec la lettre commencée. Il s'en empara en me faisant une sorte de révérence et d'excuse. La colère me gonfla le cœur en voyant cette main vile saisir des pages où j'avais noté des mouvements du cœur et de la pensée qu'on ne confie qu'à l'amitié. Quel état de civilisation où de telles barbaries peuvent se commettre! Je préfère les mœurs d'Orient où on envoyait franchement un cordon à celui qu'on soupçonnait; mais violer ce que l'homme a de plus saint, l'intimité de ses sentiments et de sa pensée, au nom de la loi et de la justice, c'est révoltant!

L'employé demanda à voir ma chambre. Comme

elle était fermée à clé en dedans, et qu'on ne pouvait y pénétrer qu'en traversant la chambre à coucher d'Anna, qui était au lit, j'appelai Caroline. Elle était visiblement bouleversée, mais je la priai tranquillement de passer par la chambre d'Anna pour ouvrir la porte extérieure de la mienne, car l'employé m'avait dit de ne pas le quitter. Caroline obéit, mais elle n'eut pas la présence d'esprit de sauver au moins les lettres de Théodore dont une grande partie se trouvaient dans mon secrétaire. Elle aurait eu le temps de le faire et de soustraire ces souvenirs aimés au sacrilège qui les attendait, pendant que je faisais avec l'employé le tour de l'antichambre et du corridor pour arriver à l'entrée de ma chambre. Je vis avec une indignation mêlée d'ironie qu'un soldat armé attendait dans l'antichambre; l'employé lui donna mon portefeuille. Avait-on cru que je recevrais les agents un revolver chargé à la main? N'avait-on, dans les annales de la police, pour apprécier une femme émancipée, que l'exemple de Lola Montès, qui recevait à coups de cravache ceux qui lui déplaisaient? Je crois que l'employé s'était vraiment attendu à quelque chose de semblable, et c'est pour cela qu'il était si confus, si honteux. Il entra dans ma chambre, alla droit à mon secrétaire et s'empara de tous les papiers et des lettres qu'il y trouva. Il y avait un paquet de feuilles détachées, sur lesquelles j'avais coutume d'écrire les notes que je prenais au cours, à Hambourg. Je savais qu'il y avait parmi ces feuilles, d'ailleurs très innocentes, une seule qui eût pu former un *corpus delicti* dans les mains d'une police soupçonneuse, quoique réellement elle ne continst rien qui eût pu compromettre la sécurité de l'État. C'était une liste des expressions de convention dont je me servais avec mes amis; dans ce temps-là, la correspondance était sous la tutelle de l'État, et la discrétion des fonctionnaires de la poste était un crime de lèse-majesté. Je pris ce paquet et le feuilletant devant lui, je lui dis : « Vous voyez, ce sont des notes scientifiques qui n'ont aucun rapport avec la politique. » Il y jeta un regard, puis se détourna pour prendre autre chose. Au même instant, je glissai dans ma poche le papier que j'avais de suite reconnu; après quoi je lui présentai le paquet qu'il ajouta au reste. Je fus contente de ma présence d'esprit dans ce moment pénible, je n'y avais pas compté. Je crois que les hommes les plus braves ne connaissent pas leur courage avant de s'être trouvés dans un danger quelconque; les fanfarons seuls se croient infaillibles avant d'avoir été mis à l'épreuve.

Malgré la satisfaction de leur avoir ôté tout prétexte à soupçonner une conspiration, je vis pourtant, avec une douleur déchirante, emporter tous ces papiers et ces lettres, souvenirs inestimables de tant d'heures heureuses ou malheureuses, mais également sacrées. Pourtant je ne laissai rien paraître, je gardai une attitude calme et hautaine. Après avoir pris les papiers, l'employé demanda un entretien à part avec Caroline, pendant lequel je dus rester dans ma chambre; puis voulant s'assurer si, en effet, Anna était au lit, il fit ouvrir la chambre à coucher; il fit un pas dans cette chambre, s'inclina devant la pauvre Anna, dont la migraine avait redoublé, balbutia une excuse et se retira. Avant de me quitter, il me répéta l'ordre d'être à la préfecture de police dans une heure, puis il s'inclina profondément devant moi et me dit d'un ton ému : « Mademoiselle, je vous demande pardon comme homme de ce que j'ai dû faire comme fonctionnaire. »

« Je n'ai rien à vous pardonner, monsieur, lui répondis-je ; au contraire, je vous plains ; il doit être bien triste pour vous que les devoirs de l'homme et ceux du fonctionnaire soient en si grande opposition. »

Après son départ, je trouvai Anna en larmes ; les parentes avec lesquelles elle vivait étaient dans une profonde consternation. J'étais la plus calme, je devais rester ferme pour l'interrogatoire qui m'attendait. Tous tremblaient pour moi, ils ne voulaient pas me laisser partir ; et pourtant il le fallait.

J'allai seule et à pied, car je ne voulais compromettre personne et rester aussi simple que possible dans cette conjoncture. Arrivée à la préfecture, je demandai le chef chez qui je devais me rendre. On me regarda d'un œil méfiant et on m'ouvrit assez brusquement une porte. Je me trouvai alors dans une salle où travaillaient des employés, qui jetèrent les yeux sur moi avec des rires et des chuchotements. Je demandai encore une fois, mais avec hauteur, où se trouvait le chef. On m'indiqua une autre porte ; il fallut traverser ainsi encore deux ou trois salles. Enfin je me trouvai dans un cabinet de travail, vis-à-vis d'un homme qui se présenta à moi comme étant celui qui m'avait fait venir. Il fut poli, me pria de m'asseoir sur le canapé et prit place à côté de moi sur une chaise; mais j'étais en pleine lumière, tandis que lui était dans l'ombre. Il voulait probablement, de cette façon, lire plus clairement les preuves de ma culpabilité sur ma figure. Je devais être très pâle, car tout mon sang refluait vers mon cœur.

Il commença par déplorer la triste nécessité où se voyait le gouvernement de prendre une mesure contre une dame appartenant à une famille estimée, et dont le frère occupait une haute position à Berlin même. Il me demanda comment il avait pu se faire que moi, avec l'éducation que j'avais reçue, j'eusse pu m'éloigner des convictions de ma famille et suivre seule une route qui devait me séparer à jamais de la société dans laquelle j'étais née. Je lui demandai en retour s'il ne croyait pas qu'une femme pût aussi avoir des convictions et l'énergie de les affirmer. Pour toute réponse, il haussa les épaules, puis il procéda à un interrogatoire formel. La manière rusée et pourtant stupide dont il s'y prit m'inspira un profond dédain. Je lui répondis brièvement. Il me demanda si j'étais en rapport avec l'émigration, à Londres. « Oui, répondis-je, j'ai des amis avec lesquels je suis en correspondance. » Mes simples aveux le déconcertèrent. Il insista surtout pour savoir ce que je faisais à Berlin et quelles connaissances j'y avais. Il me nomma le rédacteur du journal que j'ai mentionné. Je répondis affirmativement, disant qu'il était venu me voir à la suite d'un article que je lui avais envoyé. Et, en effet, toutes nos relations s'étaient bornées à cette simple visite. Il s'informa aussi de « certaines autres personnes », qui devaient également être venues me voir. Je niai. Les deux démocrates dont j'ai parlé plus haut étaient venus quelquefois; nous avions discuté des questions de théorie et parlé des associations ouvrières qu'il fallait fonder. Je ne voulais pas livrer ce plan, qui portait un germe d'avenir pour les classes ouvrières, à des malentendus de police, et je résolus donc de nier mes relations avec ces messieurs, pour ne pas les compromettre dans les désagréments qui pourraient m'arriver. Voyant qu'il ne pouvait arriver à me faire faire des aveux de culpabilité, ni obtenir la plus petite concession, que je restais calme et ferme, il changea tout à coup de ton, devint aimable et familier, me pria de croire que tout ce qui se faisait était pour mon bien; qu'on voulait rendre service à une famille honorée en me faisant revenir dans la voie qui convenait à ma position sociale et à mon éducation. Je lui répondis avec un sourire moqueur que j'étais fort sensible à cette tendre sollicitude, mais qu'il m'était impossible de choisir mon chemin autrement que selon ma conscience et ma conviction. Voyant que ses derniers arguments ne réussissaient pas, il commença à me dire que peut-être j'avais tort de me fier tant à ceux que je croyais mes amis, et que Caroline, dans l'entretien que l'employé avait eu avec elle, ne s'était pas montrée trop tendre pour moi. C'était la première fois qu'il me frappait au cœur. Les dangers qui pouvaient me menacer ne m'avaient pas encore ébranlée; mais l'idée qu'une des personnes qui partageaient ma solitude et qui connaissaient mon caractère et mes chagrins, avait pu me trahir, me donna une forte secousse. Je lui répondis pourtant froidement que je n'y croyais pas. Voyant que tout était inutile, il ajouta : « Je vois que je ne peux rien faire avec vous. Il me faudra, premièrement, prendre encore de nouvelles instructions et lire vos papiers. J'aurai besoin de vous voir une autre fois après-demain, à cette même heure. D'ailleurs, je n'ai pas besoin de vous dire, fit-il en souriant, que vous n'avez pas besoin d'attendre ici que votre permis de séjour soit expiré. » (J'avais, dès mon arrivée, dû prendre une carte de séjour à la police.)

— « Vous voulez dire, répliquai-je, que je dois quitter Berlin? J'en suis bien aise, car le séjour ne m'y plaît guère.

— « Oui, l'air bureaucratique est étouffant ici, n'est-ce pas? » dit-il avec un petit rire de triomphe, en se frottant les mains d'un air narquois.

Je le regardai fixement et je répondis : « Je me suis servie de cette expression une seule fois, et c'était dans une lettre très bien cachetée que j'ai envoyée à Hambourg il y a une quinzaine de jours. »

Il resta tout confus, car il venait de me prouver que mes lettres avaient été décachetées et lues à la poste. Je le saluai et sortis après qu'il m'eut répété l'ordre de revenir le surlendemain. En arrivant à la porte, je sentis mes forces m'abandonner. Je me jetai dans une voiture et revins à la maison, où je trouvai tout le monde dans une consternation profonde. Anna m'embrassa avec des larmes; elle avait cru qu'on me mettrait en prison et qu'elle ne me reverrait pas. Il y avait une douleur poignante dans mon cœur : le doute que cet homme y avait jeté au sujet de Caroline. C'était, pour le moment, ma souffrance la plus vive. Je compris alors que la souffrance la plus aiguë dans la passion du Christ avait dû être celle d'avoir été trahi par un ami ! Je pris Caroline à part et lui fis part de ce qui m'avait été dit sur son compte. Elle en fut indignée, et il ne lui fut pas difficile de me convaincre qu'on avait menti.

D'un avis unanime on me conseillait de partir sur-le-champ, avant de subir le second interrogatoire, avant que le chemin de la liberté me fût peut-être barré. Je n'avais pas encore envisagé cette possibilité; je voulais rester pour protester de mon innocence et recouvrer mes papiers, dont la perte m'était très sensible. Mais Anna me conjura de ne pas risquer ainsi ma liberté; elle me dit avec raison qu'on pourrait tirer de mes papiers mille prétextes pour me faire subir au moins un emprisonnement préventif, qui serait non seulement pernicieux à ma santé, mais encore mille fois plus pénible à ma famille qu'un départ. Je me tenais encore à la parole donnée à mon frère, mais elle me répondit que cette promesse, faite pour un départ volontaire, ne pouvait être valable pour un départ forcé. « Le temps du martyre inutile, disait-elle, tel qu'il était lorsque Théodore écrivit l'article qui le fit condamner, est passé. Maintenant il s'agit de conserver pour un meilleur avenir les forces disponibles. Le sort, incarné dans la police de la réaction, te vient en aide. Profite de l'avis qu'il te donne; va-t'en vivre librement selon tes principes dans un pays libre, et reviens si le jour de la résurrection se lève; sinon, — tu sais, tu veux travailler, tu te feras une position, et si nous ne nous revoyons pas, nous sommes sûres l'une de l'autre, et nous vivrons ensemble dans une même pensée d'espérance. » Je sentais qu'elle avait raison; je me décidai à partir. Anna et Caroline me prièrent de me reposer un peu après cette grande émotion et en prévision de ce qu'il me restait à faire, tandis qu'elles pourvoiraient aux préparatifs de voyage. Je me jetai sur mon lit et voulus dormir; mais c'était impossible : mon cœur battait avec violence comme dans la nuit où j'appris ce qui s'était passé dans le cœur de Théodore. C'étaient en effet les deux moments décisifs de mon existence. Cette patrie tant aimée, il me fallait donc la quitter secrètement, en fugitive! J'avais voulu m'en éloigner, il est vrai; mais combien il y avait loin de ce projet à une fuite forcée! Et tout ce que je laissais derrière moi, des morts et des vivants, toute mon enfance, toute ma jeunesse! Et, brisée comme je l'étais, sans espérance, sans désir, aller au-devant de l'inconnu et conquérir une nouvelle vie qui pouvait ne pas être facile!

Enfin je me levai; je sentais que je ne devais pas réfléchir, mais agir. J'avais heureusement mis à part une petite somme qui suffisait pour les frais de voyage et les premiers besoins du séjour. Lorsque tout fut prêt et que le crépuscule fut venu, je pris congé. Tous étaient en larmes et appelaient mille bénédictions sur ma route. Je pris le bras du cousin d'Anna, un jeune homme de dix-huit ans, et nous sortîmes ostensiblement comme pour une promenade, car nous savions que la maison était surveillée. Nous parcourûmes la promenade la plus fréquentée en nous mêlant aux groupes des promeneurs. Enfin, à une assez grande distance, nous prîmes une rue déserte qui conduisait vers des parties nouvelles, mais peu peuplées, de la ville. Nous vîmes que nous n'étions pas suivis. Mon compagnon me conduisit à la porte d'une maison où demeurait un jeune couple que j'avais connu à Ostende, et que je n'avais revu que deux ou trois fois depuis que j'étais à Berlin. — C'étaient des gens aimables, intelligents, démocrates, mais ne se mêlant pas de politique et par conséquent pas suspects; je voulais passer la nuit chez eux et partir de grand matin, car chez Anna je n'aurais pas pu m'éloigner inaperçue. Les jeunes gens, heureusement, étaient seuls à la maison; ils furent très étonnés de cette visite inattendue et fort attristés lorsqu'ils en surent le motif; ils m'offrirent leur aide de la manière la plus aimable. Mon compagnon me quitta, pour revenir au matin m'y prendre en voiture. Mes hôtes firent tout leur possible pour m'être utiles et agréables. Nous restâmes toute la nuit à causer, aucun de nous n'avait sommeil. Le mari alla, à une heure fort avancée, chercher un de ses amis (un démocrate éprouvé, qui avait combattu pour le peuple en 1848), pour le prier de m'accompagner dans le dernier trajet que j'avais à faire, et où je pouvais avoir besoin d'un homme d'expérience. Pendant qu'il était sorti, je discutai avec sa femme, une personne distinguée, les plus hauts problèmes de la vie. Toute mon énergie m'était revenue, et je me sentais forte en luttant contre la destinée. Enfin, vers le matin, les deux messieurs arrivèrent. Je remerciai chaudement l'homme noble qui consentait à m'accompagner, car c'était toujours s'exposer à des désagréments; je ne l'avais vu qu'une seule fois et n'avais, par conséquent, pas le moindre droit à invoquer son aide. Il m'assura que ce n'était qu'un simple devoir de solidarité, et je reconnus que c'était là une nouvelle chevalerie plus noble que la première. Lorsque l'aube parut, le cousin d'Anna vint avec une voiture ouverte, comme pour une simple promenade.

Nous avions pensé qu'il valait mieux ne monter en chemin de fer qu'à la station suivante, parce qu'on ne m'aurait sans doute pas laissée partir à la station de Berlin. J'embrassai mes chers hôtes qui m'avaient montré une sollicitude que je n'oublierai jamais, et je montai en voiture avec le Démocrate et le cousin d'Anna. C'était vers la fin de mai. Nous avions un printemps extraordinairement chaud. Même à cette heure matinale la chaleur était grande et des nuages annonçaient un orage. Après un trajet qui me sembla court grâce à la conversation intéressante que j'eus avec le Démocrate, nous arrivâmes heureusement à la station. Il y avait encore du temps jusqu'au départ du train. Nous déjeunâmes presque gaiement pendant que l'orage éclatait, ce qui me fit dire en plaisantant à mes compagnons : « Pour qui sont ces coups de foudre? Pour mes persécuteurs ou pour moi? » Lorsque je fus dans le wagon et que le signal du départ fut donné, je leur dis en leur donnant la main une dernière fois : « C'est pour eux, moi je m'en vais vers la liberté. »

Pendant le trajet jusqu'à Hambourg je regardais avec méfiance les personnes qui entraient dans le train, pensant qu'on pouvait me suivre; aux stations je me tenais dans un coin pour ne pas être remarquée ou arrêtée. Mon âme était en proie à ce sentiment affreux de la peur que nous inspirent les pouvoirs despotiques, soupçonneux, contre lesquels l'innocence n'est pas un appui, et je pensais avec horreur à toutes les nobles victimes qui sont tombées dans leurs mains et qui ont passé par les tortures qu'ils savent infliger, depuis Jésus-Christ lui-même jusqu'à ceux que je laissais derrière moi dans les prisons de ma patrie, sous le climat meurtrier de Cayenne et dans tous ces tristes lieux où la force brutale, sous l'égide d'un Dieu juste et clément, renferme l'intelligence, la vertu et le patriotisme.

J'arrivai enfin à Hambourg sans encombre, je me rendis chez Émilie, qui fut consternée d'abord, puis contente de ce dénouement de mon sort. Le Démocrate partageait sa manière de voir. Tout fut arrangé au plus vite. Mon dernier soin fut d'écrire à ma sœur pour l'assurer que lorsque les bruits de ce qui s'était passé à Berlin lui arriveraient, je serais déjà en sûreté sur les vagues de la mer; je la priais de consoler ma mère et de lui dire que ce n'était pas par ma volonté que je devenais infidèle à ma promesse.

Le jour suivant, un bateau partait pour l'Angleterre, ma place fut retenue. Le Démocrate et le brave charpentier dont j'ai déjà parlé, à qui on avait immédiatement fait savoir ce qui était arrivé, m'accompagnèrent, le soir à dix heures, au bateau. Je voulais coucher à bord pour être sur un terrain inviolable, car c'était un bâtiment anglais; de plus il partait à l'aube du jour. Mes deux compagnons et moi nous restâmes sur le pont jusqu'à minuit. Au-dessus de nos têtes brillaient d'innombrables étoiles, mais la terre était enveloppée de ténèbres, comme la destinée de la patrie et du peuple que nous aimions. Nous étions là ensemble, l'homme de la pensée et l'homme du peuple, tous deux lutteurs vaillants et inébranlables, restant sur la terre captive pour partager sa souffrance; — et moi, faible femme, allant dans l'exil au-devant d'une destinée incertaine, soutenue uniquement par cette force que donnent les principes purs et la conscience de les avoir suivis. A minuit, ils durent quitter le bateau. Nous nous serrâmes la main; mes deux amis, ces hommes forts et énergiques, avaient les larmes aux yeux. « Si nous nous revoyons, ce sera lorsque la patrie sera libre; sinon je mourrai loin d'elle », leur dis-je. Ce furent mes dernières paroles en Allemagne. Ils ne purent me répondre, ils étaient trop émus. Mais je savais que je vivrais dans leurs cœurs.

CHAPITRE XXI

L'exil.

Je m'embarquai donc, seule, fugitive, désolée. Je songeais que l'homme croit souvent entraver les arrêts du destin, tandis qu'il en prépare l'accomplissement. Jadis, par considération pour ma mère, j'avais renoncé à aller en Amérique, cette terre de liberté, où j'aurais pu me créer une existence conforme à mes convictions; j'aurais pu le faire sans entrer en lutte ouverte avec mon monde, sans blesser les sentiments de ma famille; les miens, tout en me regrettant, eussent pensé à moi sans amertume. Ce départ précipité compromettait tout. Cependant je ne me sentais pas coupable : les événements que je viens de raconter étaient le résultat d'un conflit entre mon caractère et les conditions de milieu où je m'étais trouvée. Ce conflit donnait à ma vie une direction inattendue. Autrefois j'avais voulu quitter de mon plein gré ma patrie, où je ne pouvais réaliser mon idéal; aujourd'hui, à l'heure où je voyais la côte de l'Allemagne s'évanouir à l'horizon, où la vague verte et un ciel blafard seuls s'offraient à mes yeux, je sentis qu'il est dur de quitter son pays, de s'exiler parce qu'il le faut.

Le matin du départ, je restai dans ma cabine, jusqu'après la visite du bateau, comme nos amis me l'avaient recommandé. Au moment où le vaisseau leva l'ancre, je montai sur le pont, croyant pouvoir y rester, mais bientôt je compris que c'était impossible et qu'il me faudrait payer mon tribut à la mer. Je ne quittai plus ma cabine pendant le reste de la traversée, qui dura deux jours et deux nuits; je ne liai connaissance avec personne; je n'y tenais d'ailleurs nullement. Lorsque j'appris que nous arrivions à l'embouchure de la Tamise, je montai sur le pont. Là, je vis sous un ciel brumeux se déployer à mes yeux un monde nouveau, d'une richesse et d'une puissance singulière. De grands vaisseaux reposaient à l'ancre, des vapeurs et des canots de toutes les dimensions sillonnaient le fleuve, des villes et des villages nous saluaient de la rive ; partout la foule, l'activité et la vie. Ce mouvement s'accélérait à mesure que nous approchions de la capitale. J'étais attirée, captivée et en même temps oppressée, car j'arrivais seule, personne ne m'attendait ; je savais à peine où diriger mes pas, et, bien que je connusse parfaitement la langue du pays, je ne comprenais rien à ces sons gutturaux que j'entendais pour la première fois tomber des lèvres du peuple. Enfin notre bateau s'arrêta au quai Sainte-Catherine ; je débarquai avec le reste des passagers pour me rendre au bureau de la douane. La visite de mon unique valise ne fut pas longue. J'éprouvai un sentiment d'allégresse à voir qu'on ne me demandait pas de passeport ; je me sentais sur une terre hospitalière, j'étais heureuse de n'avoir pas à subir cet interrogatoire humiliant : « Qui vive ? D'où venez-vous ? Où allez-vous ? » Je trouvais cet accueil aimable et digne d'un grand peuple. L'Anglais, fort de la sécurité que lui donnent ses lois, accueille l'étranger avec confiance. Si celui-ci s'en montre indigne, il sentira tout le poids de ces mêmes lois : elles sont là pour protéger la société, non pour l'opprimer. Je pouvais donc aller où je voulais. Je priai l'un des agents de m'indiquer le chemin de St Johns Wood, le quartier de Londres qu'habitaient les amis, les réfugiés politiques auprès desquels je comptais me rendre. Il me montra d'assez bonne grâce un omnibus qui y allait. Je confiai ma valise au conducteur, je lui indiquai le nom de la rue où je voulais descendre et je m'abandonnai à mon sort. Je m'étais crue au terme de mon voyage, mais je m'aperçus bientôt que c'était un nouveau voyage qu'il me fallait entreprendre; nous traversâmes des rues interminables, des places sans nombre. Ces maisons hautes et sombres, ce ciel gris, le bruit assourdissant des voitures, la foule des piétons qui se pressaient sur les trottoirs avec une hâte fébrile, comme s'il y allait de la vie de passer le premier, tout cela me bouleversait et m'ahurissait. Mon voisin d'omnibus m'expliqua que c'était la Cité, le centre de la vie commerciale et industrielle de Londres.

Puis nous arrivâmes à un quartier dont les rues étaient plus larges et plus belles; les maisons y avaient l'air de palais; cet aspect somptueux y était comme voilé de gris sous un ciel couleur de plomb; c'était le West End, le quartier de l'aristocratie.

Enfin, après une course qui me sembla durer une éternité, nous entrâmes dans un quartier plus simple et plus avenant. De jolies petites maisons neuves, à l'architecture variée, entourées chacune d'un jardin, me firent oublier l'impression écrasante des sombres masses de pierres que nous venions de longer. Des routes plus larges, sans pavage, amortissaient le bruit des voitures; les passants allaient d'un pas tranquille, au lieu de courir comme dans la Cité. On sentait qu'il était possible de trouver dans cette ville immense un coin de vie calme. Je fus agréablement surprise quand l'omnibus s'arrêta et que le conducteur me dit que j'étais arrivée; je n'avais plus qu'à suivre la rue qui était devant moi. Il me passa ma valise, je lui tendis une poignée de menue monnaie, où il prit ce qui lui revenait, car je ne m'y connaissais pas encore. Puis il continua sa route et je restai seule. Je pris ma valise et me dirigeai, non sans émoi, vers la maison où j'allais trouver les amis inconnus qui étaient désormais mon seul appui.

Afin d'expliquer ce qui précède, il me faut retourner en arrière et dire ce que j'ai omis au début de ce récit, afin de n'en pas troubler l'unité. Avant d'aller à Hambourg, j'avais commencé une correspondance avec une femme dont le grand courage et le malheur m'avaient vivement intéressée. Cette femme était Jeanne Kinkel. J'avais entendu parler d'elle et de son mari par Théodore, qui les avait connus à Bonn; la jeunesse des écoles était pleine d'enthousiasme pour ce maître et je savais qu'il avait un intérieur charmant. Au printemps de l'année 1849, Kinkel, seul parmi les professeurs de l'université, prit les armes pour défendre ses convictions; il entra comme simple soldat dans l'armée révolutionnaire badoise. L'intérêt que je lui avais porté se changea bientôt en admiration; je suivis son procès avec une sympathie profonde; il fut condamné à mort; sa peine fut commuée en détention perpétuelle. Plus tard, en lisant l'interrogatoire qu'il eut à subir à Cologne et le discours qu'il y tint, une douleur passionnée s'empara de moi; je me promenai de long en large dans ma chambre, froissant le journal dans mes mains et maudissant mon impuissance. L'image du prisonnier, de cet homme avide de belles choses réduit à ne voir que les murs de sa cellule, condamné à filer de la laine, lui qui auparavant éveillait l'enthousiasme de la jeunesse par ses leçons, qui épanchait les rêves de son âme en des chants magnifiques, cette image douloureuse me poursuivait jour et nuit. D'ailleurs toute l'Allemagne pensante poussa un cri d'indignation en apprenant son sort. Les piétistes seuls jubilaient ; cette âme leur semblait désormais une proie facile ; ils s'abattirent sur elle dans la solitude de sa prison, l'accablant de petits traités et de Bibles avec l'espoir de l'emporter entre leurs griffes dans leur ciel piétiste. Je pensais à sa généreuse épouse autant qu'à lui ; je savais qu'après avoir tout tenté pour le sauver, elle restait inconsolable ; de plus elle avait à pourvoir à l'entretien de sa jeune famille. Très bonne musicienne, elle tâchait d'y subvenir en donnant des leçons de piano. Il m'était plus facile de lui témoigner ma sympathie que de la témoigner à son mari. Je me décidai à lui écrire et ma lettre exprimait sans doute ma profonde compassion, car je reçus d'elle la réponse la plus cordiale. Jeanne Kinkel m'invitait à lui parler de moi et semblait toute disposée à un rapprochement. Je ne me le fis pas dire deux fois ; un nouvel intérêt naissait dans ma vie si dénuée de charme. Bientôt j'appris l'histoire de ma nouvelle amie ; elle me parlait de son bonheur passé, de ses souffrances actuelles, elle me donnait des détails sur le caractère et les qualités de ses enfants ; je lui contai en retour ma vie, la situation difficile où je me trouvais, et tout ce que j'endurais à cause de mes opinions politiques et religieuses. Elle approuvait tout à fait mon projet d'aller en Amérique. Elle m'écrivait à ce sujet : « Qu'est-ce que votre vie? une source de chagrins toujours renaissants. Que sera votre vie là-bas? Un soleil pour vos amis. » Pendant mon séjour à Hambourg, elle m'écrivit pour me demander si je ne pouvais lui envoyer du papier à lettres à vignettes. Elle ne pouvait écrire à son mari qu'une fois par mois; ses lettres, lues par le directeur de la prison, ne devaient porter que sur les nouvelles de la famille. Elle imagina d'écrire sur du papier à vignettes afin de distraire le prisonnier dans sa solitude. Elle avait épuisé tout ce qu'on pouvait trouver dans ce genre à Bonn et à Cologne; elle s'adressait à moi pour que je lui envoyasse de Hambourg quelque chose de nouveau. J'eus l'idée de faire moi-même de petits dessins, de copier des monuments ou des paysages, et de les lui envoyer; je revenais ainsi au talent cultivé autrefois pour le mettre au service de cet homme si noble et si malheureux. Un jour je lui écrivis sur les instances de sa femme; ma lettre était ouverte et ne traitait naturellement que de questions littéraires. Je reçus de lui une réponse très belle, pleine d'âme et de gaîté. Plus tard on me parla d'un projet d'évasion, et quel ne fut mon bonheur lorsqu'un soir, à l'école supérieure de Hambourg, après la lecture du *Prométhée* d'Eschyle, que Théodore venait d'achever, Jacob Venedy entra dans la salle en s'écriant : « Mesdames et messieurs, je vous apporte une bonne nouvelle, Kinkel s'est évadé de Spandau! »

Depuis ce temps la famille Kinkel vivait à Londres et plus d'une fois elle m'avait conviée à venir la rejoindre et à me fonder là-bas une nouvelle patrie. Or, voilà que ma destinée me conduisait à répondre à cette invitation : j'arrivais en fugitive chez les Kinkel. Je m'arrêtai un instant devant le « cottage », je lus l'inscription qu'il portait, j'attendis que les battements de mon cœur eussent diminué de violence. Ce n'était pas le vers du Dante que je lisais sur cette porte : *Lasciate ogni speranza, voi ch'entrate!* Au contraire, s'il y avait quelque espoir pour moi ici-bas, c'est bien au delà de ce seuil que j'allais franchir. Mais la lutte pour la vie valait-elle la peine qu'on la recommençât? Or, dans ces moments-là, le destin ne nous donne en général pas de réponse; il nous laisse tacitement tenter quelque nouvel effort, aussi me décidai-je à sonner; je demandai à la servante si Mme Kinkel était chez elle. Elle me fit entrer dans une chambre du rez-de-chaussée et me quitta; bientôt elle revint avec une petite feuille de papier et un crayon, me priant d'écrire mon nom. Je n'écrivis que mon prénom et elle me quitta de nouveau pour porter le papier au premier. Aussitôt j'entendis des cris de joie, on descendit l'escalier en courant, la porte s'ouvrit et avant que je fusse revenue de ma surprise, je me trouvais entourée; grands et petits m'embrassaient et m'acclamaient à l'envi. Je sentis avec émotion que la coupe de l'exil perdait de son amertume; nous ne nous étions jamais vus, mais nous nous reconnaissions comme les enfants de la même patrie idéale, nous n'avions que faire des présentations et de toute la routine cérémonieuse dont la vieille société ne saurait se passer. Après le premier assaut de questions, ils m'exprimèrent leur étonnement et leur indignation au sujet des aventures qui avaient déterminé ma fuite; puis j'arrivai à démêler l'impression que me faisaient mes nouveaux amis. Jeanne Kinkel n'avait rien de ce qu'on est convenu de qualifier de beauté et de grâce féminine; ses traits étaient forts, presque virils, son teint très foncé, sa taille lourde; mais elle avait des yeux admirables, expressifs et doux, les intonations de sa voix grave et chaude révélaient tout un monde de sentiments, si bien qu'au premier abord, loin de dire : « Que cette femme est laide ! » on était tenté de s'écrier : « Quelle femme remarquable ! heureux ceux qui la connaissent ! »

Kinkel, au contraire, malgré les souffrances qu'il avait endurées, était dans toute la force de sa beauté; ses manières avaient une douceur, une élégance même qu'on aurait pu taxer de féminine, à côté des allures un peu rudes de sa femme; sa politesse allait jusqu'à la galanterie, sa conversation était vive et spirituelle; il cherchait à donner à sa causerie un tour frivole, si bien que plus tard au temps de notre intimité, il m'arriva de lui dire : « Eh, ne vous donnez donc pas tant de peine pour prendre des airs frivoles, vous n'y réussissez guère. »

Il me reçut très cordialement et cependant, dès l'abord, malgré ses qualités brillantes, je sentis nettement qu'il ne m'inspirerait jamais autant de sympathie que sa femme; toutefois son caractère ouvert, loyal et viril, qui perçait sous ses dehors superficiels et quelque peu infatués, lui gagnèrent de suite ma confiance; je ne me trompais pas: notre amitié fut durable malgré les vicissitudes de la vie. Les quatre enfants étaient très jeunes; tout ce que j'en puis dire, c'est que leur enjouement, leur grâce câline et leur vivacité me charmèrent.

Les deux époux se mirent aussitôt, avec une sollicitude touchante, à s'occuper de mon installation. A aucun prix je n'aurais voulu accepter leur hospitalité pour plus d'un jour. Je savais que leurs ressources étaient limitées; ils subvenaient à grand'peine aux besoins de leur famille; le travail est mieux rétribué que partout ailleurs en Angleterre, mais en revanche, la vie y est relativement plus chère. Heureusement Jeanne était libre ce jour-là; elle put venir avec moi, et la chance nous fit trouver un petit appartement dans le voisinage. Je dînai chez les Kinkel, j'y passai la soirée; puis Kinkel me reconduisit jusque chez moi; là, il me quitta, avec quelques paroles réconfortantes.

A peine me trouvé-je seule dans ma vilaine petite chambre, avec son lit énorme, à la mode anglaise, qui la remplissait presque, que le sentiment de ma situation m'accabla. Pour la première fois de ma vie j'étais toute seule, loin de ceux que j'aimais, sur une terre étrangère, ayant à peine de quoi vivre, et devant moi je voyais un avenir sombre, mystérieux, désolant. L'accueil que j'avais reçu chez les Kinkel m'avait fait grand bien; néanmoins je savais que je ne pouvais compter sur eux; ils avaient à soutenir pour leur compte la lutte pour la vie, ce qui n'est pas facile dans cet océan houleux de Londres. Quel que fût leur affectueux dévouement, ils n'avaient même pas de temps à me donner, car le temps est tout à Londres; c'est le grand capital que chacun tâche de mettre en valeur le mieux qu'il peut.

Ma seule ressource était de donner des leçons, et là encore il me faudrait aller sur les brisées de mes amis; l'avenir cependant me tourmentait moins que le passé. Je me demandais avec anxiété comment ma mère avait pris la nouvelle de ma fuite, quels ennuis mes amis avaient eu à essuyer après mon départ; je souffrais de tout ce que j'avais irrémissiblement perdu; ce souci et ces chagrins étaient autant de pâles fantômes qui me hantèrent quand je me décidai enfin à me coucher, et longtemps ils chassèrent le sommeil, dont j'avais grand besoin.

Lorsque je me réveillai le lendemain, la lumière du jour me rendit un peu de courage. Je commençai par inspecter ma nouvelle demeure. J'habitais le rez-de-chaussée d'une maison à trois étages; la cuisine et la chambre à coucher de mon hôtesse étaient au sous-sol. Chaque étage se composait de deux chambres, l'une donnant sur la rue, l'autre sur la cour; les pièces du rez-de-chaussée étaient plus petites que les autres, car l'entrée et le corridor les diminuaient d'autant. La chambre du rez-de-chaussée qui donne sur la rue porte le nom de « parlour » (salon); souvent, quand la maison n'est habitée que par une seule famille, cette pièce sert de salle à manger. Quand il y a plusieurs locataires, la maîtresse de la maison se réserve cette pièce, tout en autorisant les locataires à y venir. C'est ainsi que je m'étais arrangée; ma chambre à coucher était petite, mais il était entendu que je travaillerais dans le « parlour ». Ma « landlady » pouvant y amener ses visites, j'étais menacée à tout instant d'être dérangée; je n'avais pas le choix; en effet, ma chambre à coucher était si encombrée et si sombre que je n'avais ni la place ni la lumière nécessaires pour y travailler, et l'étage au-dessus était trop cher pour moi. Devant la maison, il y avait une petite cour carrée, plantée de quelques maigres arbustes, couverts de poussière, et une pelouse minuscule, séparée de la rue par une grille. Cette description s'applique à toutes les maisons de ma rue; elles se ressemblaient si bien que chacun ne distinguait la sienne de celle du voisin que par le numéro; d'ailleurs toutes les maisons de Londres se ressemblent; au point de vue de l'aménagement elles ne diffèrent que par leur grandeur et par leur élégance. La dame chez laquelle je demeurais n'était pas la propriétaire de la maison; elle l'avait louée pour un certain nombre d'années, elle l'avait meublée et la sous-louait à son tour.

Je cherchai tout d'abord à entrer en relations avec mon hôtesse. Elle était veuve et venait de perdre son fils unique. Dès notre premier entretien, elle me raconta ses malheurs en détail, et elle me dépeignit sa douleur avec un pathos si comique que ma commisération en fut un peu diminuée. Le chagrin d'ailleurs n'avait pas compromis sa santé; elle était grasse, rondelette, son teint était d'un rouge vif; ceci tenait, comme je ne tardai pas à m'en apercevoir, à l'usage fréquent du « gin » et du « brandy », pour lesquels elle avait un culte exagéré, comme du reste beaucoup d'Anglaises de sa classe. Ce trait me l'eût rendue antipathique, si elle n'avait pas eu des côtés comiques que je m'amusais à étudier. C'était la Mʳˢ Quickly du *Henri IV* de Shakespeare, il n'y manquait qu'un Falstaff pour compléter la comédie. Son accoutrement était des plus bizarres; je ne la voyais jamais, même dans la maison, qu'avec un petit manteau de velours râpé et écourté; elle était toujours coiffée d'un vieux chapeau noir tout cabossé, garni de fleurs fanées. Je vis bientôt que c'était son costume habituel, et lorsque je connus mieux Londres, j'en compris la raison. En effet, jamais une femme du peuple, une bonne même, ne fait un pas hors de la maison, sans mettre un chapeau; c'est un des préjugés anglais les plus ridicules. Autant le bonnet blanc des bonnes françaises est coquet, autant le chapeau de la bonne anglaise, sale, cabossé, garni de fleurs et de rubans passés, qu'elle croit « respectable », est affreux. Pour le service de la maison, Mʳˢ Quickly n'avait qu'une fillette de quatorze ans, petite créature chétive, noire, malpropre, dont elle prétendait faire le bonheur par une forte éducation pratique. Cette éducation consistait à l'accabler sous le poids de tout le gros ouvrage de la maison, à la faire trotter du matin jusqu'au soir. S'il lui arrivait de tomber de fatigue, Mʳˢ Quickly lui administrait des soufflets et des coups, surtout quand les vapeurs du « gin » lui avaient ôté les derniers vestiges de sa raison. Alors elle commençait à la jeune fille d'éloquents discours, pleins de mots sonores, mais elle n'allait jamais plus loin que l'exorde. Mʳˢ Quickly fut pour moi un de ces types de la vie anglaise que Dickens a

peints dans ses romans. Je tenais à rester en bons
termes avec elle, et au début j'écoutais avec une
patience imperturbable ses récits sur ce fils dont
elle vantait en termes excessifs les vertus incompa-
rables. Je ne voulais pas donner un surcroît de
besogne à la pauvre petite servante; habituée de
longue date à me passer du service d'autrui, je
n'avais pas du tout recours à elle. Dès les premiers
jours, je descendis à la cuisine, une robe de mous-
line à la main, pour demander des fers et la repasser.
La cuisine était le vrai domaine de Mrs Quickly;
là elle gouvernait seule le fourneau et il était interdit à la jeune fille d'approcher des casseroles.
Mrs Quicky me regarda avec stupeur lorsqu'elle me
vit entrer, mais quand je lui présentai ma requête,
sa stupéfaction se transforma en colère : « Quoi!
s'écria-t-elle, une lady qui veut repasser dans la
cuisine! mais c'est impossible! » et d'un air majestueux et indigné, elle m'arracha la robe des mains,
dit à la petite de chauffer des fers et de la repasser,
puis, se tournant vers moi, elle me dit d'un ton
tragique : « Vous êtes étrangère, vous ne connaissez
pas nos habitudes anglaises; nous considérons
comme « unladylike » qu'une dame entre dans la
cuisine; y venir repasser sa robe! *No Ma'am, please
to ring the bell*, quand vous avez besoin de quelque
chose, autrement vous me gâtez mes gens! » Très
confuse de mon ignorance de cette haute moralité
anglaise, je retournai à mon salon d'un air penaud,
et je me mis à rire de bon cœur en regardant cette
petite pièce malpropre, mal meublée, et en songeant
à l'abîme que le préjugé creuse entre cette pièce

du rez-de-chaussée et la cuisine du sous-sol. Mais une tristesse me gagna : après avoir tant lutté pour m'affranchir des préjugés, je voyais qu'il me faudrait rencontrer ici des préjugés plus étroits qu'ailleurs; je ne pouvais les combattre; pour me créer une situation, je dépendais de cette société, si jalouse de son étiquette, et qui considère comme criminelle toute tentative de s'en affranchir. Je me trouvais face à face avec l'un des plus affreux problèmes sociaux, la nécessité d'être hypocrite pour gagner mon pain. Des réflexions amères m'assaillirent et augmentèrent ma mélancolie. Je n'avais plus l'élasticité de la première jeunesse, cette confiance illimitée dans l'avenir, qui nous fait franchir tous les obstacles; mes blessures étaient encore trop récentes, elles se rouvraient, et le présent ne m'offrait aucun baume salutaire. Je ne sortis pas les premiers jours, j'attendais des nouvelles d'Anna, de ma famille; je me sentais incapable de m'intéresser au monde nouveau qui m'entourait. Mes amis vinrent me voir un instant, mais ils n'avaient jamais beaucoup de temps. Ainsi arriva le dimanche de la Pentecôte. Le matin, les deux charmantes fillettes de Kinkel me portèrent un billet de leur père, conçu en ces termes :

« Chère amie,

« Voulez-vous venir aujourd'hui avec nous à Hampton-Court, voir le palais de Woolsey, le parc plein de daims, les cartons de Raphaël, les tableaux de Holbein, le Triomphe de César de Mantegna et les rives les plus verdoyantes de l'Europe? Secouez la fatigue, le mal du pays et tous vos chagrins et venez vous reposer au sein de la nature, au fond des bois.

« Il faut prendre l'omnibus de neuf heures, sans cela nous n'aurons jamais le temps de tout voir, car là-bas on n'en finit pas. Je viendrai vous chercher tout à l'heure. Nous prendrons le chemin de fer ou le bateau à vapeur.

« Donnez deux lignes de réponse aux enfants. Cordialement à vous.

« KINKEL. »

J'acceptai cette aimable invitation, et un omnibus nous ayant conduits aux bords de la Tamise, nous prîmes un des nombreux vapeurs qui remontent le fleuve vers Richmond les jours de fête; cette ravissante petite ville, située en amont de Londres, est la villégiature favorite de l'aristocratie et de la classe aisée. Kinkel avait raison, la Tamise est le fleuve le plus verdoyant de l'Europe. Des arbres, d'une beauté et d'une vigueur rares, inclinent leurs lourdes branches jusqu'à terre, et souvent leur extrémité trempe dans l'eau, formant des dômes de verdure impénétrables, qui se reflètent dans le fleuve. Des maisons de campagne, à demi cachées sous le lierre, dominent gaîment des pelouses magnifiques; ces pelouses, qui font l'admiration des étrangers, ont un velouté obtenu par des soins spéciaux et qu'on ne rencontre nulle part ailleurs. Cette journée claire, ensoleillée, la joyeuse animation des bateaux et des canots sur le fleuve, la foule des gens endimanchés sur le rivage, l'aimable conversation de mes amis, enfin l'éloge enthousiaste qu'ils firent du pays de la liberté, devenu leur nouvelle patrie, tout cela me détourna de mes tristes pensées, et je m'abandonnai aux impressions de ce monde nouveau qui s'ouvrait devant moi. Après avoir déjeuné à Richmond, nous montâmes dans un de ces « hackney coaches », espèce de diligence, autrefois assez répandus en Angleterre, et qui jouent souvent un rôle dans les romans anglais. Je vis avec plaisir que mes amis savaient à l'occasion s'affranchir des préjugés anglais, car ils m'invitèrent à monter avec eux sur l'impériale de la diligence, pour mieux jouir de la beauté du paysage. Nous allâmes ainsi à Hampton-Court, le château royal qui a été la résidence du cardinal Woolsey. On y arrive par une longue avenue, plantée de marronniers séculaires, alors en pleines fleurs. Des deux côtés de l'avenue, sous les ombrages touffus du parc, paissent des bandes de daims et de cerfs. J'étais charmée par ce mélange de nature et d'art, par ce paysage à la fois sauvage et raffiné, d'une beauté incomparable. Nous visitâmes le château, la galerie de tableaux et surtout les cartons de Raphaël. C'est là que je vis pour la première fois des œuvres originales de ce maître, dont le nom m'était familier depuis l'enfance et que mon imagination me représentait entouré d'une auréole. Le soir, à notre retour, mes amis avaient atteint leur but. J'avais tout un jour oublié ma profonde douleur; je m'étais presque sentie chez moi dans ce pays nouveau où l'amitié me consolait de tant de choses. Certes, quand je me retrouvai seule dans ma vilaine petite chambre à coucher, je sentis de nouveau un poids m'oppresser. Mais ma résolution était prise : j'allais rester en Angleterre, y travailler pour fonder une vie nouvelle sans aller chercher des difficultés et l'inconnu en Amérique. Tel fut le résultat de cette journée et des arguments pleins de bon sens que m'avaient tenus mes amis ; or, la certitude d'avoir trouvé sa voie donne toujours un calme relatif, même au milieu de la plus profonde affliction.

CHAPITRE XXII

Échos de la patrie et études de la vie anglaise.

Je reçus enfin des nouvelles d'Allemagne ; d'abord une lettre charmante d'une de mes plus chères élèves de Hambourg, une jeune fille de dix-sept ans, très douée, qui m'aimait passionnément. Elle m'écrivait :

« Chère Malwida,

« Il faut que le destin s'accomplisse, que le sort redoutable s'achève », comme dit le poète. Je fus consternée en apprenant ce qui t'est arrivé. Ah ! en vérité, on ne saurait échapper à sa destinée. Combien de fois l'avions-nous prédit ces événements, en plaisantant, sans prévoir qu'ils allaient se réaliser? J'en ai été émue, bouleversée ; en y réfléchissant toutefois, je commence à trouver la situation moins tragique. Une grande infortune, quelque accablante qu'elle nous paraisse d'abord, contribue toujours à notre perfectionnement, et, il faut que je te l'avoue, je t'envie un peu la satisfaction avec laquelle tu dois te dire : « Moi aussi j'ai aidé à porter la croix de l'humanité; peut-être, grâce à moi, l'éclosion de la liberté sera-t-elle avancée de quelques jours ». En effet si chacun de nous ne la hâtait que d'un jour, nous pourrions gagner des siècles. Le martyre pour la liberté est aussi sacré que celui pour la foi, et la souffrance est souvent plus féconde que l'action. L'humanité a toujours marché vers de grandes conquêtes : le christianisme, les croisades, la découverte du Nouveau Monde, la Réforme, enfin la liberté. L'idée de liberté, qui résume tout le reste, irrite surtout ceux qui ne comprennent pas leur siècle; ils le croient jeune alors qu'il est caduc. Les justes expient l'injustice. Personne n'aime à courber la tête. Les hommes ne pratiquent le bien que par nécessité, toutes les religions ont une législation; j'en conclus que le sentiment de la liberté et de la responsabilité est inhérent à notre âme. Mais le besoin de la domination est également inné. Or, il faut que l'une de ces inclinations l'emporte sur l'autre. Chez l'élite du genre humain, ce qui l'emporte, c'est la justice; dans les natures inférieures, c'est l'instinct de la domination. L'homme injuste ne cherche la liberté que pour lui-même, afin d'exercer la tyrannie, l'homme juste la veut pour tous. »

« Or, tu expies les fautes d'autrui. »

Je reçus ensuite des lettres de mes sœurs; elles

me décrivaient avec tristesse la terrible secousse donnée à ma famille, surtout à ma mère, par mon bannissement dont les journaux avaient parlé et par mon départ qui l'avait suivi de près. Leur orgueil était profondément blessé, mais c'est surtout leur cœur si aimant qui s'émut de mon sort; les lignes par lesquelles je leur avais annoncé mon arrivée à Londres et l'aimable accueil des Kinkel n'avaient pas réussi à les rassurer, ni à adoucir l'âpreté de leur chagrin. Leur peine eut un écho douloureux dans mon sein, et je me promis, quel que fût mon sort, quelques épreuves, quelques privations qui me fussent réservées, de leur cacher de mon mieux le côté sombre de mon existence et de ne leur faire parvenir, dans la mesure de mes moyens, que de bonnes et réconfortantes nouvelles.

Peu de temps après, je reçus une lettre d'Anna. Après mon départ, la police l'avait encore molestée. On était venu me chercher, et, ne me trouvant pas, on avait fait comparaître Anna à la préfecture de police; elle avait eu à subir l'interrogatoire de l'individu désagréable qui m'avait reçue moi-même. Enfin, forcé de se rendre à l'évidence, et de constater qu'elle ne savait rien des conspirations dangereuses et des crimes de lèse-majesté dont on m'accusait, il l'avait laissée tranquille, mais elle avait beaucoup souffert de ces tracasseries.

Ces nouvelles m'affligèrent profondément. Mon cœur se gonflait d'amertume et pour la première fois je sentis s'ébranler en moi mon idéalisme, ma foi en quelque chose de supérieur à la force brutale, qui nous étreint. Une mélancolie profonde s'empara de moi, sans que rien vînt m'aider à réagir contre cette disposition morbide. J'habitais non loin de Regent's Park, une des places verdoyantes ménagées entre les immenses masses de pierre qui forment Londres. C'est là que je dirigeais tous les jours ma promenade solitaire; j'admirais l'art qui a créé, au moyen de vertes pelouses, de beaux massifs, de frais jets d'eau, de troupeaux de moutons et de bandes d'oiseaux aquatiques de toute espèce, une image bienfaisante de la vie agreste, destinée à des milliers d'enfants pauvres, qui habitent des maisons noires et tristes, dans des rues étroites, où ils respirent un air vicié, tout chargé de fumée; les familles de la petite bourgeoisie qui ne peuvent aller à la campagne, les ouvriers, dont plus d'un cherche sous les arbres de ce parc un abri pour la nuit, y trouvent aussi leur compte. Mais quand je regardais ce ciel presque toujours gris qui recouvre d'un dôme de plomb cette riante verdure, je sentais qu'il leur manquait la douce lumière du soleil et le ciel bleu, et, faisant un retour sur moi-même, je me disais que, pour moi aussi, d'impénétrables brouillards cachaient les astres brillants qui seuls donnent le courage et la persévérance au travailleur. D'ailleurs la nécessité d'un gagne-pain s'imposait à moi tous les jours davantage. La modique somme que j'avais emportée, et dont j'étais d'ailleurs redevable à un ami de Hambourg, sans l'aide duquel je n'aurais pu aller en Angleterre, fondait à vue d'œil, malgré la simplicité de mon train de vie. Je n'avais encore rien touché de mes modestes revenus, très insuffisants d'ailleurs à Londres. Je m'étais juré de ne pas recourir à ma famille; je ne doutais pas de son empressement à me venir en aide, mais je considérais comme un devoir de me suffire à moi-même dans la voie que j'avais choisie. Il m'a toujours semblé qu'on ne doit accepter de secours matériels que de ceux avec qui l'on vit en parfaite intelligence.

Je commençai donc à chercher du travail de tous les côtés et à m'occuper de trouver au besoin une place d'institutrice. Je dois dire que l'idée d'être institutrice dans une famille anglaise m'effrayait. Je savais que les institutrices forment une classe intermédiaire entre les maîtres et les domestiques, à qui l'on doit peu d'égards, et à qui incombent de nombreux devoirs. Mais ceci n'était pas à beaucoup près ce qui m'effrayait le plus. D'abord je craignais que ma santé ne me permît pas de supporter les fatigues d'un genre de vie si contraire à mes habitudes; puis j'ai horreur de l'hypocrisie et il m'aurait fallu de toute nécessité feindre et mentir. Dès les premiers jours de mon arrivée à Londres j'avais reçu la visite d'une jeune élève de notre école supérieure de Hambourg; elle était placée comme institutrice dans une famille anglaise et elle me fit part de son expérience. L'un des devoirs essentiels d'une institutrice est de conduire les enfants à l'église le dimanche, une ou plusieurs fois, selon le degré de piété des familles. La première question posée à une institutrice est la question religieuse. Telle famille ne veut pas d'une catholique, telle autre d'une protestante, mais personne ne veut d'une institutrice qui n'appartient à aucune confession; pour celle-là, il est matériellement impossible de trouver à se placer. Ma jeune amie, qui assistait autrefois tous les dimanches au service de la communauté libre à Hambourg, s'était fait passer pour protestante; elle allait régulièrement à l'église, mais comme c'était une nature gaie et pratique, elle trouvait toutes sortes d'expédients pour échapper à l'ennui du service; au lieu du livre de prière, qui joue un si grand rôle dans la famille et la librairie anglaises, elle emportait quelque volume de même format, *Emilia Galotti*, par exemple, afin de lire pendant les litanies. Le sermon lui servait de leçon d'anglais, les prédicateurs parlant, comme on le sait, l'anglais le plus pur et le meilleur.

La pensée de jouer une pareille comédie me répugnait et je fus presque satisfaite lorsqu'une dame allemande, dont j'avais fait la connaissance à Hambourg, qui habitait l'Angleterre, et à qui je m'étais adressée, m'offrit une place d'institutrice dans une famille juive. C'était une de ces familles qui ont triomphé des préventions de la société chrétienne par leur immense fortune, et qui vengent leur race en forçant leurs persécuteurs à s'incliner devant la toute-puissance de l'argent. D'ailleurs elle jouissait d'une réputation méritée. Quelques-uns de ses membres occupaient des postes publics importants, les femmes se distinguaient par leur amabilité et leur culture, on vantait leur libéralité. L'une de ces dames avait besoin d'une institutrice pour ses filles et je me rendis chez elle. Je fus introduite dans le « parlour », le « drawing room » étant réservé aux amis. Elle me reçut avec beaucoup plus d'amabilité et moins de réserve hautaine que la plupart des dames anglaises que j'avais vues jusqu'alors. Cependant sa première question fut la question classique : « A quelle religion appartenez-vous? êtes-vous catholique? » — « Non. » — « Ah! tant mieux, alors vous êtes protestante — d'ailleurs la question de religion n'a pas d'importance pour l'éducation de mes filles; c'est le rabbin qui est chargé de leur instruction religieuse, mais j'ai des objections contre les catholiques. » Je compris plus tard combien elle avait raison. Elle n'insista pas sur ce point, ce qui m'épargna l'embarras d'une réponse. Puis elle me demanda si j'avais déjà dirigé l'éducation de jeunes enfants. Je répondis très loyalement par la négative, mais j'ajoutai que je m'étais occupée depuis plusieurs années d'une manière exclusive de questions pédagogiques et que je me croyais capable de me charger d'une éducation. Elle devint songeuse, me posa encore quelques questions, puis elle me congédia en me promettant de me faire connaître sa décision le lendemain. En effet, le lendemain je reçus un billet, dans lequel elle exprimait très poliment ses regrets de ne pouvoir m'engager, quelque favorable que fût d'ailleurs l'impression que je lui avais faite, mais il me manquait « la routine ». — Je me sentis soulagée d'un grand poids en me voyant encore une fois échapper à ce joug redouté; je faisais comme l'autruche, qui cache sa tête dans le sable, et croit la mort moins imminente lorsqu'elle n'en voit pas l'approche. Puis j'écrivis à la dame allemande qui m'avait recommandée, je lui communiquai le résultat de mes démarches et j'entrai involontairement dans un long développement sur mes théories pédagogiques, qui me semblaient supérieures à la « routine » d'une gouvernante de métier. Elle me répondit que ce que je lui avais écrit était l'expression de sa propre manière de voir, qu'elle cherchait depuis longtemps quelqu'un qui partageât ses idées, et elle m'invitait à venir passer deux ou trois semaines chez elle, dans sa maison de campagne, où elle se trouvait alors avec sa famille ; « là, disait-elle, nous pourrons faire plus ample connaissance et échanger nos idées ». Elle ajoutait que ces frais de voyage gêneraient peut-être mon budget, qu'elle en serait désolée puisqu'il s'agissait d'un plaisir qu'elle se procurait à elle-même ; son chargé d'affaires à Londres ferait donc le nécessaire. Ce chargé d'affaires, un Anglais fort aimable, vint en effet me chercher ; il me conduisit à la gare, m'installa dans un wagon de première classe, sans que j'eusse à m'occuper de rien ; il me souhaita bon voyage et le train se mit en marche. J'avais à traverser une grande partie de l'Angleterre centrale, car j'allais dans le nord du pays de Galles. Le caractère un peu monotone du paysage, une succession de grandes plaines herbeuses, de beaux massifs boisés, de haies et de champs verdoyants, se modifiait à mesure que nous approchions du pays de Galles ; il devenait montagneux et pittoresque ; enfin le chemin de fer passe entre la côte et des rocs abrupts d'une grande beauté. Nous nous arrêtâmes à Bangor, une riante petite ville sur les bords de Menay-Straits, le détroit qui sépare l'île d'Anglesey du pays de Galles; le génie entreprenant des Anglais, non content de construire par-dessus ce détroit un beau pont suspendu, à l'usage des piétons et des voitures, a fait établir un viaduc à deux tunnels (tubular Bridge), et c'est la grande voie de communication avec l'Irlande; en effet le service de chemin de fer correspond à l'île d'Anglesey avec le service de bateaux d'Irlande. A Bangor, je fus accostée par une dame anglaise qui se présenta comme envoyée par Mme Salis Schwabe; elle m'attendait pour m'emmener en voiture à la propriété située dans l'île d'Anglesey. Mon hôtesse m'attendait sur le seuil de sa belle maison de campagne et elle me reçut d'une manière très cordiale. Je l'avais à peine entrevue à l'école supérieure de Hambourg; sa physionomie ouverte et bienveillante, son air de vraie bonté m'inspirèrent dès l'abord une entière confiance. Je me trouvais pour la première fois dans une maison organisée à l'anglaise; mes hôtes, il est vrai, étaient d'origine allemande; mais personne ne se fait aussi facilement aux habitudes d'un pays étranger, n'en adopte aussi vite les mœurs et la langue, ne s'identifie en quelque sorte aussi complètement avec les indigènes que les Allemands. Presque toutes les familles allemandes, surtout les familles aisées, établies en Angleterre, ont organisé leur vie à l'anglaise, et cela au point de laisser oublier aux enfants leur langue maternelle; chez Mme Salis Schwabe, la fortune tenant lieu de noblesse, tout était sur un pied aristocratique. Je trouvai là toute la hiérarchie de la domesticité anglaise, avec ses différentes classes aussi nettement tranchées que celles de la haute société : « le buttler », espèce de portier, à la tête des domestiques, toujours en habit noir et en cravate blanche; au-dessous de lui le cocher, les domestiques en livrée, etc., la « housekeeper » ou intendante, les femmes de chambre et les « housemaids » ou bonnes, les « grooms » ou valets d'écurie.

Les enfants, très nombreux, avaient un précepteur allemand, une gouvernante française et le nombre traditionnel de « upper-nurses » et de « under-nurses ». Au sommet de cet édifice d'une architecture si complexe, trônait une dame anglaise, miss Braddon, qui m'avait reçue à Bangor; elle possédait à fond le code anglais du savoir-vivre. Elle régnait en souveraine à table et ne faisait jamais grâce aux moindres infractions à l'étiquette, cette étiquette reconnue par l'opinion publique comme seule « gentleman-like » et « lady-like ». Son œil vigilant découvrait par exemple de suite, si au bout de la table « Master James » ou « Master Henry » tenaient ou non de la main gauche le morceau de pain classique qui remplace le couteau quand on mange du poisson — car jamais on ne doit toucher le poisson avec un couteau. Si elle venait à s'apercevoir d'un pareil manquement à l'usage, d'un signe de tête elle appelait un domestique, et, posant un petit morceau de pain coupé avec art sur un plateau d'argent, elle disait : « Master James » ou « Master Henry », et ceux-ci, rappelés ainsi à l'ordre, rentraient immédiatement dans le sentiment des convenances. Mais miss

Braddon étendait son esprit pratique et son sens administratif à d'autres domaines. Ainsi entre autres choses elle était chargée de la volumineuse correspondance de Mme Salis Schwabe. La bonté bien connue de celle-ci lui attirait une quantité de suppliques et de requêtes de toutes sortes; la large hospitalité de sa maison et les nombreuses relations de sa famille impliquaient des séries ininterrompues d'invitations à faire ou à recevoir; il y avait les lettres aux fournisseurs de toute espèces, aux intendants des maisons de campagne; enfin Mme Salis Schwabe avait une vraie passion épistolaire, et elle entretenait une correspondance avec des personnalités marquantes, dont quelques-unes éminentes, dans la plupart des contrées de l'Europe. Le bureau de cette dame ressemblait au cabinet d'un ministre; là, devant sa table couverte de papiers, elle donnait des ordres, dictait ses lettres et miss Braddon, avec l'habileté d'un secrétaire général, savait exécuter les ordres, écrire les lettres, expédier les affaires, en biffant ou en abrégeant avec une sage mesure les épanchements parfois excessifs de sa maîtresse. Initiée à toutes les affaires de la famille, miss Braddon se consacrait à elle avec un dévouement incomparable; elle prenait à cœur les intérêts de la maison comme les siens propres. Toutefois elle gardait ses points de vue personnels; elle avait un double idéal, auquel elle aurait bien voulu convertir au moins la jeune génération : l'aristocratie et l'église anglicane (high church). Elle rêvait de mariages aristocratiques pour les enfants et elle souhaitait le retour de la famille dans le giron de l'Église qui seule donne le salut. La famille Salis de Schwabe appartenait à la secte des Unitaires.

Le lendemain de mon arrivée je fus réveillée en sursaut par le son retentissant d'un instrument que je n'avais entendu qu'au théâtre, dans l'opéra de *Norma*, quand la prêtresse frappe avec une massue sur un bouclier d'airain pour rassembler le peuple. Je pensai que ce devait être le signal du déjeuner et me hâtai de me rendre à ce bruyant appel. Un domestique m'ouvrit une porte et je me trouvai dans la bibliothèque ; au milieu de la pièce il y avait un pupitre sur lequel reposait une Bible ouverte et devant lequel était assis M. Salis Schwabe. Tous les habitants de la maison, jusqu'aux moindres domestiques, étaient réunis, formant un demi-cercle silencieux et solennel; on m'offrit une chaise et M. Salis Schwabe commença par faire une prière, puis il nous lut un chapitre de la Bible, puis un sermon de Channing, le chef et la gloire des Unitaires; pour finir on dit le *Pater noster*; puis chacun s'agenouilla, le visage dans ses deux mains, la tête tournée vers sa chaise pour prier tout bas et se recueillir. Enfin, le culte domestique achevé, tous retournèrent à leurs travaux, les maîtres au commandement, les domestiques à l'obéissance, et l'ordre terrestre, interrompu un instant par la présence invisible de Dieu, reprenait tous ses droits. En somme, cette manière de commencer la journée, très fréquente en Angleterre, surtout à la campagne, me fit une impression plutôt favorable. Cette heure de recueillement en commun et de méditation au début du jour doit avoir une action morale efficace, à la condition toutefois qu'il ne s'y mêle pas de contrainte. En effet la contrainte fait des hypocrites; aussi ceux qui ne trouvent plus de sujet d'édification dans la forme religieuse devraient-ils choisir un autre sujet de méditation en commun. En Angleterre, le pays des castes par excellence, cette coutume patriarcale est particulièrement touchante; pour une heure du moins les différences de classes s'effacent et tous se rapprochent dans un seul et même sentiment. Toutefois je considérais comme un devoir de dire à Mme Salis Schwabe que je ne me joindrais plus à ces prières du matin, la forme du culte ayant perdu toute sa valeur pour moi. Dans sa grande bonté toute humaine, elle avait trouvé la vraie tolérance; elle me pria de faire comme bon me semblerait; sa bonne grâce et la sympathie qu'elle m'avait témoignée jusque-là n'en furent pas diminuées un instant. En revanche, je remarquai que les autres personnes de la maison, notamment miss Braddon, me regardèrent depuis ce jour d'un œil moins favorable; personne cependant, miss Braddon moins que tout autre, ne manqua envers moi aux règles de la politesse. Outre Mme Salis Schwabe, j'avais gagné les bonnes grâces d'un autre membre de la famille, le chef même de la maison, qui m'inspirait une haute estime. Il appartenait à cette partie de la bourgeoisie, arrivée à une fortune considérable grâce à ses propres efforts, qui forme en Angleterre plus que partout ailleurs un parti puissant, nombreux, actif, éclairé et tout dévoué aux idées libérales, au progrès, aux bonnes œuvres. Les noms de Richard Cobden, de John Bright et d'autres l'ont illustrée, et M. Salis Schwabe, qui les connaissait, était comme eux toujours prêt à soutenir quelque entreprise d'utilité publique, ou à venir en aide à quelque misère privée. Il portait un intérêt vraiment paternel aux ouvriers de ses fabriques et s'occupait de leur bien-être matériel et moral; il avait toutefois quelque chose de la vanité du parvenu; le commerce avec la noblesse le flattait. Son sens des affaires n'excluait pas le goût des arts et il les protégeait. Il aimait surtout la musique, il jouait même assez bien du piano et c'est ce qui nous rapprocha. Tous les soirs il m'accompagnait et nous parcourûmes ainsi le trésor des « Lieder » allemands, ce qui acheva de me faire bien venir.

La grande et superbe maison était presque toujours pleine; les invités restaient plus ou moins longtemps; je vis de près un des côtés les plus captivants de la vie anglaise, la vie à la campagne, telle que l'entend la classe aisée. C'est là, il est vrai, que se développe et s'épanouit un égoïsme excessif, avide de jouir. Les immenses propriétés foncières, ces parcs à perte de vue, avec leurs forêts ombreuses, tout cela réservé à quelque riche particulier, semblent un crime au point de vue économique et humanitaire quand on songe aux milliers d'êtres humains qui vivent dans les fabriques, qui travaillent aux machines, qui respirent un air vicié dans leurs maisons enfumées des grandes villes; un sol capable de donner du pain à tous, à tous un travail salutaire, est là en jachère, afin que la classe privilégiée puisse y couler ses jours dans des fêtes continuelles et pour que de jeunes « dandies » puissent dissimuler le vide de leur existence oisive dans de bruyantes parties de chasse. Mais si l'on perd de vue ce fond sombre du tableau, et rien n'est plus facile à la campagne, où la pauvreté même est moins grande, il faut avouer que cette vie a sa noblesse. Cette large hospitalité, cette absence de contrainte, ces demeures ornées de tout ce qui rend la vie agréable et facile satisfont et charment notre sentiment du beau, et je ne sais pas de pays où l'on pourrait trouver quelque chose d'analogue ou d'équivalent.

Parmi les nombreux visiteurs que j'y rencontrai pendant mon séjour, se trouvaient quelques personnalités tout à fait originales, comme on n'en rencontre guère qu'en Angleterre. Ce sont pour la plupart des esprits exclusifs, fortement trempés, remarquables dans leur spécialité et souvent incomplets et médiocres pour tout le reste. Au nombre de ceux-ci, je citerai un vieillard de Manchester, qui m'intéressait infiniment. Ouvrier lui-même autrefois, il était arrivé à se créer une modeste indépendance, et il ne vivait plus que pour améliorer le sort des ouvriers; il s'occupait surtout de la réforme du code pénal et de la réorganisation des prisons. A diverses reprises il avait été appelé à soumettre ses projets sur la réorganisation des prisons au Parlement, et ses idées n'étaient pas demeurées sans exercer une certaine influence. Il avait reçu l'autorisation de visiter toutes les prisons de la Grande-Bretagne pour étudier la question par lui-même. Il était l'ami des prisonniers, il les consolait, les exhortait ; plus d'une fois il avait accompagné un condamné à mort jusqu'au lieu du supplice, soutenant son courage jusqu'au moment suprême. Ce vieillard si simple et si modeste, au visage encadré de cheveux blancs, plein de bonté, de douceur et d'énergie, avec sa tenue correcte, toujours vêtu de noir et cravaté de blanc, m'inspirait autant de vénération que de sympathie, et je recherchais son entretien. Voyant le vif intérêt que je portais aux questions dont il s'occupait, il me proposa un jour de l'accompagner dans une prison voisine des Salis Schwabe qu'il avait à visiter. J'acceptai sa proposition avec joie et un matin nous partîmes ensemble ; nous longeâmes de superbes domaines qui bordent la route. Mon vénérable compagnon était un fervent Unitaire ; il était absolument convaincu de la nécessité de la peine de mort ; j'ai souvent rencontré cette opinion en Angleterre, surtout chez des pasteurs ; quant à lui, il aurait même voulu entourer l'exécution capitale de plus de solennité, d'un plus sombre appareil ; il croyait diminuer le nombre des criminels en répandant ainsi la terreur et l'horreur de la mort. En vain lui démontrai-je l'immoralité d'un semblable moyen, en vain essayai-je de lui prouver combien il est illogique que la société punisse l'assassinat par un meurtre. Malgré toute sa valeur morale, il avait l'esprit trop étroit pour admettre mes arguments ; il concluait en en appelant à la justice divine, qui selon lui corrigeait l'injustice terrestre.

Les portes de la prison s'ouvrirent à son nom, et

nous entrâmes auprès des deux seuls prisonniers qui s'y trouvaient alors ; ce nombre restreint faisait honneur à la moralité de la petite ville. La prison se composait d'une chambre blanchie à la chaux et assez vaste, avec des fenêtres grillées, un banc, une table et deux lits de bois garnis d'un matelas. L'un des prisonniers, un homme doux et calme, écoutait avec émotion les bonnes paroles que mon compagnon lui adressait ; il semblait animé d'espérance, quand celui-ci annonça le pardon au-delà de la tombe au pécheur repentant, qui a satisfait à la justice humaine. L'autre, un Irlandais, à l'air hagard, l'écoutait en silence, d'un air sombre, et quand le vieillard eut achevé de parler, il secoua la tête et dit d'un air farouche : « A quoi me sert l'espoir d'une vie meilleure, puisqu'il a fallu que j'endure ici la misère et la faim ! Que voulez-vous que cela me fasse ? Faites-moi sortir de prison, donnez-moi à boire et à manger tout mon soûl, car une fois dehors je me remettrai tout de même à boire pour oublier ma misère, et alors je battrai ma femme, je l'assommerai peut-être et je serai pendu. D'ailleurs cela vaut mieux que de vivre comme un chien. » Mon pieux compagnon voulut lui répondre, mais le prisonnier haussa les épaules avec mépris et lui tourna le dos avec une exclamation d'impatience ; il mit les deux coudes sur la table, cacha son visage dans ses mains et ne fit plus la moindre attention à tout ce que le vieillard continuait à lui dire ; il ne nous salua même pas quand nous prîmes congé pour partir. Mon compagnon était désolé de l'insuccès de ses affectueuses exhortations, mais malgré toute ma vénération pour lui et l'estime que m'inspirait sa charitable intervention, je ne pouvais m'empêcher, à part moi, de donner raison au prisonnier. Un homme qui travaille comme une bête de somme et qui voit malgré cela sa femme et ses enfants périr de faim et de misère, un homme sans éducation qui sent toujours les instincts de la brute triompher en lui, pourra-t-il se réconcilier avec son destin, grâce à quelque vague promesse de bonheur futur, et cette promesse de l'au-delà pourra-t-elle triompher des révoltes sauvages de sa nature foncièrement grossière?

A un grand banquet qui mit toute la famille Salis Schwabe en émoi, j'eus l'occasion de faire la connaissance d'une autre individualité fort curieuse, appartenant à l'autre extrémité de l'échelle sociale. Le voisin de campagne de M. Salis Schwabe était un baronnet; il avait épousé la fille de Lord Amhurst, et celui-ci faisait un séjour chez son gendre. M. Salis Schwabe, qui par sa fortune, sa loyauté et son travail, s'était fait un nom et une situation, frayait d'égal à égal avec ses nobles voisins de campagne et plusieurs visites avaient déjà été échangées entre eux.

En l'honneur de Lord Amhurst, la famille Salis Schwabe lança une invitation à déjeuner qui fut acceptée. On fit des préparatifs considérables, comme s'il s'agissait de quelque grand événement. C'est là que le génie organisateur de Miss Braddon se révéla dans tout son éclat; elle fit son plan de bataille, elle tenait dans sa main, par mille fils invisibles, toute l'armée des subalternes, considérablement augmentée d'aides-jardiniers, revêtus d'une livrée pour la circonstance. Quand tout fut prêt, elle-même se retira pour s'habiller. Enfin l'heure solennelle sonna et les équipages des nobles voisins arrivèrent à la grande entrée de la maison. Des valets gantés de blanc étaient là, tout prêts à présenter leur bras aux dames qui descendaient de voiture, l'étiquette anglaise interdisant aux domestiques de toucher de leur main la main d'une lady.

Mᵐᵉ Salis Schwabe reçut ses invités au salon et peu d'instants après M. Salis Schwabe entra, en habit noir et en cravate blanche. Je fus toute surprise de voir l'air et les manières embarrassées et humbles de cet homme si méritant, qu'intimidaient ces descendants d'une longue lignée d'aïeux. Ceux-ci étaient peut-être moins distingués que lui et certes ils ne devaient leur rang et leur fortune ni à leur travail ni à leurs efforts. Qu'est-ce donc que ce pays de la liberté où je rencontrais à chaque pas le prestige de la naissance et l'esprit de caste? Était-ce la conséquence d'une législation qu'une société libre s'impose à elle-même et qui prouve sa moralité? Était-ce le contraste entre les mœurs et une conception plus haute de la vie, contraste que j'avais connu sur le continent et que je retrouvais ici sous une autre forme?

Parmi les invités, celui qui m'intéressait le plus c'était Lord Amhurst, un aristocrate, un homme du monde dans le meilleur sens du terme, un caractère qui de nos jours n'existe plus que de nom et qu'on ne rencontre guère dans notre société bourgeoise.

Il avait plus de quatre-vingts ans, mais il jouissait d'une bonne santé et il était d'une vivacité toute juvénile; il avait beaucoup d'esprit, une mémoire extraordinaire; non seulement il avait vu la Révolution de 89 et ses deux pâles reflets de 1830 et de 1848, mais il connaissait presque toutes les contrées, presque toutes les cours de l'Europe; il avait vécu assez longtemps en Chine comme ambassadeur d'Angleterre, et il avait connu presque tous les personnages éminents de la fin du siècle dernier et du commencement de celui-ci. Quand je lui fus présentée, il m'adressa la parole en allemand et me dit avoir connu un homme d'État remarquable du même nom, dans lequel je n'eus pas de peine à reconnaître mon père. Après le repas, les dames se retirèrent selon la coutume anglaise, et j'eus l'occasion d'observer la fille de Lord Amhurst, qui semblait n'avoir rien hérité des qualités aimables et séduisantes de son père; elle avait ces manières raides, froides et sèches qu'on rencontre si souvent en Angleterre; cette réserve, loin de cacher de précieux trésors, dissimule bien souvent un esprit insignifiant. Lorsque les messieurs nous eurent rejoints, on fit de la musique. Il me fallut chanter, puis Lord Amhurst, qui était de la meilleure humeur du monde, proposa à sa fille de chanter un de leurs duos d'autrefois; il aimait passionnément la musique et il avait eu lui-même un joli talent d'amateur. Le duo de ce père octogénaire avec une fille qui comptait dix lustres, avait quelque chose de très réjouissant. C'était un duo comique de la vieille musique italienne, et l'excellente diction des chanteurs témoignait encore de la bonne école dont ils tenaient leur maîtrise.

Outre mes promenades quotidiennes dans la superbe propriété, je pris part à plusieurs parties de campagne. On partait généralement en voiture et une partie de la société suivait à cheval. Nous trouvions dans quelque site pittoresque des environs, au pied du Snowdon, le sommet le plus élevé des montagnes du pays de Galles, ou bien à l'ombre de chênes séculaires, des domestiques occupés à nous servir un déjeuner somptueux; parfois on faisait halte pour aller à pied par des sentiers escarpés où les voitures n'auraient pu pénétrer; un jour nous visitâmes d'immenses carrières d'ardoise, dans l'admirable propriété de Pennant Castle en face d'Anglesey, qui rapportent plus de cent mille livres sterling par an à leur propriétaire. Ces masses pittoresques d'un bleu sombre, dentelées d'une manière si sauvage me firent penser à la scène de la montagne du *Second Faust* et je me disais tout bas : « O massifs montagneux, muets à jamais. » L'impression que nous font les masses géologiques, les couches puissantes, qui constituent les arêtes de notre globe, occupe nos yeux, notre imagination, notre intérêt scientifique, mais jamais ces blocs inertes ne parlent à notre âme ce langage vivant et familier des phénomènes du monde organique, jamais nous ne sommes tentés de leur dire ce mot mystérieux de la sagesse védique : « C'est toi ».

La beauté du pays plus encore que le charme de la société exercèrent une action bienfaisante sur mon âme; je voyais avec angoisse approcher l'heure du retour à Londres, cette reprise de ma vie d'exil. De nouveau il me vint l'envie d'aller en Amérique à la recherche de conditions de vie nouvelles, et c'est dans cette disposition d'esprit que j'écrivis aux Kinkel. Je reçus des deux époux d'affectueuses réponses, mais tous deux blâmaient énergiquement mes craintes de retourner à Londres. Lui me disait : « Je vous remercie de tout cœur pour votre lettre et le souffle de bonheur champêtre qu'elle m'apporte. Cependant, malgré les joies que nous donne la nature, je ne partage pas votre manière de voir au sujet de l'émigration et du renouvellement de l'humanité par la nature. Anglesey vous paraît d'une beauté bien paisible, et cependant ses arbres se sont nourris de sang. C'est là qu'un roi très chrétien réunit tous les druides comme pour une diète, et qu'il les fit tous assassiner. Ni leur vie, au sein de la nature, ni leur culte de la nature, n'eussent abouti à l'humanité moderne, au pays de Galles, à l'Angleterre d'aujourd'hui. Ce que nous appelons la nature ne rend pas l'homme meilleur. Il y a deux classes d'hommes, ceux qui sont honnêtes et ceux qui ne le sont pas; entre ces deux classes il y a des nuances intermédiaires. Or, la société peut cultiver ces caractères, la nature ne saurait les rendre meilleurs. Les éléments qui vous font redouter Londres en ce moment se rencontrent partout; il n'y a qu'à les éviter. C'est ce que je vais faire actuellement et d'une manière aussi nette qu'en 1841 à Bonn. Il ne sert de rien de fuir; comme l'ours attaché à son pieu, il faut donner des coups de dents autour de soi jusqu'à ce qu'on ait la paix. L'histoire du monde, voilà notre objectif ; or, l'histoire c'est la lutte. Ne retombez pas dans le paradoxe de Rousseau ! »

Jeanne m'écrivait sur un ton plus énergique encore : « Je suis ravie que les beautés de la campagne t'enchantent. La nature a sur toi l'effet qu'ont eu sur moi les hommes que j'ai connus et appréciés ici. L'Angleterre devient tous les jours davantage une patrie pour moi et l'esprit si large de ses habitants me fait oublier tout le mal que m'ont fait mes compatriotes. Des gens qu'on ne peut arracher à leur mesquine personnalité, il faut les abandonner à leur sort. Mais vouloir fuir en Amérique parce que Londres et son milieu te déplaisent, cela n'est ni pratique ni digne de ta raison. Il doit y avoir autant de commérages et d'intrigues là-bas qu'ailleurs. Quiconque veut s'y soustraire à Londres peut le faire. Nous avons bien su le faire dans une petite ville d'Allemagne, en rompant avec la société de Bonn, en nous séparant de nos relations les plus agréables dès qu'elles apportèrent un souffle corrompu dans la pure atmosphère de notre maison. Cet hiver j'ai été très exposée à faiblir, et faute d'une autre société, à devenir la proie d'un milieu vulgaire. J'étais malade, incapable d'aller chez des amis qui demeurent loin ; mes soirées étaient souvent bien tristes. Mais j'ai été récompensée de préférer ma solitude à une infraction à mes principes. Je n'ai pas de boulet au pied, et, quand j'entre dans quelque cercle de mon choix, je respire un air pur que rien ne trouble. Bientôt les derniers fils qui me rattachent à des relations fâcheuses seront brisés, et ce monde nouveau, où nous vivons, nous permetlant de déployer librement nos ailes, nous nous retrouverons nous-mêmes. »

Je sentis qu'elle avait raison et je me décidai à retourner à Londres, ne voulant pas abuser plus longtemps de l'hospitalité de la famille Salis Schwabe, que je connaissais depuis si peu de temps. Mᵐᵉ Salis Schwabe m'assura au départ de sa vive sympathie et me parla de projets d'avenir. Je la quittai, pleine de reconnaissance et d'amitié pour elle. M. Salis Schwabe me conduisit lui-même à la station de Bangor. Après avoir pris mon billet, il me demanda si cela m'amuserait de voyager avec Lord Palmerston et sa femme. Sur ma réponse affirmative, il me fit monter dans un wagon où se trouvaient ceux-ci. Puis il prit congé de moi en allemand et me tendit une petite corbeille de raisins de ses serres pour le voyage. Je n'eus pas de peine à reconnaître Lord Palmerston d'après les excellentes caricatures du *Punch*. Il lisait un journal anglais, et la lecture achevée il me l'offrit avec quelques mots aimables, en s'excusant de si mal parler l'allemand. Je lui répondis en anglais; il continua la conversation et recommanda deux articles à mon attention. L'un décrivait le retour du jeune empereur d'Autriche après son premier voyage officiel à travers ses États, à travers la Hongrie soumise par les armes russes et pacifiée par le bourreau; on dépeignait les ovations, la sonnerie des cloches, les fleurs, les vivats qui l'accueillirent à Vienne. Le second était un compte rendu du départ du premier grand vapeur du service régulier entre l'Angleterre et l'Australie; il devait faire le trajet en trois mois; on parlait de l'enthousiasme des milliers de spectateurs venus de toutes parts pour acclamer cet embarquement. Après avoir lu les deux articles, je rendis le journal à Lord Palmerston, en lui disant que l'enthousiasme décrit dans le second article était bien plus significatif que l'autre. Là, on exaltait un événement qui marquait un pas dans la marche de l'humanité : un peuple libre célébrait un bienfait dû à la paix. L'enthousiasme des Viennois, au contraire, me semblait une infamie commise sur la tombe toute fraîche de leurs frères assassinés et de leur liberté foulée aux pieds; j'ajoutai que d'ailleurs je n'y croyais pas et que je ne voyais là qu'une manifestation de commande, payée et réglée par la police. Il parut étonné qu'une voyageuse d'un aspect aussi modeste lui exposât de semblables opinions et qu'elle eût l'audace de lui offrir, ainsi qu'à sa « Ladyship », des raisins de son petit panier; lady Palmerston les refusa d'un air hautain et glacial; son mari en accepta en remerciant d'un air gracieux. La conversation semblait l'intéresser et il me demanda si mes opinions reposaient sur mon expérience personnelle et si je connaissais l'état des esprits en Allemagne. Je lui répondis affirmativement et me mis à lui parler du pays que je venais de quitter. Je lui dis que la réaction qui sévissait d'une manière si effrayante alors ne pouvait durer, et que, malgré les apparences, le siècle marchait résolument contre le despotisme sous toutes ses formes. Il m'écouta d'un air poli et attentif. Peut-être y eut-il chez lui comme un remords quand je me mis à parler à dessein avec chaleur de l'héroïsme de la Hongrie, qu'une intervention de l'Angleterre eût pu sauver de la honte que lui infligèrent les Russes. Il est vrai qu'il était de ces hommes d'État dont la conscience ressemble fort à ces jouets de caoutchouc, auxquels la moindre pression donne une forme quelconque et qui reprennent leur forme primitive aussitôt après. Sinon, comment aurait-il pu être ministre dans les combinaisons politiques les plus variées? Comment lui, l'ami de l'empereur Nicolas, aurait-il pu être en coquetterie réglée avec les libéraux? A mon vif regret d'autres personnes montèrent dans le wagon, s'assirent entre nous et mirent fin à notre entretien. A Londres, tandis que sa femme, suivie de son domestique, allait à sa voiture, il me fit descendre et prit poliment congé de moi. Je rentrais dans cet effroyable torrent de la vie de Londres, et, revenue dans ma petite chambre chez M`rs` Quickly, je me demandais : « What next? »

Mes amis Kinkel tranchèrent cette question en m'annonçant qu'ils m'avaient trouvé des leçons d'allemand. Ce n'étaient, il est vrai, que deux heures par semaine, et l'heure ne m'était payée qu'à raison de deux shellings et demi, mais c'était un commencement et ces cinq shellings par semaine remplissaient un peu le vide qui se faisait sentir dans ma bourse. Puis, des leçons, c'était la sauvegarde de mon indépendance, c'était la liberté après le travail. La certitude de me retrouver chez moi, quelque modeste que fût ce home, me semblait mille fois préférable au luxe que j'aurais sans doute trouvé comme gouvernante dans quelque famille opulente; mais ce luxe, il m'aurait fallu l'acheter au prix d'une soumission constante aux volontés d'autrui, il m'eût fallu feindre une foi que je n'avais plus. J'étais ravie de ce début, et je commençai non sans émoi à gagner ma vie. Heureusement, cette première expérience n'eut rien de pénible. Mes deux petites élèves étaient charmantes; c'étaient les fillettes d'un médecin; dès la première entrevue, leur mère avait gagné mon cœur par son accueil aimable et sa beauté sympathique. Les Kinkel, qu'elle connaissait, l'avaient prévenue en ma faveur, et elle me traitait plutôt en amie qu'en maîtresse, les enfants s'attachèrent très vite à moi et la leçon était pour elles un plaisir. Il régnait un doux mysticisme dans la maison, les parents de mes élèves étant des adeptes de Swedenborg, mais cela me déplaisait moins que la sèche orthodoxie de l'église anglicane; quand la délicieuse petite Florence me parlait des bons et des mauvais esprits qui inspiraient ses actes, je me gardais bien de toucher à ses convictions. Bientôt la mère me procura d'autres leçons, que je pouvais me faire payer plus cher, la famille étant riche. J'avançais dans ma voie nouvelle, les recommandations étant le moyen le plus efficace de se faire une clientèle; les annonces dans les journaux sont beaucoup moins « respectable ». Je ne puis dire avec quelle émotion je reçus, au bout du premier mois, ce premier argent que j'avais gagné. Loin d'être humiliée, je me sentais toute fière, jamais l'argent ne m'avait fait autant de plaisir. Je m'étais tenu parole, je gagnais mon pain, je travaillais comme une fille du peuple; l'argent n'a de valeur morale que comme un moyen d'échange entre celui qui réclame un service et celui qui le rend. La vie pratique me ramenait à ma vieille théorie de la suppression de l'héritage; il me semblait que la moralité et la dignité humaine ne pouvaient qu'y gagner. Tout être humain a droit à une éducation qui le rende capable de se suffire à lui-même; la société devrait lui garantir ce droit et au besoin contraindre les parents à lui donner cette éducation; si les parents sont trop pauvres, c'est à la société à y pourvoir et à l'État de se charger des malades, incapables de travailler. Chacun devrait gagner sa vie par son travail. Quelle profonde et salutaire révolution cette conception amènerait-elle dans les mœurs et dans les idées! Au lieu d'accumuler de l'argent pour leurs enfants, les parents dépenseraient sans compter, afin de leur assurer une éducation aussi complète, aussi sérieuse que possible; au lieu de ne leur donner qu'un vernis mondain, on chercherait à tenir compte des dispositions de chacun, afin de cultiver les aptitudes spéciales, seules intéressantes au point de vue de l'indépendance économique.

La nécessité de travailler pour vivre, le plaisir de cultiver avec succès une aptitude naturelle triompheraient de la paresse; du même coup on supprimerait bien d'autres maux, cette tendance des parents à lésiner sur l'éducation des enfants pour leur assurer le bien-être matériel, cette habitude d'une instruction superficielle, ce mépris des spécialités! Quel bienfait pour la société, par exemple, si l'on cessait de considérer comme indispensable l'étude du piano pour toutes les jeunes filles, à quelque condition qu'elles appartiennent. qu'elles soient douées ou non. Au lieu de les laisser martyriser pendant plusieurs heures par jour leur entourage, ne ferait-on pas mieux de développer chez elles quelque aptitude qui pourrait peut-être les rendre très utiles à la société? D'ailleurs pour celles qui sont douées, il y a d'autres moyens de donner le goût et le sens de la musique que ces gammes et ces exercices à outrance. On pourrait citer bien des exemples du même genre, et la société aurait tout à gagner à la suppression de cette fausse culture; elle y gagnerait d'abord de fortes individualités, capables d'un échange d'idées intéressant. Il va de soi que le développement d'une aptitude spéciale n'exclurait nullement une culture générale. L'enseignement des notions élémentaires est donné dans la première jeunesse; là il convient de procurer à tous les éléments de toutes les sciences et de tous les arts. Plus tard chacun ferait son choix d'étude, mais plus on s'adonnerait sérieusement à la branche qu'on aurait choisie, plus il serait nécessaire que l'esprit demeurât ouvert à des intérêts généraux.

On pourrait objecter que cela nécessiterait une éducation si coûteuse, des moyens si variés, une organisation du système pédagogique si complexe que la société ne saurait y pourvoir. Je répondrai à cela : une société qui trouve les ressources nécessaires à l'entretien d'une cour et d'une armée permanente saura trouver les sommes nécessaires à son propre développement; d'ailleurs si l'on arrivait à réaliser ce développement rationnel de la société, les dépenses colossales que je viens d'indiquer auraient fait leur temps; un peuple qui sait se régir n'a besoin ni de l'éclat d'une cour royale ni de cette entrave à la vie qu'on appelle une armée permanente.

CHAPITRE XXIII

Les réfugiés politiques.

Avant de partir pour le pays de Galles j'avais tenu à connaître par moi-même le cercle des réfugiés politiques allemands à Londres; l'impression qui m'en était restée, à laquelle Kinkel et Jeanne faisaient allusion dans leurs lettres, m'avait fait hésiter à m'établir à Londres; je me demandais s'il ne valait pas mieux rompre avec ce milieu et partir pour l'Amérique. Revenue à Londres, il me fut impossible de ne pas renouer les relations interrompues; d'abord on vint me voir, et j'étais trop seule pour éviter tout commerce; puis, dans le nombre il y avait quelques personnalités intéressantes, éminentes même, dont la connaissance me semblait utile et bonne. Je me décidai à ne rechercher que celles-là, à me tenir sur la réserve avec les autres, et surtout à être sur mes gardes pour ne pas me laisser mêler aux mesquines intrigues, aux vilains commérages inévitables dans une agglomération de gens qui n'ont ni un but précis dans la vie, ni la préoccupation d'intérêts supérieurs, ni des occupations urgentes.

A quelques maisons de chez moi les émigrés allemands avaient trouvé un centre dans la maison d'une dame dont j'avais fait la connaissance à Hambourg, où elle était restée quelque temps. Mᵐᵉ de Bruning était venue plusieurs fois à l'école supérieure; mais une visite domiciliaire, faite chez elle par la police, la décida à s'établir en Angleterre avec sa famille. Elle était originaire de la Russie allemande et elle appartenait à la famille Lieven, une des grandes familles des provinces baltiques; elle avait épousé un baron livonien et elle en avait plusieurs enfants. Riche, grande, bien faite, d'une physionomie agréable, élégante et distinguée dans ses manières, cultivée, bonne, vive, enthousiaste, elle avait, je ne sais comment, pris fait et cause pour la démocratie; mal vue dès lors dans son pays natal, elle l'avait quitté; le bras de l'empereur Nicolas était long, si bien qu'en Allemagne comme en Suisse elle était toujours restée sous la surveillance de la police; enfin, comme on la soupçonnait, quoique à tort, d'avoir pris part à l'évasion de Kinkel, on avait pris les mesures de police dont j'ai parlé tout à l'heure, ce qui la décida à se réfugier sur le sol hospitalier de l'Angleterre. Au début de son séjour à Londres, c'est dans la maison de Kinkel qu'elle avait cherché avec les autres réfugiés politiques allemands à former un noyau, où l'on s'efforçait de reconstituer une petite patrie sur la terre étrangère, où l'on s'entretenait de ses espérances, de ses vœux, de ses plans. Mais soit qu'il y eût eu des malentendus, soit qu'il y eût incompatibilité de principes, des mésintelligences ne tardèrent pas à se produire; Kinkel d'ailleurs n'avait pas de temps à consacrer à des réunions oiseuses; il avait besoin de tous ses instants pour créer une existence indépendante à sa famille. Cette nécessité et la clairvoyance de son esprit empêchèrent Kinkel de tomber dans l'erreur que commettent souvent les émigrés politiques et que Macaulay décrit si bien quand il parle des réfugiés politiques en Hollande; au lieu d'utiliser le temps de l'exil pour quelque travail fécond, ils le gaspillent dans une vaine attente d'événements soi-disant imminents, le retour dans la patrie, le triomphe de leur parti. Il en est des partis politiques comme des individus; après de grandes catastrophes, qui bouleversent la vie, l'homme espère toujours au fond de son cœur que la destinée, le remettant en présence des conditions du passé, lui permettra d'éviter les fautes qu'il a commises et le laissera maître de la situation. Mais, hélas! le destin n'a pas de ces bontés; que lui importe la douleur d'un individu ou d'un parti? il nous donne une fois l'occasion d'agir à notre guise, puis une nécessité inéluctable préside à l'enchaînement de toutes les conséquences qui découlent de nos actes sans que rien désormais puisse entraver leur marche. La seule manière de réparer une faute, la seule manière de nous relever après un coup du sort, c'est de comprendre qu'il faut agir énergiquement, qu'il faut accepter le présent, avec ses exigences; il ne faut pas tourner nos regards vers le passé : tous nos efforts ne le ramèneront plus.

Bien peu des émigrés comprenaient cette vérité; dès que les Kinkel eurent fermé leur porte, refusant de laisser les oisifs empiéter sur un temps réservé désormais tout entier au travail, toute la bande des réfugiés passa dans la maison de Mme de Bruning; celle-ci l'ouvrait d'ailleurs d'une manière fort hospitalière, et ne demandait qu'à être la reine et la divinité de cette démocratie nomade. La maison qu'elle occupait avec sa famille était vaste et l'ameublement en était élégant. On était tenté de ne parler que d'elle en parlant de sa famille; en effet, elle en était l'âme, et c'est sa volonté qui faisait loi. Son mari ne partageait pas ses opinions démocratiques et il l'avouait ouvertement; le cercle qu'elle réunissait autour d'elle n'était nullement de son goût. Cependant il se soumettait en tout aux décisions de sa jeune épouse; il assistait tous les soirs, souvent, il est vrai, d'un air maussade, aux réunions démocratiques qui se tenaient dans le salon de sa femme. Je ne sais ce qui motivait cette abnégation. Aimait-il trop sa femme, malgré l'aversion que lui inspiraient ses idées politiques, pour lui faire une opposition ouverte? Ou bien, comme le prétendaient quelques-uns, la fortune venant d'elle, se faisait-il un scrupule de la gêner dans l'emploi qu'elle en voulait faire? enfin supportait-il, pour l'amour des enfants, ce qu'il ne pouvait pas empêcher? Toujours est-il que, s'il laissait sa femme l'éclipser dans ses salons par son amabilité mondaine, il savait en revanche s'occuper de la maison et surtout des enfants, que leur mère laissait pousser en sauvageons. Bref, si les partisans politiques de Mme de Bruning pouvaient se demander si son caractère méritait toute l'admiration qu'on ne pouvait refuser à sa grâce, les adversaires politiques de son mari, tout en convenant que l'amabilité de M. de Bruning n'était pas excessive, ne pouvaient s'empêcher d'estimer et d'apprécier en lui toutes les qualités d'un homme d'honneur.

Mᵐᵉ de Bruning me reçut aimablement, sans y mettre cependant l'empressement dont elle gratifiait en général ses hôtes. Il y avait entre nous un antagonisme dont nous eûmes conscience dès le début de nos relations; cette glace ne se rompit que plus tard, dans une heure solennelle, dont je reparlerai. La vanité féminine n'y était pour rien; Mᵐᵉ de Bruning devait s'être rendu compte dès l'abord que je ne pouvais rivaliser avec elle de beauté, de grâce et d'influence; mon âme était triste et grave, en proie à des soucis de toute espèce, et je ne songeais guère à briller à côté d'elle. Ce qui nous séparait, c'est qu'elle s'enthousiasmait pour les personnes et moi pour les principes; elle voulait régner par sa fortune dans le domaine de nos idées; moi, je voulais mettre à leur service le peu dont je disposais. De plus, elle savait que j'étais liée avec les Kinkel, avec lesquels elle était tout à fait en froid, et qu'elle ne voyait plus.

Aussi n'y allais-je pas tous les jours, comme les autres; parfois même, j'y venais si rarement qu'on m'envoyait chercher, en me reprochant ma longue absence. Cependant j'y allais volontiers de temps à autre, certaine d'y rencontrer des personnalités intéressantes, entre autres le docteur Lœwe de Calbe, qui, de son regard pénétrant, semblait lire au fond de votre cœur, et dont je préférais la conversation lumineuse et fine à celle de tous les autres. Une femme très intelligente, à qui j'avais fait part de cette impression, me répondit d'Allemagne : « Tout ce que vous me dites de votre vie et de vos relations à Londres m'intéresse très vivement ; surtout ce que vous me dites de Lœwe ; là encore nous nous rencontrons dans une même estime. J'ai vu et entendu Lœwe à Francfort en 1848 ; à cette date je connaissais à peine son nom et cependant, dès l'abord, j'avais senti une confiance absolue en ses lumières et en son caractère. « En voilà un de qui je réponds », avais-je dit alors, et depuis, sa conduite a justifié mes prévisions. Je l'avais entendu parler sur la tombe d'un ami, d'un membre du parlement ; Gagern parla après lui ; or, ils furent là ce qu'ils devaient rester plus tard : l'un calme et ferme, l'autre hésitant et passionné. »

Si Lœwe se distinguait parmi les hommes mûrs, parmi les jeunes gens il y en avait un dont on pouvait dire, sans être grand prophète, qu'un bel avenir lui était réservé. C'était Schurz. Il s'était fait un nom par l'audace avec laquelle il avait fait évader Kinkel de la prison de Spandau ; les uns le redoutaient, les autres le couvraient de lauriers. Tout jeune, à vingt-deux ou vingt-trois ans, il avait pris part à la Révolution de Bade, à côté de Kinkel, son maître et son ami ; à la veille de la reddition de la ville, il s'était évadé de Rastadt de la manière la plus téméraire, par une conduite d'eau débouchant dans le Rhin ; réfugié en France, il y avait élaboré avec Jeanne Kinkel le plan d'évasion de son mari ; puis il le mit à exécution. J'avais fait sa connaissance à Hambourg, où il passait pour aller à Berlin ; là, condamné à mort lui-même, il vécut plusieurs mois sous les yeux de ses bourreaux ; enfin, ses mesures prises, il leur enleva leur proie d'une main sûre. J'avais eu l'occasion de le voir quelques heures, et j'avais reconnu en lui une nature exceptionnelle. Il avait grandi dans un milieu modeste, mais en véritable enfant de la région rhénane, il réunissait toutes les qualités de cette race d'élite ; simple et modeste dans ses manières, il était plein de cœur et de poésie ; il avait une conception juste et vraie de la vie, un grand sens pratique et cette énergie inébranlable qui seule assure le succès.

Depuis l'arrivée de Schurz en Angleterre, où il s'était réfugié avec Kinkel, j'étais restée en correspondance avec lui, et j'avais eu l'occasion d'admirer ses facultés extraordinaires ; après les Kinkel, c'est lui que je me réjouissais le plus de revoir. Il vint d'ailleurs me voir dès mon arrivée, et à partir de ce moment, je le vis tous les jours, soit chez moi, soit chez les Kinkel, soit chez Mme de Bruning, où le conduisait tous les soirs un intérêt tout à fait étranger à la politique. Parmi les réfugiés se trouvait aussi Jean Ronge, dont la femme était devenue l'amie intime de Mme de Bruning ; sa jeune sœur était venue passer quelque temps auprès d'elle ; c'était une toute jeune fille, belle, aimable et séduisante ; je l'avais connue à l'école de Hambourg, où elle avait été une de nos premières élèves ; elle avait quitté l'école pour aller à Londres auprès de sa sœur. Chez Mme de Bruning, elle était l'enfant gâtée de la maison ; c'est là que Schurz l'avait rencontrée et aimée ; ils se fiancèrent, et cet aimable jeune couple n'était pas le moindre attrait de la maison ; tous deux étaient très bons musiciens et Schurz accompagnait souvent le chant plein d'âme de sa fiancée. Malheureusement nous ne les gardâmes pas longtemps. Après leur mariage, conclu l'été suivant, ils se décidèrent à partir pour l'Amérique. Schurz savait fort bien qu'il pouvait gagner une certaine aisance en donnant des leçons en Angleterre, mais d'une part il aspirait à une activité plus large, d'autre part il cherchait à échapper à l'inaction stérile de l'émigration; il voulait mettre à profit ce temps précieux, et en attendant quelque éventualité heureuse, étudier de près le développement normal de la liberté en Amérique. Je passai encore quelques bonnes heures avec eux dans leur calme retraite de Hampstead, un joli village assez voisin du quartier de Londres que j'habitais. Ils partirent encore avant la fin de l'année, accompagnés de mes meilleurs vœux. Leur départ laissait un vide dans ma vie, et la maison des Bruning perdit si bien toute sa poésie que j'y allai désormais beaucoup moins. Quant aux autres réfugiés, l'amie allemande qui me parlait de Lœwe ne les jugeait que trop bien quand elle me disait : « Parlez-moi des nôtres à Londres; chacun d'eux m'intéresse. Je leur souhaite à tous une vie supportable et du bon sens. Mais plus d'un écho de là-bas m'inquiète; je crains qu'ils ne vivent trop entre eux, qu'ils ne perdent de vue le reste du monde ou ne le considèrent que comme un moyen de réaliser leur idéal social; ils croient qu'ils ont affaire à une matière inerte, quand c'est un organisme vivant, sans hautes visées il est vrai, mais qui voit ses intérêts et n'entend en aucune façon qu'on abuse de lui. Je redoute toujours que l'élite d'entre les nôtres ne fasse quelque folie; les masses ne peuvent nous suivre qu'à distance. Tous les jours, mon opinion se confirme par l'expérience. Peut-être le Midi a-t-il de l'avance sur nous, peut-être est-il plus mûr; quant à nous, nous avons encore bien besoin du joug qui nous accable; croyez-moi, la leçon que nous recevons en ce moment en Hesse et dans le Slesvig-Holstein ne sont pas trop sévères. Quand j'envisage ce triste état de choses, le courage de vivre vient à me manquer et je souhaite l'heure du *grand sommeil.* »

Il faut avouer que les vaines espérances des réfugiés étaient encouragées et nourries par l'Allemagne. Là-bas, on comptait beaucoup sur l'émigration, comme si les réfugiés possédaient une baguette magique capable de faire jaillir de l'or du sol. Eux, cependant, trouvaient inutile de chercher du travail; ils restaient sur le qui-vive, prêts à courir au-devant de la révolution victorieuse, étendards déployés et musique en tête. Il nous venait d'Allemagne des délégués du parti révolutionnaire pour convenir d'une action en commun si les événements tournaient bien. Parmi ces délégués se trouvait un officier d'artillerie en retraite, qui montrait un zèle excessif dans ces négociations; il exprimait une confiance absolue en une révolte prochaine et semblait très désireux de connaître tous les membres de l'émigration et les ressources qu'on pouvait attendre de chacun d'eux. Je ne le vis qu'une fois, mais il m'inspira une défiance instinctive et j'appris plus tard combien cette défiance était justifiée. Lorsque au bout de quelques mois il y eut des perquisitions et des arrestations à Berlin et à Rostock et quand s'ouvril le procès, il se trouva que ce même individu avait trahi tout le monde ; c'est d'ailleurs à ses déclarations mensongères que je dus sans doute mon expulsion. Il avait eu l'audace de venir exprès en Angleterre pour voir s'il pouvait augmenter son salaire de Judas et faire tomber d'autres victimes dans son piège. Quelle honte pour la Prusse de s'être servie de gens de cette espèce pour espionner les émigrés ! Ceux-ci avaient au moins le courage de leurs opinions, ils y avaient sacrifié leur patrie, leur fortune, leur situation, leur avenir ; leur seul crime était d'avoir demandé trop tôt et trop hardiment aux gouvernants de comprendre qu'il est des concessions nécessaires, aux masses la sagesse dans l'usage de la liberté. L'Allemagne d'alors se trouve jugée en termes amers dans une lettre de mon cher ami Weigelt, le prédicateur de la communauté libre de Hambourg : « Je m'occupe en ce moment exclusivement de Kant ; s'il y avait un jugement dernier, le peuple allemand serait condamné sans rémission pour s'être laissé mener en lisière par les cléricaux cinquante ans après un tel homme. A quoi bon des esprits médiocres se fatiguent-ils à penser et à parler, si un homme comme Kant semble avoir pensé en vain ? »

Les réfugiés, à peu d'exceptions près, avaient, eux aussi, le tort de s'attacher uniquement à leur idéal théorique et de perdre ainsi le sens des réalités qui les entouraient et qui auraient pu leur être d'un si utile enseignement. Des maisons comme celle de Mme de Bruning entretenaient cette fâcheuse tendance. On facilitait la vie à tous ces utopistes oisifs, on entretenait leurs chimériques espérances, on s'exaltait les uns les autres, on finissait par prendre tous ses rêves pour des certitudes; en même temps une société agréable, une table somptueuse et les secours matériels que prodiguait Mme de Bruning donnaient le change sur les difficultés matérielles du moment et sur la nécessité du travail. Une lettre de Schurz qu'il m'écrivit d'Amérique quelque temps après son arrivée montre combien les yeux se dessillaient dès qu'on sortait de la vie factice où se complaisaient les réfugiés.

« Je n'ai pas encore vu grand'chose en Amérique, mais j'y ai déjà beaucoup appris. C'est la première fois que je vis dans un pays démocratique et que je vois comment se comporte un peuple libre. J'avoue sans rougir que je ne m'en faisais qu'une idée vague. Mes opinions politiques ont subi une espèce d'évolution depuis que je lis dans le livre de la réalité, le seul qui soit vrai. Quand je me figure la plupart des ardents révolutionnaires de métier, tels que l'exil les a formés, la plupart des dames distinguées du parti libéral, avec leur sentimentalisme démocratique, je les transplante ici par la pensée, je les vois raisonner à perte de vue, les uns s'indignant de l'attitude de la bourgeoisie et des menées cléricales, les autres de la licence effrénée du peuple, tous finissant par nier cet Eldorado; plus j'y songe, plus je tremble pour notre future république européenne, qui compte sur de tels appuis. Il est vrai que le premier coup d'œil jeté sur ce pays vous remplit de stupeur. Ici vous voyez pousser le principe de la liberté individuelle jusqu'à ses dernières conséquencos, jusqu'au mépris d'une loi librement consentie ; là, vous voyez le fanatisme religieux exaspéré se manifester par des actes sauvages; vous voyez la masse des travailleurs marcher résolument à l'émancipation, et à côté d'eux la spéculation capitaliste s'étaler effrontément dans des entreprises colossales. Voici un parti qui se dit démocratique : il est le pilier de l'esclavage; en voilà un autre qui tonne contre l'injustice criante de l'esclavage : il appuie tous ses arguments sur l'autorité de la Bible et son étroitesse de vue est surprenante. La liberté et l'autorité se coudoient, se mêlent, s'entre-croisent sans contrôle. Le démocrate, venu d'Europe, qui jusqu'alors a vécu dans le monde des idées, sans avoir jamais eu l'occasion de leur donner un corps, de les voir se traduire sous forme humaine, se demande avec étonnement : est-ce là un peuple libre? est-ce là une démocratie? peut-elle vivre et renfermer ces principes contradictoires dans son sein? est-ce mon idéal? Voilà les questions qu'il se pose, voilà les doutes qui l'assaillent, quand il met le pied dans le Nouveau Monde, ce monde vraiment nouveau. Il observe, il réfléchit, il dépouille un à un tous les préjugés de la vieille Europe et il arrive enfin à conclure que voilà bien les hommes quand ils sont libres. La liberté brise toutes les chaînes qui entravent le développement. Toutes les forces, toutes les faiblesses, tout le bien, tout le mal se montrent au grand jour, et dans tous leurs effets; la lutte des principes se poursuit ouvertement, la liberté extérieure nous montre où est l'ennemi, et alors s'achève notre liberté intérieure. Quiconque veut la liberté ne doit pas s'étonner si les hommes ne se donnent pas pour meilleurs qu'ils ne sont. La liberté est la seule condition qui permette aux hommes de se connaître, car ils se montrent tels qu'ils sont. Ces conditions ne sont pas favorables à la manifestation d'un idéal, mais on ne saurait forcer les choses. Ici on laisse les Jésuites poursuivre librement leur manège ; on ne les tue pas, on ne les expulse pas, car la démocratie accorde la liberté de conscience dans la mesure où celle-ci n'entrave pas la liberté civile du prochain ; on ne les combat pas par la force, mais par l'opinion publique. Cette conception est non seulement plus démocratique, elle est plus efficace ; si la lutte de l'opinion publique est lente à triompher de l'influence cléricale, cela prouve que les hommes ne sont pas mûrs pour ce triomphe. L'avantage de cette lutte, c'est qu'elle marche du même pas que les masses, et ses victoires, pour être moins rapides et moins brillantes, sont plus durables et plus décisives. Il est ainsi de tout ici. Le révolutionnaire européen s'en impatiente ; il voudrait porter de grands coups ; mais les hommes sont ainsi faits qu'on ne peut les rendre raisonnables à coups de bâton, et la vraie démocratie est ainsi faite que l'esprit public s'y manifeste non pas tel qu'il devrait être, mais tel qu'il est. Je suis convaincu qu'en Europe les révolutionnaires, par leur impatience d'être au gouvernail, par leur soif de réformes hâtives, vont pousser la prochaine révolution dans la voie de la réaction. La vie en Amérique me montre de plus en plus que la tâche d'une révolution c'est de donner carrière au peuple, c'est-à-dire de briser toute autorité aux mains de l'État, de renverser toutes les entraves à la liberté individuelle. Le peuple se donnera carrière, commettra mille folies, mais c'est dans sa nature; on aura beau l'endoctriner, il lui faudra passer par là; mais à chaque folie commise, il y aura un progrès accompli, tandis que les plus sages conseils ne mûrissent pas l'esprit public.

« En Amérique, on voit à tout instant qu'un peuple peut se régir seul. En effet, l'anarchie, ce monstre qu'on ne nomme en Europe qu'en frémissant, s'épanouit ici florissante. Il y a des gouvernements, mais pas de maîtres; il y a des gouvernants, mais ce sont des commis. Ce que l'Amérique possède de grandes écoles, d'églises, de voies de communication, etc., elle le doit entièrement, non à l'autorité constituée, mais à l'initiative privée.

« Ici l'on voit combien la liberté est féconde. Voici une église superbe : elle a été élevée par une société d'actionnaires; voilà une université : un millionnaire a fait un legs considérable pour un édifice d'instruction publique; on a complété le legs par souscriptions pour fonder l'université; là-bas s'élève un orphelinat en marbre blanc : c'est un particulier qui l'a fait construire. Il en est de même pour tout le reste. L'État est superflu dans un grand nombre de cas où on le croit indispensable en Europe, et la possibilité d'une initiative privée en fait naître le goût. »

Ces jugements de mon jeune ami m'intéressaient vivement; j'en admirai la justesse en ce qui concerne le parti des réfugiés et la Révolution. J'avais suivi de trop près les menées révolutionnaires dans l'Ancien Monde pour ne pas comprendre le développement plus normal de la liberté dans le Nouveau Monde. Le seul point que Schurz me semblait méconnaître, c'est la possibilité d'une forme plus artistique, plus esthétique de la vie de liberté en Allemagne, du moins le jour où un autre régime viendrait à y triompher. Pour le reste j'étais d'accord avec lui; pour moi comme pour lui, octroyer des libertés théoriques, les greffer sur un élément populaire vivace, mais qui n'est pas mûr, ce n'est pas préparer une œuvre féconde.

Il ne faut pas oublier cependant qu'en Europe le point de départ des aspirations libérales diffère de celui des Américains. La société qui s'est fondée là-bas est une société neuve, sans passé historique, sans élément national, sans tendance idéale; les nationalités les plus diverses y ont apporté leur part et les institutions les plus libérales leur ont servi de base; aussi cette société, favorisée par les vastes espaces dont elle disposait, a pu s'étendre et s'essayer à l'infini, faire les tentatives les plus diverses et permettre à chaque parti, à chaque individu un libre épanouissement. En Europe, au contraire, et surtout en Allemagne, dont la situation me semblait très différente des autres pays européens, il fallait que la théorie se détachât de toutes les entraves de la tradition pour marcher à travers des crises violentes vers une adaptation pratique. Des novateurs maladroits ont dû en pâtir; l'apprentissage du peuple allemand, qui aime une sage lenteur, qui n'est pas amoureux du nouveau, sera peut-être long et pénible; mais il ne me semblait pas impossible qu'une éducation théorique conduisît à la liberté; cette liberté n'en porterait peut-être que des fruits plus beaux, pour avoir visé, non pas le triomphe des intérêts matériels, mais l'épanouissement des aspirations morales et artistiques les plus hautes. Quelque compromis que me semblât l'avenir, quelque grands que fussent mes doutes sur la capacité du parti révolutionnaire, quelque menaçante que fût la réaction, je ne pouvais me défendre d'avoir confiance et je me disais : quand l'aurore d'un jour nouveau luira en Allemagne, nous aurons une belle liberté. De même que dans l'histoire de l'Allemagne nous rencontrons partout l'attrait exercé par le Midi, de même que Faust, cet homme du Nord, cherche instinctivement son idéal de beauté en Grèce, de même quand le génie du peuple allemand façonnera sa vie, il joindra un idéal de beauté à la liberté, et mieux qu'en Amérique il saura élever des temples nouveaux à ce culte idéal.

J'avais pressenti avec délices ce que seraient ces temples de l'avenir en lisant, avant mon départ d'Allemagne, trois livres récents dus à la même plume : *L'Art et la Révolution*, *La Musique de l'Avenir*, et *L'Opéra et le Drame* de Richard Wagner. L'auteur, qui s'était réfugié en Suisse depuis la Révolution de Dresde, au printemps de 1849, ne m'était pas connu; mais, enthousiasmée par le courant d'idées qui émane de ces trois œuvres, où je croyais reconnaître l'évangile d'avenir de mes rêves, je lui écrivis après avoir lu *L'Opéra et le Drame*, et je reçus de lui un mot aimable. Je n'avais malheureusement

RICHARD WAGNER

entendu aucune de ses œuvres avant mon départ pour l'Angleterre, et cependant on commençait à les représenter sur quelques théâtres allemands; le texte de *Tannhäuser* seul m'était connu. Mon ami Théodore et Anna l'avaient lu avec moi à Hambourg et nous en avions été ravis. Nous avions été saisis d'une joyeuse émotion de voir s'ouvrir une voie nouvelle par un art vraiment supérieur. Ce libretto, d'une portée morale si haute, n'était plus une de ces œuvres frivoles, appelées à distraire les hommes après les fatigues banales du jour, comme la plupart des opéras de nos théâtres; nous nous sentions fascinés, sollicités au recueillement, remplis d'une sympathie profonde, d'une pitié passionnée, émus d'une manière tragique et pourtant sereine; le vrai drame, comme le destin, nous élève au-dessus des misères de la vie, emportés par un souffle sublime. Je pensais avec ravissement à ce que devait être la représentation d'une pièce pareille, rehaussée par la beauté de la musique et l'éclat de la mise en scène; j'aspirais de tout mon cœur à la voir jouer un jour. En quittant l'Allemagne, je renonçais à cet espoir. Je n'essayai pas non plus de continuer ma correspondance avec l'auteur, ce génie exceptionnel, à la fois critique, poète et compositeur; je craignais de l'importuner, et d'ailleurs tous ces rêves d'un avenir meilleur me semblaient trop lointains, trop irréalisables.

Un autre livre me fit à la même date une impression profonde et durable, quoique très différente; c'était une œuvre critique d'une portée politique qui me frappa. Un ouvrier de mes amis vint m'apporter ce livre un jour à Hambourg en me disant : « Celui qui a écrit ceci est aussi des nôtres. » Le titre du livre était *De l'autre rive*, et l'auteur était un Russe, Alexandre Herzen. Jusqu'alors je n'avais jamais entendu parler de lui; la Russie même était pour moi comme pour la majeure partie de la société de l'Europe occidentale de mon temps une terre inconnue; le livre de Custine et les travaux bien plus importants du baron de Haxthausen seuls m'avaient fait soupçonner une civilisation originale, assez différente de la nôtre, née dans les vastes plaines qui s'étendent de la Vistule à l'Oural, de l'Océan glacial à la mer Caspienne. On connaissait de nom la cour de Russie, et Pierre le Grand, qui avait introduit les mœurs de l'Occident dans ces steppes; on savait quel jeu sanglant y faisait parfois passer la couronne d'une tête à l'autre; on se souvenait de Catherine II, géniale et frivole, en coquetterie intellectuelle avec les beaux esprits de France, et prodiguant des marques moins platoniques de sa faveur à des sujets de son empire; on avait vu l'aimable et sentimental Alexandre Ier, vainqueur de Napoléon, entrer à Paris en triomphateur, et y laisser un souvenir ineffaçable dans plus d'un cœur de femme; enfin l'on connaissait la tyrannie de Nicolas, et la puissance foudroyante de son regard. Son sceptre de fer pesait sur la Russie et maintenait l'Europe, et notamment l'Allemagne, dans la dépendance et la terreur. Voilà ce qu'on savait; toutes les notions sur la Russie se résumaient d'un seul mot : c'est une autocratie; mais on ignorait le peuple russe, la littérature russe; on connaissait à peine le nom de Pouchkine, et Haxthausen fut le premier à parler d'une commune russe, organisation politique primitive analogue à celle de tous les peuples indo-germaniques et que la civilisation occidentale a abandonnée.

Le livre de Haxthausen et cette étude toute nouvelle pour moi des communes m'avait vivement intéressée; elle avait attiré mon attention sur la Russie. J'avais comparé cette masse immense du territoire russe, avec son unité géographique intacte, à l'Europe, si découpée, si déchiquetée, si divisée par des mers, des fleuves, des chaînes de montagnes; plus d'une fois il m'était venu à l'esprit que l'Europe était destinée par sa configuration à favoriser le développement de l'individualisme; la Russie et l'Amérique, par leur structure même, me paraissaient au contraire appelées à réaliser les rêves socialistes dont le mirage charmait mes yeux; j'avais communiqué mes idées sur cette question à mon ami d'Amérique, et il m'avait répondu qu'il la partageait entièrement, qu'il n'avait rien à ajouter à mes explications.

J'étais donc préparée à m'occuper des questions russes, quand j'ouvris le livre de Herzen; l'ouvrier qui me l'avait donné étant un socialiste avancé, je m'attendais à y trouver quelque nouveau système. Mais à peine avais-je commencé à lire, que je trouvai tout autre chose qu'une théorie abstraite; on y sentait passer un torrent fougueux d'impressions vivantes, de souffrances passionnées; on y trouvait un amour ardent de l'humanité, une logique impitoyable, une satire mordante, un mépris froid, sous lequel se cachait une foi déçue, un renoncement stoïque, un scepticisme désespéré; tout cela éveillait mille échos dans mon âme, et me montrait, éclairé au flambeau cruel de la vérité et de l'analyse, tout ce que nous avions vu, depuis les espérances de février et de mars 1848, jusqu'aux événements de Vienne, et jusqu'au 2 décembre avec les massacres, la prison et Cayenne. Je demeurai stupéfaite de voir se refléter dans l'âme d'un Russe notre idéal perdu et nos vœux inassouvis, notre désespérance et notre résignation ; il était venu en Europe, comme il le dit lui-même, avec de brillantes espérances, et il n'y avait trouvé que ce qu'il venait de fuir dans sa patrie. J'admirai la force et la hardiesse de ce penseur, qui, loin de demeurer attaché comme la plupart de nos révolutionnaires à des illusions qui venaient d'aboutir à de si amères déceptions, ne craignait pas de plonger le couteau dans la plaie pour en mesurer la profondeur, et cherchait sans détour, sans phrase, la cause de notre échec. La forme du dialogue, qui domine dans le livre, lui permettait d'envisager tour à tour les diverses faces du problème d'une manière vivante. Des passages comme le suivant montrent d'une manière lumineuse, d'un côté l'enthousiasme de gens bornés, et de l'autre la critique sans pitié d'un esprit philosophique qui ne recule pas devant l'expression des vérités les plus cruelles.

« Il n'y a jamais eu qu'une élite qui se soit consacrée à la science ; ce domaine abstrait n'appartient qu'aux esprits vigoureux, qui se sentent la vocation de l'étude. Si vous voulez voir le lien qui unit les plus hautes idées d'une époque et les masses, il faut quitter le domaine des abstractions. Que dites-vous de la prédication de l'Évangile ? Quel énergique écho répondit à l'appel des douze apôtres ? — Pauvres gens ! ils ont fait un fiasco complet. — Oui et ils ont baptisé la moitié du monde ! — Au bout de quatre siècles d'une lutte acharnée et de six siècles de barbarie, et après des efforts qui durèrent mille ans, le baptême du monde a été tel que de la doctrine des apôtres il ne restait rien, que l'Évangile de liberté était devenu le catholicisme et que la religion de l'égalité et de l'amour était devenue une Église de sang et une hiérarchie. Le vieux monde, après avoir gaspillé ses forces vitales, s'apprêtait à mourir ; le christianisme, chargé de l'ensevelir, parut au lit de mort en médecin et en consolateur, mais, en se soumettant aux caprices du malade, il est devenu lui-même romain, barbare, tout ce que vous voudrez, sauf évangélique. C'est un exemple de la puissance des masses. Les hommes croient qu'il suffit de démontrer une vérité comme on démontre un théorème de mathématiques pour la faire accepter, qu'il suffit de croire pour faire partager sa foi. Voilà d'où viennent les plus grands malentendus. Les uns exposent une question, les autres écoutent, mais ils comprennent tout autre chose que ce qu'on leur a dit parce que leur développement intellectuel est tout différent. Qu'est-ce que les premiers chrétiens ont prêché, et qu'est-ce qui est demeuré dans l'esprit des masses ? Les masses ont retenu tout ce qui était incompréhensible, la partie légendaire, mystique, absurde. Ce qu'il y avait de clair, de simple, de grand dans la doctrine leur était inaccessible. Ainsi les peuples ont pris ce qui enchaîne la conscience humaine et rien de ce qui la délivre. Passons à l'époque de la Révolution, nous retrouvons la même chose. Le peuple n'a vu dans la Révolution qu'une sanglante revanche, la guillotine et la Terreur. L'amère nécessité historique qui fit recourir à ce moyen devint un cri de ralliement et au mot de *fraternité* l'homme ajouta : *ou la mort*. Après avoir vu tout cela, il faut bien admettre une fois pour toutes qu'il ne suffit pas de prêcher l'Évangile au monde romain pour en faire une république démocratique comme la rêvaient les apôtres, et qu'il ne suffit pas de publier une édition illustrée des Droits de l'homme en deux colonnes pour faire d'un esclave un homme libre. »

Et ailleurs ce cri de douleur après les journées de juin :

« Pendant trois mois les députés élus par le suffrage universel de toute la France n'avaient rien fait. Tout à coup ils se dressèrent de toute leur hauteur pour donner au monde un spectacle qu'on n'avait jamais vu, le spectacle de huit cents hommes qui agissent comme un seul criminel, un seul fou furieux. Le sang coulait à flots et ils ne trouvèrent pas une seule parole d'amour, ni de pitié. La grandeur d'âme et l'humanité furent étouffées par des cris sauvages, vindicatifs, indignés, et la voix mourante de monseigneur Affre même ne put toucher ce Caligula polycéphale, cette monnaie de billon des Bourbon. Ils pressaient sur leur cœur les gardes nationaux qui avaient fusillé sans jugement des hommes sans défense. Sénart bénissait du haut de la tribune le sanglant Cavaignac — et Cavaignac pleurait tout bas, honteux de cette bénédiction, après avoir commis les crimes les plus affreux pour justifier la confiance de ces âmes d'avocat. C'était la majorité! — Et où donc était la minorité? La Montagne était invisible, les tribuns du peuple se taisaient, heureux et reconnaissants de n'avoir pas été fusillés ou jetés dans des cachots humides. Ils voyaient tout sans souffler mot, ils voyaient désarmer les citoyens, décréter les déportations, traîner en prison des hommes sous tous les prétextes possibles, entre autres pour n'avoir pas voulu tirer sur leurs frères; en effet, l'assassinat était devenu un devoir sacré, et celui dont les mains ne dégouttaient pas du sang des prolétaires était suspect au bourgeois. La majorité avait au moins le courage d'avouer ouvertement son crime. Mais ces misérables amis du peuple, ces rhéteurs, ces cœurs de lièvre?... Un seul cri viril s'est élevé, une seule grande indignation eut le courage de se faire jour, mais c'était en dehors des murs de la Chambre. La sombre malédiction d'un vieillard, de Lamennais, restera comme une flétrissure au front de ces odieux cannibales, et surtout de ces êtres faibles qui eurent l'imprudence de prononcer le mot de République alors que la chose les faisait trembler.

« O Paris! combien de temps ce nom brilla de l'éclat d'une étoile pour les peuples! Qui ne l'aimait? qui ne lui rendait hommage? Mais il a fait son temps, qu'il disparaisse de la scène! Dans les journées de juin a commencé une lutte d'où il ne peut sortir vainqueur; Paris est devenu vieux, les jeunes idées ne lui vont plus; énervé, il a besoin de fortes secousses pour revivre; il est habitué aux Saint-Barthélemy, aux journées de septembre; les horreurs des journées de juin ne l'ont pas ranimé; pauvre Paris! tout ce qui t'était cher se tourne contre toi! tu aimais jouer aux soldats, tu avais nommé empereur un soldat heureux, tu as poussé des cris de joie à chacun de ces crimes qu'on appelle des victoires, tu as élevé des arcs de triomphe et des statues, tu as mis la silhouette bourgeoise du petit caporal sur une colonne, pour que le monde entier l'admire; vingt-cinq ans après son despotisme de caserne, tu as ramené les reliques du soldat aux Invalides, et maintenant c'est dans le soldat que tu espérais trouver le salut de la liberté et de l'égalité. Tu as appelé les hordes d'Africains contre tes frères, afin de ne pas partager avec eux ton bien, et tu les as fait massacrer par la froide main des assassins de métier. Donc, que Paris expie les conséquences de ses actions! Il a fusillé sans jugement; ce crime ne peut demeurer impuni; le sang appelle le sang. Qu'en résultera-t-il? Qui peut le savoir? Mais advienne que pourra, pourvu que dans ces flammes de folie, de haine, de vengeance, de revanche et de discorde périsse le monde qui opprime l'homme nouveau, et l'empêche de vivre pour réaliser l'avenir! Cela ne suffit-il pas?

« Donc vive le chaos et l'extermination! Vive la mort! Place à l'avenir! »

Cela avait été écrit le 24 juillet 1848; l'auteur avait vu, de ses yeux, les massacres de juin et reconnu d'un regard pénétrant ce qu'on pouvait attendre de la République française, avant que sa victoire sur la République romaine l'eût marquée d'une honte ineffaçable, prouvant qu'elle n'était que l'ordre de choses et le despotisme d'autrefois, sous un autre nom. Mais à côté de ces explosions volcaniques d'une âme de feu, Herzen donnait des détails sur ce peuple lointain d'Orient, qui, sous son gouvernement despotique, avait conservé une civilisation originale très différente de la nôtre, et qui, retranché dans sa commune comme dans une forteresse inexpugnable, attendait, rude et inculte, l'éventualité d'un développement futur. Il parlait d'une littérature d'opposition contre la sombre tyrannie qui régnait à Saint-Pétersbourg : « Une désespérance amère et une amère ironie éclatent, disait-il, dans les vers de Lermontoff et l'humour de Gogol, qui cache, comme il le dit, des larmes ».

Lorsque je quittai Hambourg, une de mes meilleures élèves m'avait offert ce livre, et elle y avait écrit : « Je vous donne ce livre qui est ce que je possède de plus cher, parce que je voudrais vivre dans votre souvenir ». Je l'avais emporté en Angleterre, et bien souvent, à relire ces ardentes pensées, j'avais trouvé quelque consolation. Je fus donc ravie d'entendre dire un jour chez les Kinkel : « Alexandre Herzen est arrivé à Londres ». J'exprimai mon vif désir de faire sa connaissance et Kinkel me dit que rien n'était plus facile, Herzen devant venir les voir un des soirs de la semaine. En effet, quelques jours après, je reçus une invitation à venir chez eux pour y rencontrer Herzen. J'y allai brûlante d'impatience ; j'y trouvai le général Haug, un ami de Herzen, qui vivait avec lui, et le fils de

Herzen. J'avais entendu parler du général Haug à Hambourg ; j'étais contente de faire la connaissance de cet homme intelligent, dont l'énergie m'inspirait beaucoup d'estime, et j'admirai le jeune Herzen, qui était à la fleur de l'adolescence et d'une beauté remarquable. Enfin Herzen entra ; il était robuste, trapu, ses cheveux et sa barbe étaient noirs, il avait les traits un peu larges des Slaves et des yeux d'un éclat merveilleux ; jamais je n'ai vu des yeux réfléter tous les mouvements de l'âme avec cette mobilité. Il me fut présenté et la conversation ne tarda pas à s'animer ; je retrouvais cet esprit brillant, incisif, que m'avait révélé son livre, mais relevé par une dialectique puissante. Par une coïncidence assez singulière, sur tous les points que toucha la conversation, ses opinions se trouvaient d'accord avec les miennes, et lorsqu'on servit du vin et des sandwichs après le thé, à la mode anglaise, je levai mon verre en disant à Herzen : « Vive l'anarchie ! » Il trinqua en souriant et me répliqua : « Ce n'est pas moi qui l'ai dit ». Lui, son fils et Haug me reconduisirent jusqu'à la porte de ma maison et je sentis avec bonheur ce soir-là qu'une personnalité éminente entrait dans ma vie, et que j'étais en communion d'idées avec elle.

Il me reste encore à mentionner une famille de réfugiés que je voyais beaucoup alors. C'était la famille du comte Oscar de Reichenbach, qui habitait un quartier éloigné et qui ne venait que rarement chez les Bruning. Je leur avais été présentée par Kinkel ; comme j'avais été très aimablement reçue et que je trouvais plaisir à les voir, j'allais chez eux aussi souvent que possible; si je n'avais pas une demi-journée à moi, je ne pouvais songer à leur faire une visite, le voyage étant très long en omnibus et mes moyens ne me permettant pas de prendre une voiture. Ici c'était le chef de la famille qui formait le centre attrayant de la maison. Le comte de Reichenbach était le type de l'aristocrate allemand; grand, mince, blond, distingué de figure et de manières, froid, réservé, parlant peu, d'aspect souvent dur et autoritaire. La première fois que je le vis, cette attitude imposante, mais un peu raide, m'impatienta et me déplut. Nous étions si habitués, entre partisans d'une même idée, à nous sentir sur un terrain commun, liés par des intérêts communs, que ces barrières nobiliaires nous inspiraient une espèce de dépit. Mais de même que la glace du nord, quand elle vient à fondre, nous fait paraître le printemps deux fois plus beau, de même cet extérieur froid cachait des qualités élevées, et il ne fallait pas longtemps pour découvrir l'homme d'élite dans toute la force du terme. Son jugement et sa conduite étaient inspirés par l'âme la plus généreuse; il en avait donné une preuve par son attitude politique qui lui avait valu l'exil. Il avait peu d'aptitudes commerciales ou industrielles, ayant toujours vécu en gentilhomme; mais dans la sphère des hautes mathématiques, de la cosmogonie, des sciences naturelles, son esprit avait des clartés et une pénétration peu communes. De plus, il savait être cordial avec ceux à qui il voulait du bien. Il fut toujours aimable avec moi et bien qu'il m'intimidât un peu, j'aimais causer avec lui. Sa femme, qui appartenait à une famille bourgeoise, m'inspirait une grande sympathie par sa bonté et la résignation avec laquelle elle supportait des maux de toutes sortes; j'allai volontiers la voir, l'égayer, la consoler et écouter ses histoires du passé; elle me racontait de nombreux traits de générosité de son mari; avant d'embrasser la carrière politique, comme grand propriétaire, il s'était beaucoup occupé des classes pauvres en Silésie. Trois jeunes enfants complétaient la famille. Je rencontrais souvent dans la maison un frère de la comtesse, un des plus grands originaux que l'on puisse voir. S'il avait porté l'habit d'un pénitent des Indes ou d'un prêtre bouddhique, je n'en aurais pas été étonnée, mais dans notre monde moderne de l'industrie, de la cupidité et de la vénalité, rencontrer la charité et le désintéressement incarnés, c'était étrange. On n'avait su s'expliquer la bizarrerie de cet état d'âme que par une aberration mentale, et on avait enfermé le pauvre homme dans un asile d'aliénés; mais la conviction de sa noblesse d'âme avait fini par l'emporter. Il vivait depuis comme précepteur en Angleterre, occupant de grandes situations dans les familles de l'aristocratie; on l'estimait à cause de ses connaissances variées et sérieuses et de son caractère irréprochable; on le traitait avec plus d'égards que la plupart des précepteurs, et il aurait pu se faire une très belle situation, s'il n'avait pas suivi le précepte de l'Évangile à la lettre, partageant tout ce qu'il avait avec ceux qui étaient plus pauvres que lui. Il fréquentait Mme de Bruning, si bien que je le voyais souvent. Il était d'un optimisme rare et dans toutes les circonstances difficiles, que les partisans de la liberté considéraient comme un malheur, dans les fureurs même de la réaction, il ne voyait que les phases d'une évolution nécessaire à l'établissement de la liberté ; il se croyait toujours à la veille de la glorieuse manifestation de ce triomphe, et il s'attendait toujours à voir quelque grande individualité incarner les idées libérales. Il connaissait à fond la vie anglaise dans tous ses détails si caractéristiques, et grâce à lui, quelques-unes des personnalités les plus remarquables de l'Angleterre fréquentaient chez les Reichenbach. J'y rencontrai Thomas Carlyle et sa femme, et je me liai avec cette dernière.

Mais ma vraie patrie dans ce monde des réfugiés, ce fut la maison des Kinkel. Bien que la pensée de la patrie et de la république vécût au fond de leur cœur et qu'ils eussent été prêts à tout lui sacrifier, ils s'étaient mis résolument et sans arrière-pensée à un travail acharné ; leur vie simple et sérieuse ressemblait presque en tous points à celle qu'ils avaient menée avant la révolution, sur les rives du Rhin, si ce n'est que la poésie sereine des collines couvertes de vignobles manquait aux brouillards de Londres. Chez eux je me sentais dans une atmosphère morale pure et je trouvais aide et conseil pour tous mes soucis.

CHAPITRE XXIV

Années d'apprentissage.

Mon séjour chez M⁽ʳˢ⁾ Quickly avait fini par me devenir intolérable; le nombre de mes leçons augmentait et j'avais besoin d'un appartement plus convenable pour recevoir, et plus central pour faciliter mes allées et venues. Une jeune fille de Hambourg, la sœur aînée d'une de nos élèves de l'école supérieure, qui était maîtresse de piano et de chant, me proposa de prendre un appartement avec moi; cette combinaison était à la fois économique et agréable, nous pouvions pour le même prix avoir plus de confort. Comme elle m'était sympathique, qu'elle était sérieuse, j'acceptai sa proposition; non seulement nous ne pouvions pas nous nuire, mais nous pouvions nous venir en aide l'une à l'autre en nous recommandant mutuellement; la société de cette jeune compagne, dont le naturel était fort gai, me sembla précieuse pour les longues et tristes soirées d'hiver. Je quittai donc M⁽ʳˢ⁾ Quickly et St. Johns Wood et nous allâmes nous installer dans une jolie rue, assez calme, dans le voisinage d'un square, d'une de ces places plantées de pelouses, de fleurs et d'arbres qui sont la joie des habitants, surtout des enfants du quartier. Nous avions un grand salon en commun au rez-de-chaussée, et deux chambres à coucher au second.

Ma vie, quoique bien modeste encore, prenait

cependant un caractère un peu plus confortable. Nous étions maîtresses chez nous, et notre hôtesse ne pouvait y faire irruption à sa guise; nous pouvions vivre au milieu de nos papiers et de nos livres sans qu'elle eût rien à y voir, et quand nous rentrions fatiguées de nos leçons, nous trouvions un bon feu et un bon déjeuner, frugal mais réconfortant; nous jouissions toutes deux de nous retrouver dans une atmosphère sympathique. Mais pour arriver à nous procurer ce bien-être relatif, il fallait beaucoup travailler; cette organisation nous coûtait au moins deux livres sterling par semaine, sans compter la toilette, qui a son importance, puisque le succès du maître en dépend en partie; sans compter les dépenses de voitures, les distances de Londres ne permettant pas qu'on aille à pied d'une leçon à l'autre; les courses en voiture même prennent tant de temps qu'on décompte un quart d'heure par heure de leçon pour la course. Mais qu'on s'imagine, si on le peut, ce que sont ces voyages, dans la saison des pluies et du brouillard, quand on ne peut voir à un pas devant soi, qu'on circule dans une atmosphère épaisse, jaunâtre, humide, à travers laquelle le soleil semble une lanterne en papier huilé, et si obscure qu'on a besoin de lumière en plein midi. On sort d'une chambre chaude, pour aller au froid et à l'humidité, on attend les omnibus au coin des rues, pour y monter mouillé et trempé; souvent on n'a pas le temps de prendre autre chose qu'un petit pain, dévoré à la hâte, entre deux leçons, chez un boulanger, et il faut attendre le soir pour manger quelque chose de substantiel. Et malgré cela on est heureux d'avoir beaucoup de leçons, d'être occupé du matin au soir, car c'est le moyen d'avoir sa chambre, d'aller en été au bord de la mer se remettre des fatigues de l'hiver, d'économiser un peu d'argent pour le temps où l'âge et la maladie ne permettront plus le travail. Aussi quelle excitation quand il s'agit d'une leçon nouvelle! Comme on tâche de s'arranger pour pouvoir l'accepter! Comme on se soumet, tout en rougissant, à ces marchandages que les Anglais de la classe aisée ne craignent pas d'imposer aux pauvres maîtres! Ils n'hésitent pas davantage à différer d'une saison à l'autre le paiement d'un argent si péniblement gagné, tandis qu'ils gaspillent des centaines et des milliers de francs pour des frais de toilette ou de réceptions. Heureux le professeur que sa bonne étoile conduit chez de braves gens! heureux surtout celui qui trouve chez ses élèves une intelligence, une bonne volonté, une sympathie qui lui permettront de transformer l'enseignement un peu aride de l'allemand en une occasion de culture générale. La langue allemande fait partie de toute éducation « fashionable », depuis qu'un prince allemand est devenu l'époux de la reine, et que la langue allemande est parlée à la Cour comme l'anglais. Mais la plupart des gens ne tiennent à parler l'allemand que pour suffire aux exigences de la mode; il y en a peu pour qui la langue soit un moyen de comprendre le génie allemand et sa littérature. Je puis dire que j'étais parmi les professeurs privilégiés; en effet, j'ai eu parmi mes élèves quelques enfants d'une grâce, d'une beauté, d'une intelligence rares; mes rapports avec elles avaient un caractère amical; elles m'initiaient à leur vie, à leurs joies et à leurs soucis; souvent elles oubliaient leur leçon d'allemand, pour me demander conseil, discuter avec moi, m'écouter, quand je leur parlais de milieux qui leur étaient étrangers. Entre autres j'avais pour élève la fille d'un membre du Parlement, une enfant de seize ans, intelligente, spirituelle, curieuse de connaître le monde, de sortir des étroites limites de sa vie toute de convention, mais peu disposée à se familiariser avec la conjugaison et les déclinaisons. Elle n'avait presque jamais fini les devoirs que je lui donnais à faire d'une leçon à l'autre; elle se souciait peu de la correction grammaticale, et elle savait fort bien mettre de côté livres et cahiers pour m'assaillir de questions de toutes sortes, et m'affirmer que ses leçons de prédilection étaient celles où je répondais à tout ce qu'elle me demandait. Elle s'intéressait beaucoup à la politique et elle eut vite fait de m'arracher ma profession de foi, après quoi elle ne m'appelait plus en riant que la républicaine rouge; quant à elle, elle m'avouait qu'elle n'allait pas jusque-là, tout en partageant les opinions libérales de son père. A l'ardeur avec laquelle elle revenait à la charge, et aux concessions qu'elle commençait à me faire, je vis que ce que je lui avais dit n'était pas tombé sur un terrain ingrat; ses réflexions la préoccupaient plus que l'étude du vocabulaire allemand. Un jour, elle me raconta qu'elle apprenait le chant et qu'on lui avait dit avant tout de ne pas chanter avec sentiment; cela n'était pas convenable pour une jeune fille, d'autant plus que la plupart des morceaux sont des chants d'amour, « mais ajoutait-elle, les Allemandes n'hésitent pas à montrer du sentiment, de la passion même, c'est très inconvenant ». Je lui répondis que ce qu'on entendait chanter la plupart du temps dans les salons anglais par des amateurs anglais n'était pas du chant. Elle se mit à rire et me dit : « Je crois que vous avez raison, au fond, et si j'étais Allemande je chanterais avec beaucoup d'âme... Mais comme cela je ne le puis pas. »

J'ai gardé aussi le souvenir inoubliable de trois sœurs de quatorze, quinze et seize ans; on pouvait vraiment les appeler les trois Grâces, elles avaient un charme incomparable. L'aînée, grande, d'une beauté majestueuse, avec un port de reine, avait une grande intelligence et beaucoup d'ambition; la seconde blonde, touchante et gracieuse, était d'une amabilité irrésistible; la troisième, espiègle comme une sylphide, avait tant de malice dans ses yeux bruns que j'étais disposée à croire à toutes les taquineries de son invention que ses sœurs me racontaient à chaque leçon. Toutes les trois m'aimaient beaucoup, et c'était chaque fois à qui viendrait s'asseoir à côté de moi; je me vis forcée de régler la question, et de les prendre à tour de rôle; j'obtins aussi qu'elles me feraient leurs déclarations d'amour en allemand, innovation favorable à nos études, mais qui me fit entendre les tours de phrase les plus étranges et les plus comiques. Ces charmantes filles avaient fort heureusement une mère très intelligente, qui laissait au naturel de ses enfants tout ce qui n'était pas incompatible avec une bonne éducation.

Ces exceptions ne sont pas rares en Angleterre, et c'est ainsi que se forment ces femmes supérieures qu'on rencontre là plus qu'ailleurs.

Mais toutes les expériences de ma carrière de professeur, qui me permit de voir de près la vie de famille anglaise, ne furent pas aussi agréables. Quelques-unes me montrèrent au contraire quel abîme la mode, l'égoïsme, l'étroitesse d'idées et une fausse conception de la vie, qui sont le revers de la médaille dans la société qu'on qualifie de bonne, ont creusé dans les classes dites privilégiées; les réformes sont aussi nécessaires, et plus nécessaires là que dans les basses classes, où règne le chaos. Plus d'une aspiration ardente est étouffée sous ces règles d'une éducation « fashionable »; plus d'un talent est brisé, plus d'une fleur d'humanité se dessèche. On forme des automates qui sont « gentlemanlike » et « ladylike »; plus d'une intelligence ouverte est atrophiée par l'acquisition des notions arides de tout ce qui fait partie d'une « bonne » éducation. J'en trouvai un exemple dans une des plus grandes familles de l'aristocratie anglaise, où je donnais des leçons. La salle d'études était vaste; un piano à queue occupait l'un des côtés de la salle; le professeur à la mode donnait une leçon de fini (finishing lesson) à la fille aînée, qui avait dix-huit ans. Ces leçons coûtent une guinée; on les considère comme un dernier vernis nécessaire; suivant une erreur très répandue, on trouvait là comme ailleurs que n'importe quel professeur est bon pour les commençants. Au milieu de la salle, à une table ronde, un vieux professeur d'anglais faisait travailler un des plus jeunes enfants. Près de l'une des fenêtres, assise sur un canapé, une des sous-gouvernantes apprenait à lire à l'un des petits; de l'autre côté, à l'autre fenêtre, il y avait une table où je donnais mes leçons d'allemand. Entre les deux fenêtres trônait la gouvernante en chef; elle lisait, après avoir fait une ronde et vérifié tous les rouages du mécanisme pédagogique. Quand il n'y avait pas de leçon de piano, l'un des fils prenait une leçon de violon, et tous ces enseignements multiples se donnaient à la fois. Quelquefois la porte s'ouvrait, et la maîtresse de la maison, une des plus orgueilleuses aristocrates du Royaume-Uni, entrait avec sa lourde robe de soie à queue, faisait le tour des tables, ne saluant ni maîtres, ni maîtresses, n'adressant la parole qu'aux enfants pour leur demander comment marchait la leçon, ce qu'on faisait, etc. Elle n'honorait de son salut et de quelques mots gracieux que le professeur de piano, l'homme à la mode, puis elle sortait avec un froufrou, satisfaite d'avoir rempli son devoir de mère. Mais le professeur de piano, l'objet de ces gâteries, se levait quand la répétition d'un morceau de bravoure, destiné à être joué au salon, commençait à l'ennuyer; il allait se chauffer à la cheminée, et même parfois il s'allongeait sur le canapé et feuilletait un livre quand il arrivait à la gouvernante en chef de quitter le canapé, le livre et la salle d'études. Les trois quarts d'heure obligatoires écoulés, le consciencieux professeur quittait en toute hâte cet antre de la bonne éducation, heureux d'avoir gagné une guinée.

J'étais assise dans mon coin pendant ce temps avec mes élèves, que je prenais les uns après les autres. Parmi eux, il y avait un garçon de neuf ans, qui m'aimait beaucoup, et quand personne ne nous observait, il m'ouvrait son petit cœur. Il se plaignait de l'ennui mortel de la plupart de ses leçons, notamment des leçons d'histoire. « Hélas, disait-il, cela ne m'intéresse nullement d'apprendre toujours par cœur des noms et des dates, de savoir quand tel ou tel roi est né, quand il est monté sur le trône, quand il est mort; voilà tout ce qu'on me dit à ma leçon d'histoire. J'aimerais bien mieux lire les journaux; du moins on apprend ce que pensent et font les gens. J'aimerais savoir quelque chose sur Kossuth, que les Hongrois aiment tant; on me dit que ce n'est pas un brave homme, parce qu'il a soulevé son peuple contre l'Empereur. Est-ce vrai? » Je lui répondis que ce n'était pas vrai du tout; que Kossuth avait seulement voulu que son peuple ne souffrît pas d'une oppression injuste, qu'il pût se développer librement, conformément à sa nature, se régir lui-même, à peu près comme le peuple anglais; je lui expliquai aussi que l'étude de l'histoire avait un tout autre but que la connaissance des noms et des dates; qu'il avait raison d'être ennuyé par une pareille conception de l'histoire, mais qu'il y trouverait un puissant intérêt, s'il apprenait à y chercher les origines et l'évolution de l'esprit humain, l'enchaînement des siècles, surtout s'il venait à admirer les héros de l'humanité pour se préparer par leur exemple à agir noblement. Heureusement que l'enfant parlait déjà assez couramment l'allemand, je pus donc lui donner toutes ces idées subversives sans que la gouvernante en chef y comprît goutte; avec son esprit étroit, sa conception française des convenances, elle eût considéré ces entretiens comme tout à fait contraires au protocole. Le pauvre enfant, avec sa soif de savoir, son besoin de sortir des bornes étroites de la « bonne éducation », m'intéressait vivement; je le voyais donner des coups d'aile aux parois de la cage où l'enfermait la convention. Je me demandais souvent ce qui l'emporterait chez lui, ses aspirations ou son éducation. Se souviendrait-il un jour, dans la chambre des Communes (n'étant pas le fils aîné, il n'était pas destiné à la chambre des Lords), qu'un peuple ne doit pas souffrir l'oppression, que l'histoire n'est pas une nomenclature, mais le tableau d'une lutte gigantesque entre deux puissances qui se disputent le cœur de l'homme comme la vie des peuples, et qu'il est du devoir de chacun, quelque modeste que soit sa sphère, d'assurer la victoire à l'idéalisme?

Malheureusement, je le perdis bientôt de vue, avant de pouvoir rien augurer de son avenir. La gouvernante en chef me congédia un jour d'un air poli, mais contraint, sous un prétexte futile quelconque. Je suppose qu'elle avait pris ombrage des conférences suspectes que nous tenions dans notre coin; peut-être une autre raison avait-elle contribué à éloigner une maîtresse aussi inquiétante. L'une des jeunes filles qui prenait des leçons avec moi, jolie et très douée, elle aussi, me racontait dans nos séances de conversation sa vie à la campagne, ses occupations; elle me parlait des différents membres de sa famille, entre autres d'un oncle qui aimait beaucoup l'Allemagne et qui y passait une partie de l'année. Je lui demandai le nom de famille de cet oncle, et je sus à n'en pouvoir douter que je l'avais rencontré à Wiesbaden l'année où j'y étais allée avec ma mère et ma sœur. Il avait été l'un de nos plus agréables danseurs, et je possédais encore un autographe qu'il m'avait donné. Je l'avais revu depuis, et il était venu nous voir souvent. Maintenant, je compris la ressemblance que j'avais jusque-là vainement cherché à fixer; mon élève ressemblait tout à fait à cet oncle, tel qu'il était dans la fleur de sa jeunesse. Je lui dis que j'avais connu son oncle en Allemagne, sans toutefois ajouter que nous nous étions vus sur un pied d'égalité et qu'il venait chez nous en ami. Elle sembla très étonnée et elle exprima sans doute sa stupéfaction à la gouvernante; celle-ci trouva plus prudent d'éloigner une pauvre maîtresse d'allemand assez audacieuse pour affirmer qu'elle connaissait cet orgueilleux pair d'Angleterre, l'héritier d'un des plus grands noms, d'une des plus grandes fortunes de la Grande-Bretagne et qui disait que Kossuth était un brave homme. Je quittai la maison, en regrettant sincèrement de n'avoir pas pu satisfaire plus longtemps l'ardente soif de savoir de mon petit élève, mais en même temps je ne pus m'empêcher de sourire de l'ironie du destin qui m'avait précisément conduite dans cette maison, sous les yeux de cette orgueilleuse lady, qui se croyait autorisée à ne pas même honorer d'un salut une maîtresse, son égale, que son frère avait distinguée autrefois, qui avait sacrifié sa situation à ses convictions, et qui aurait pu donner à ses enfants, affamés de vérité, la manne à laquelle ils aspiraient dans le désert de leur existence aristocratique.

Je parlerai encore d'une autre salle d'étude, dans une maison de l'aristocratie d'argent, que j'eus l'occasion d'observer longtemps de près, et où je compris l'aversion qu'une dame juive peut concevoir pour des gouvernantes catholiques. C'était la maison d'une de ces familles juives qui forment une véritable puissance à Londres; unies par des mariages et des liens de parenté, indépendantes par leur fortune colossale, elles sont arrivées à forcer la société chrétienne à les reconnaître et à ne pas entraver plus longtemps leur entrée au Parlement. La maison était située dans une de ces rues calmes et aristocratiques fermées par une grille et séparées ainsi du mouvement bruyant des grandes artères entre la Cité et le West End. Des domestiques poudrés en grande livrée venaient vous ouvrir la porte. Si par hasard la porte de la salle à manger était ouverte, on voyait en passant une vaisselle plate superbe décorer la table; des tapis moelleux couvraient l'escalier qui conduisait aux appartements somptueux du premier. Au second se trouvait la salle d'étude, une grande pièce sombre, mal meublée, donnant sur la cour, où se passait l'enfance et la jeunesse des quatre filles de la maison. Les enfants n'étaient ni jolies ni très douées, mais c'étaient de bonnes filles, travailleuses, point sottes; peut-être même eussent-elles été susceptibles d'un certain développement si leur éducation « fashionable » l'eût permis. Or, bon an mal an, elles passaient leur journée sous la surveillance d'une gouvernante française; leur vie était réglée, monotone, sans autre lien avec le reste du monde que la promenade quotidienne, qui avait toujours lieu à la même heure, au même endroit, dans le parc le plus proche, et l'arrivée des professeurs qui se succédaient avec une régularité mathématique. Elles ne connaissaient rien des curiosités ni des richesses de Londres, elles n'avaient jamais été au British Museum ni à la Galerie Nationale; elles ne se doutaient pas de ce que c'est que la musique, sauf par les morceaux que leur professeur de piano leur serinait. On leur donnait une éducation conforme à leur situation ou plutôt à leur fortune. Il eût été impossible de laisser l'esprit des enfants errer parfois sur les ailes d'or de l'imagination, par les forêts et les plaines, avec les oiseaux et les papillons, ou de lui permettre un coup d'œil sur l'art, et de lui laisser soupçonner d'autres domaines que ceux de la mode et de l'argent, car le temps pressait. A seize ou à dix-sept ans il fallait que l'éducation fût terminée, pour que les jeunes filles fissent leur entrée dans le monde en jeunes filles accomplies, « finished young ladies ». Cette entrée dans le monde, « le come out », était le but vers lequel aspirait cette enfance sans joie, passée dans une salle d'étude. La gouvernante de ces jeunes filles était une personne bornée, qui, sauf ses participes présents et passés, qu'elle enseignait consciencieusement à ses élèves, d'après Noël et Chapsal, n'avait notion de rien; elle était pleine d'un ardent fanatisme pour l'Église catholique et d'un mépris profond pour ces juifs, les maîtres de sa destinée, eux qui, damnés à jamais, la forçaient, par leur vil argent, à la triste existence qu'elle passait dans cette sombre salle d'étude. Mais elle se vengeait d'eux. D'abord tous les matins, à six heures, avant sa journée de travail et quelque temps qu'il fît, malgré la neige, le froid et la pluie, elle allait à la messe, afin de gagner, en digne fille de l'Église, une place d'honneur dans le paradis du Dieu qui seul accorde le salut, paradis d'où son rival Jehovah et ses adeptes étaient exclus à jamais, malgré leur puissance et leur fortune terrestre. De plus, elle travaillait avec un zèle et une ruse imperturbables à faire du prosélytisme auprès de ses élèves. En assistant aux leçons des autres professeurs, elle brodait presque toute la journée des chasubles, des étoles, des nappes d'autel pour son église, son abbé, etc.; elle était d'une grande habileté dans ces sortes d'ouvrages, et comme elle y concentrait toute sa passion, elle arrivait vraiment à faire des merveilles; certes ces œuvres d'art absorbaient une grande partie de l'argent qu'elle gagnait dans l'ignominie de la servitude chez ces juifs. Les jeunes filles, dans la prose de leur vie, considéraient ces splendeurs avec une espèce d'enthousiasme; la gouvernante, d'ailleurs, leur dépeignait le monde merveilleux de l'Église catholique avec des couleurs si éclatantes, si séduisantes, qu'elles en demeuraient troublées; l'aînée, qui avait de l'imagination, sentait des velléités de se convertir à une religion qui, par ses temples éclairés de cierges, embaumés d'encens, ses abbés aimables et ses prêtres chamarrés d'or et de broderies, contrastait singulièrement avec sa maussade salle d'étude et le vieux rabbin qui lui enseignait l'hébreu. Je pénétrais fort bien le manège de la gouvernante, car j'allais trois fois par semaine dans la maison pour y passer deux heures l'après-midi ; les enfants m'aimaient beaucoup et elles avaient obtenu comme une grande faveur de leur mère l'autorisation de me retenir au moins une fois la semaine pour le souper qu'on prenait tout de suite après notre leçon. Ce souper ne se composait d'habitude que de thé et de tartines. Mais quand je restais, la gouvernante et les aînés conspiraient et on envoyait une des petites prier le domestique chargé de monter le plateau d'ajouter quelque friandise, du fromage ou du cresson. Pendant que nous mangions ce frugal dîner, la mère entrait généralement en grande toilette, des fleurs dans les cheveux ; son collier et ses bracelets de diamants étincelaient ; elle embrassait chacune de ses filles, en leur disant : « How are you, dear? » et, sans attendre la réponse, elle adressait quelques mots aimables à « Fräulein » et à « Mademoiselle », qui répondait de l'air le plus soumis du monde ; mais moi, qui la connaissais mieux, je lisais dans ses yeux toute la haine de la catholique au service d'une juive ; puis Madame descendait, nous la voyions monter en voiture, le valet de pied, poudré et galonné, lui tendant une canne sur laquelle elle posait sa main gantée, la main d'une aristocrate de la finance pas plus que celle d'une aristocrate de naissance ne pouvant toucher la main d'un valet. Mais la gouvernante et les enfants regardaient partir la jeune femme avec un sourire significatif, et quand je leur demandais si elles passaient quelquefois leur soirée avec leur mère, elles me répondaient d'un ton moqueur, que je n'y pensais pas, que leur mère ne pouvait rester chez elle le soir que quand elle avait un dîner et du monde. Les pauvres petites redoutaient ces réceptions plus que leur solitude; il leur fallait rester au moins une heure entre les mains du coiffeur et de la femme de chambre, puis descendre en grand apparat, conduites par leur gouvernante, passer dix minutes au dessert dans la salle à manger, ou dans le « drawing room » où on les ennuyait des questions coutumières sur leur âge, leur taille, etc. Puis elles se retiraient dans leur laboratoire pédagogique, où on les préparait, grâce à des expériences spéciales, à perdre leur naturel, leur simplicité et leur gaîté, et à devenir des créatures mondaines, superficielles et avides de plaisir comme leur mère, et comme la plupart des femmes de leur milieu.

Ces exemples de l'éducation privée n'étaient pas des cas isolés; ils peuvent être considérés comme caractéristiques pour toute une classe de la société. Je ne dirai plus qu'un mot de la condition des gouvernantes, que j'ai pu étudier de très près, et ce que je vis ne fit que confirmer mes appréhensions à choisir cette carrière.

La situation de gouvernante est navrante. La gouvernante est une espèce de polype, un être intermédiaire entre l'homme et la plante, c'est-à-dire entre les maîtres et les domestiques. La famille la traite avec un air de condescendance révoltant, les domestiques lui obéissent à regret et la « upper nurse », cette reine absolue dans son domaine, intimidante dans sa majesté, qui est fréquemment vieille et qui a souvent déjà élevé deux générations dans la même famille, qui règne en souveraine sur les enfants, fait tout ce qu'elle peut pour tourmenter la gouvernante entre les mains de qui il lui a fallu les remettre. La malheureuse créature passe sa vie avec ses élèves dans la salle d'étude. La plupart du temps on lui demande les connaissances les plus variées, ou plutôt on lui demande d'enseigner tout ce qui constitue une éducation : les langues vivantes, la musique, le dessin, l'histoire, la géographie, les travaux à l'aiguille, etc. La manière dont elle les enseigne est considérée comme une chose secondaire. Même quand on prend des professeurs du dehors pour les différentes branches de l'enseignement, il ne lui est pas permis de sortir un instant de la salle d'étude, car il serait inconvenant de laisser les jeunes filles seules avec un professeur. Une promenade à heure fixe coupe sa journée. A une heure, elle déjeune avec les enfants, la mère assistant la plupart du temps à ce repas. Puis de toute la journée elle ne prend plus rien que du thé et des tartines à six heures du soir. Elle ne va jamais dans les appartements de réception, sauf dix minutes le soir, après le souper, pour conduire les enfants à leurs parents ou bien lorsqu'elle est spécialement invitée à venir passer la soirée dans le « drawing-room »; alors il lui faut faire toilette, c'est-à-dire venir en robe de soie décolletée. Si elle joue du piano, si elle chante, on se sert d'elle volontiers pour distraire l'ennui des longues soirées, surtout à la campagne, où l'on a peu de ressources; sa valeur en est augmentée. Le seul temps dont elle dispose, c'est l'heure avancée où elle rentre dans sa chambre; là elle est seule, mais sa chambre est souvent très laide, et la plupart du temps très froide l'hiver; d'ailleurs, épuisée par une journée de fatigue, elle est à bout de force et incapable d'un travail personnel. Le dimanche même ne lui appartient pas; il faut qu'elle mène une ou deux fois ses élèves à l'église et qu'elle prenne sa part du pieux ennui traditionnel. Quand par hasard les enfants passent quelques heures avec leurs parents, elle a du temps à elle, elle peut aller voir des amis.

Il va de soi qu'il y a d'honorables exceptions, là comme ailleurs; il y a des parents qui considèrent comme des amis les gens auxquels ils confient le corps et l'âme de leurs enfants, qui les consultent et qui cherchent à leur faire une situation agréable et respectée.

La chose n'est pas difficile dans la famille, mais la meilleure volonté du monde ne réussit pas à assurer à une gouvernante la considération qui lui est due au dehors. Je voyais une dame du monde, très distinguée de cœur et d'esprit, faire tout son possible pour assurer à l'institutrice de ses enfants, une personne très cultivée et charmante, le respect qui lui était dû, et elle échoua dans ses efforts. Les gens haussaient les épaules en disant : « Mme N. veut que nous traitions cette personne comme une amie; cela n'est pas possible, ce ne sera jamais qu'une gouvernante. »

Une autre personne de grande valeur, une Anglaise

qui avait été gouvernante elle-même, me raconta qu'elle avait eu les rapports les plus agréables avec la famille de ses élèves, et qu'on était arrivé à obtenir qu'elle fût traitée sur un pied d'égalité dans le monde; on l'invitait dans des maisons où les gouvernantes des enfants de la maison ne venaient pas au salon; elle avouait cependant avoir toujours senti un malaise; elle avait l'impression qu'en l'invitant on faisait une concession aux personnes chez qui elle vivait.

C'est dans ces milieux variés que se passait ma vie. J'étais satisfaite comme le manœuvre est content quand il a fini la corvée du jour, qui lui assure son pain. Mais mon cœur était mort; je n'avais plus de désir, ni d'espérance, ni d'enthousiasme. Je vivais au jour le jour, sans demander à la vie ce qu'elle ne pouvait me donner. Je ne tenais pas à retourner en Allemagne; la vie privée et la vie publique n'y étaient pour moi que ruine et deuil. Qu'aurais-je été chercher dans un pays dont une amie me disait : « L'esprit du siècle? qu'est-ce que l'esprit du siècle? Je ne comprends pas les illusions des radicaux sur leur parti. L'esprit du siècle, dans le catholicisme ce sont les jésuites, dans le protestantisme ce sont les missionnaires, chez les libres penseurs la foi au magnétisme animal. Voilà ceux qui font des adeptes, ils en ont plus que nous; voilà ceux qui font l'esprit du siècle; croire ou espérer autre chose, c'est se nourrir d'illusions. »

En Angleterre du moins je me sentais dans un courant de vie large et libre; je savais qu'aucun directeur de la police n'avait le droit de me faire subir un interrogatoire sur mes opinions personnelles, si je ne faisais rien contre les lois. Cette liberté personnelle absolue qui protège le criminel même entre ses quatre murs, m'inspirait une grande estime. Cet état de choses donne à la vie un sentiment de sécurité, nécessaire au développement d'une société normale. Il est vrai, comme je l'ai montré par plusieurs exemples, que je voyais avec tristesse, là comme ailleurs, les entraves que l'homme a inventées pour gêner son propre épanouissement. En face de la grande liberté politique se dresseront partout les étroitesses et les conventions sociales. Mille fois j'eus l'occasion de constater que la religion, par exemple, loin d'être en Angleterre une foi profonde qui sanctifie la vie, n'était qu'une de ces formules vides qui contribuent dans la société comme dans la famille à former la notion de ce qui est « respectable ». Rien ne le prouve comme l'observance vraiment révoltante du dimanche; cette conception est aussi contraire que possible à toute idée de sanctification, puisqu'elle ouvre la porte toute grande à l'ennui le plus pesant, à l'état d'âme le plus prosaïque. Je me suis trouvée le dimanche dans des maisons anglaises où les messieurs passaient d'un fauteuil à l'autre en bâillant à qui mieux mieux, où les enfants allaient et venaient d'un air désolé, parce qu'on leur défendais de jouer, de lire un livre amusant, fût-ce les contes de Grimm; toute la jouissance intellectuelle de la maison consistant en « *sacred music* » que pianotait, ou, ce qui est pis, que chantait une jeune « miss ». Une Anglaise me parlait un jour en termes sévères des Allemands, qui vont le dimanche au théâtre et au concert. Je lui demandai si, en conscience, elle trouvait dans le calme de son dimanche une édification comparable à celle que donne l'audition d'une symphonie de Beethoven ou la vue d'un drame de Shakespeare. Elle avoua d'un air embarrassé qu'elle ne pouvait pas dire cela, mais elle ajouta comme conclusion logique que c'était néanmoins très mal aux Allemands de ne pas observer le dimanche. Une autre dame, cultivée et libérale, m'invita un jour à venir avec elle à « Temple Church », une des plus vieilles et des plus belles églises de Londres, qui fait partie de « Temple bar », le palais de justice de la Cité. La musique de « Temple Church » était réputée et j'avais exprimé le désir de l'entendre. J'allai donc, avec ma compagne et cette amie, au service; j'étais assise entre elles deux. Pendant le sermon j'eus toutes les peines du monde à me défendre du sommeil, je luttai de toutes mes forces par sentiment des convenances. Quel ne fut pas mon étonnement, en jetant un coup d'œil sur ma voisine de droite, de voir qu'elle dormait profondément et de constater en regardant à ma gauche que mon autre compagne dormait également. Alors, regardant autour de moi, je vis plus d'une personne plongée dans le nirvana du recueillement. En quittant l'église, je demandai à mon Anglaise, qui était très gaie, si elle avait bien dormi. « Oui, dit-elle en riant, cela m'a fait du bien. » — « Mais pourquoi allez-vous à l'église? » lui demandai-je. — « Ah! ma chère, que voulez-vous? il le faut bien, puisque c'est dimanche! »

Les conséquences de cette observance du dimanche sont encore plus graves pour le peuple que pour les classes cultivées. On soulevait alors le problème de savoir si on allait ouvrir les musées, le palais de Cristal et d'autres institutions du même genre au public le dimanche. La question fut discutée au Parlement et la réponse fut négative. On craignait sans doute que les églises ne restassent vides et que la moralité n'en souffrît, si le peuple venait à préférer les statues païennes, les œuvres d'art et les curiosités scientifiques au service divin. Il n'y a pas d'autre explication possible. Les temples et les cabarets restent donc les seuls locaux publics ouverts le dimanche. L'église suffit pour quelques heures de la matinée, mais où passer l'après-midi et la soirée? Il ne reste que le cabaret, seul refuge pour le prolétaire écrasé de travail, dont la culture ni les goûts intellectuels ne sauraient embellir le loisir du dimanche, qui n'a pas un intérieur souriant, où il pourrait trouver le calme du foyer, le meilleur des délassements après une semaine accablante. Il arrive naturellement que les cabarets regorgent de monde, et que le dimanche, pour être sacré, n'en est que plus souvent profané par le spectacle des ivrognes, et ce qui est plus affreux encore, des femmes ivres; le salaire de la semaine, si péniblement gagné, y passe et les enfants restent sans pain et les heures de la misère future sans épargne. La nature grossière, bestiale de ces hommes s'avilit par la boisson, qui si souvent mène au meurtre.

Un jour, dans le cercle de Mme de Bruning, nous convînmes d'aller un samedi soir voir les ouvriers faire leurs emplettes pour le dimanche. L'entreprise n'était pas chose facile, et nous ne pûmes la mettre à exécution qu'en compagnie de plusieurs messieurs, armés de cannes; nous eûmes soin de laisser à la maison nos montres, nos chaînes et nos bourses, ainsi que tout ce qui donne facilement prise au vol. Nous partîmes donc un samedi soir, chacune des dames donnant le bras à un monsieur, et quelques messieurs formant une arrière-garde. Il n'était pas besoin d'aller loin; souvent derrière un de ces palais dont la façade orne l'une des plus belles rues de Londres on trouve une rue étroite et sombre, où des femmes en haillons, des enfants demi-nus, assis devant leurs misérables taudis, vous demandent l'aumône à grands cris avec des airs, des mots, des gestes grossiers, et si vous vous aventurez près d'eux, ils sont toujours prêts à chercher eux-mêmes dans vos poches ce que vous ne donnez pas de bonne grâce. Nous vîmes là des scènes dignes de celles que Dante a peintes dans son Enfer. Des rues sombres dont je viens de parler, où se dressaient des figures misérables, comme des ombres pâles de criminels, nous passâmes dans une rue éclairée d'une lumière infernale, inquiétante; des flammes de gaz vacillaient librement au vent, une viande rouge, sanguinolente pendait à l'étal des bouchers, des fromages, des poissons à demi pourris empestaient l'air. Une foule répugnante, qui semblait sortir de dessous terre passait, se pressait, hurlait, marchandait à tue-tête; c'étaient des êtres qui n'avaient presque plus forme humaine, dégradés par la misère ou par le vice; éclairés à la lueur de cette flamme vacillante, ils achetaient le triste repas du dimanche que les enfants affamés attendaient toute la semaine. Quelle haine, quel mépris, quelle indifférence ironique dans le regard qu'ils nous jetaient! Étrangers à leur vie, nous n'avions rien de commun avec leurs joies ni leurs peines; la curiosité seule nous amenait à voir leur navrante condition, comme on va voir un spectacle. Avec quelle angoisse je sentis la réprobation éloquente de ces yeux aux paupières rouges, au regard vitreux ou éteint, sombre et désespéré! Je leur pardonnais les injures et les gros mots avec lesquels quelques-uns nous accueillirent çà et là. N'avaient-ils pas le droit de nous dire : « C'est vous qui nous avez condamnés à cet enfer, c'est vous qui avez fait de nous des démons, c'est vous qui nous avez exclus de la lumière du jour, de la douce clarté du soleil, c'est vous qui nous refoulez dans l'air empesté de bouges malsains, tandis que vous, les Olympiens, vous menez une vie sans nuage sur les hauteurs où règne la sérénité. Que venez-vous nous troubler? Laissez-nous à nos orgies de pauvreté et de misère, laissez-nous l'obscure ivresse de notre « gin » et de notre « brandy », qui du moins nous donne un instant l'oubli, s'il mène souvent au meurtre. Que nous importe de finir à la potence? Cela vaut mieux que de mourir de faim dans de lentes tortures avec sa femme et ses enfants. Allez-vous-en! car vous n'êtes pas venus nous délivrer, et vous ne voulez pas éclairer d'une main généreuse la nuit qui nous environne et faire de nous des hommes! Ne touchez pas au désespoir qui cherche à s'étourdir, car il pourrait se lever contre vous, et alors malheur à vous! » Voilà les voix que j'entendais me parler dans ces scènes nocturnes effroyables, et je rentrai chez moi, le cœur endolori d'un chagrin qui de longtemps ne me laissa pas de trêve.

Une distraction d'un genre moins attristant vint couper la monotonie de ma vie. Je suivis une série de conférences sur l'histoire de l'art, que Kinkel tint dans une salle de l'Université de Londres. En dehors de ses leçons, Kinkel faisait quelquefois le soir de ces « lectures », si populaires en Angleterre, et qui le mirent bientôt hors de pair. Il n'y a pas un pays au monde où les conférences aient pris un aussi grand développement : c'est la spécialité de beaucoup de gens qui refont la même conférence ou la même série de conférences sur un sujet politique, scientifique ou littéraire dans plusieurs villes, ce que la rapidité des moyens de communication facilite singulièrement. Les conférences de Kinkel dans l'amphithéâtre de l'Université réunissaient un public nombreux et choisi. Après la dernière conférence nous allâmes voir dans une salle voisine la belle collection de Flaxman, et causer de ce que nous venions d'entendre. Je parlais avec Kinkel, sa femme et quelques amis, quand Herzen, qui avait assisté à la conférence avec Haug et son fils, quittant une dame anglaise, à qui il avait offert le bras, s'approcha de nous et se mêla à notre conversation; il parlait couramment l'allemand. Je ne l'avais pas revu depuis la soirée où je l'avais rencontré chez les Kinkel; j'étais contente de voir qu'il me parlait comme à une vieille connaissance; il me fit quelques remarques pleines d'esprit sur ce que nous venions de voir et d'entendre, et je vis que sa vive intelligence gardait sa pénétration et sa justesse dans d'autres domaines que ceux de la politique. Je ne savais rien sur sa vie, sinon qu'il habitait une petite maison près de Primrose hill, tout près de Regent's Park, et qu'il s'occupait de travaux littéraires. Il n'était venu qu'une seule fois chez Mᵐᵉ de Bruning. Elle avait un tempérament qui ne pouvait pas lui plaire. Ses engouements, qui allaient aux personnes plus qu'aux idées, devaient sembler fades à l'esprit si perçant de Herzen; il découvrit aussi sans doute très vite que, malgré sa profession de foi démocratique, elle était restée au fond une aristocrate, et qu'elle était bien près de penser ce qu'une grande dame russe m'avait dit un jour d'elle-même et de ses compatriotes : « nous sommes élevées pour plaire. »

Je ne connaissais pas les maisons que fréquentait Herzen, c'est-à-dire les familles anglaises qui recevaient surtout les réfugiés italiens; en revanche, en renouant une connaissance faite de la manière la plus étrange, je me trouvais entrer dans un autre milieu d'émigrés. Le lecteur se souvient peut-être qu'en allant à Ostende, j'avais voyagé avec une jeune femme qui partait pour l'Angleterre; dans le courant de la conversation elle m'avait montré le vif intérêt qu'elle portait à la Hongrie, qui venait de succomber sous les coups de l'Autriche, à qui la Russie venait de prêter main-forte. J'avais cherché à la revoir et je la retrouvai avec son mari François Pulsky, qui formait le centre de l'émigration hongroise, très nombreuse en Angleterre à cette date. Ses trois petits garçons, qu'elle avait dû laisser en

Hongrie, lui avaient été amenés par un ami à travers mille dangers. Grâce à son talent d'organisation, elle s'était arrangé un intérieur très agréable, bien que très modeste pour elle, qui avait été habituée au plus grand luxe, et cette maison devint la patrie de tous les proscrits hongrois qui avaient échappé à la prison ou à la potence.

Elle me reçut avec une cordialité charmante, se souvint très bien de notre première et originale rencontre et m'invita à venir souvent. La sympathie qu'elle m'inspirait par sa distinction rare, sa finesse et son énergie, semblait réciproque, et l'inclination qui nous avait rapprochées dès le premier instant, se transforma en une amitié solide, que les vicissitudes de la vie n'ont pu ébranler.

Thérèse Pulsky était, à côté de Jeanne Kinkel, la femme la plus remarquable de l'émigration. Leur jeunesse avait été si différente que la différence de leurs natures s'était accentuée et elles formaient le contraste le plus frappant qu'on puisse imaginer. Elles ne se ressemblaient que par leur énergie à braver les coups du sort et leur activité infatigable à s'élever au-dessus des difficultés d'une vie qu'elles finissaient par modeler à leur gré. Tandis que chez Jeanne, des malheurs prématurés et des luttes terribles avaient développé une fermeté qui touchait parfois à la dureté, tandis que son « humour » naturel, exaspéré par la vie, dégénérait souvent en mordante ironie, et que les déceptions les plus amères l'avaient rendue accessible au soupçon, l'aimable nature de Thérèse Pulsky, favorisée par une jeunesse heureuse, passée au milieu des plus douces influences, avait atteint un si harmonieux équilibre de sérieux et de gaîté, de fermeté et de douceur, de culture intellectuelle et de dons artistiques, qu'on peut à bon droit la compter, avec sa fine et délicate beauté, parmi les plus rares individualités de son sexe. Elle était la fille unique d'un riche banquier de Vienne, et sous la direction de sa mère, une femme supérieure, elle avait reçu une éducation extrêmement soignée; dans sa jeunesse, elle avait goûté les jouissances esthétiques que la culture et la fortune seules permettent de connaître. Mariée selon son cœur, elle avait apporté à la Hongrie, sa nouvelle patrie, une sympathie ardente: quand la tempête politique se déchaîna, elle se mit courageusement du côté des patriotes, puis, après la défaite de la Hongrie, elle suivit son époux en Angleterre. Le gouvernement autrichien confisqua non seulement la fortune de Pulsky, mais celle de sa femme, et eux, qui avaient été habitués au luxe et au superflu, ils se trouvaient exilés, sans ressources, avec une jeune famille et la nécessité de satisfaire à de multiples exigences. Thérèse organisa aussitôt sa vie avec autant de courage que d'énergie, elle entreprit des travaux littéraires, elle se chargea presque seule de l'éducation de ses enfants, elle fréquenta la haute société anglaise avec l'arrière-pensée de servir les intérêts de sa patrie. Elle continuait à prendre une part active à l'agitation politique; elle était l'aide et le conseil des émigrés hongrois, et, malgré ces occupations si diverses, elle réunissait souvent dans sa maison un cercle nombreux et intéressant. C'est là que je vis pour la première fois Kossuth, dont l'arrivée fut en Angleterre l'occasion de manifestations enthousiastes. Il avait presque l'attitude d'un souverain dans le milieu des émigrés hongrois et on l'entourait d'une espèce de cérémonial de cour. La première fois que j'acceptai une invitation chez les Pulsky, j'y trouvai beaucoup de monde ; c'étaient presque exclusivement des Hongrois. Tout à coup un cri retentit : « The governor ! » et aussitôt la société se groupa des deux côtés du salon. La porte s'ouvrit, Kossuth fit une entrée solennelle ; son épouse marchait à côté de lui ; ses fils, qui n'étaient que des enfants, le suivaient, et quelques messieurs semblaient lui servir d'adjudants. Il portait le costume national hongrois à brandebourgs et sa physionomie intéressante, encadrée d'une barbe grisonnante, avait une expression grave et digne. Il salua à droite et à gauche avec condescendance, puis il honora quelques personnes marquantes de sa conversation. Le seul intérêt qu'il m'inspirât tenait à sa carrière si rapide et si courte. Sa personnalité ne m'attirait nullement. Je n'éprouvais pas davantage le désir de me rapprocher de sa femme, à qui je fus présentée ; son extérieur manquait de grâce, et ses manières remuantes et passionnées, où perçait la vanité que lui inspirait la situation de son mari, l'ambition qu'elle avait pour ses fils, achevaient de la rendre peu sympathique ; un seul membre de cette famille, que je connus plus tard, me devint très cher ; c'était la fille de Kossuth. Je la vis dans la fleur de la jeunesse, semblable à une rose blanche dont la corolle délicate ne semble pas faite pour durer. Malheureusement il en fut ainsi. Elle était très douée, et malgré une croissance rapide elle s'adonnait à ses études avec une ardeur qui contribua peut-être à développer le germe d'une mort prématurée. Elle passa, au seuil de sa vie de jeune fille, comme un doux rêve matinal, et elle laissa à tous ceux qui l'ont connue un souvenir ému comme le son mélancolique et tendre d'une harpe éolienne.

Je trouvais d'ailleurs dans le milieu des émigrés hongrois un caractère national très différent du caractère allemand. Leur patriotisme, beaucoup moins réfléchi, était bien plus spontané; il suffisait d'une réunion comme celle que je trouvais chez les Pulsky, le soir dont j'ai parlé, pour provoquer une démonstration fougueuse, toute prête pour l'action. Il y avait là un violoniste de talent, qui, sur la prière générale, saisit son instrument et joua des airs hongrois; toute la société fut sous le charme, saisie d'abord d'une aspiration passionnée vers la patrie lointaine, la sauvage liberté de la « puszta »; lui-même, arrivé au paroxysme de l'exaltation, passa, par une modulation, à la marche de Rakoczy; alors tous, entraînés par une ivresse irrésistible, se mirent à chanter, à battre la mesure du pied, à pousser des « Eljen », et ils eussent été prêts, à ce moment-là, à se jeter avec joie à la tête de l'ennemi pour vaincre ou pour mourir. Ce trait original et chevaleresque se retrouvait dans la fidélité, digne d'un autre âge, avec laquelle quelques-uns d'entre eux se dévouèrent et s'attachèrent corps et biens à leurs chefs. Un de ces fidèles serviteurs avait suivi la famille Pulsky; c'est lui qui avait ramené les enfants de Hongrie, malgré l'étroite surveillance de la police autrichienne, et depuis, comme le bon génie de la maison, il leur prodiguait son aide, ses enseignements, sa protection, renonçant à sa patrie et à tous les avantages qu'elle lui offrait; il eût pu en effet y retourner, n'étant pas sérieusement compromis. Kossuth, lui aussi, avait un défenseur chevaleresque, qui avait pris à tâche de veiller sur cette vie si précieuse à la Hongrie, de la protéger contre les dangers qui pourraient le menacer, même au delà des mers, les mains des despotes étant longues. Son rôle ne se bornait pas à cela; il était plein de ces attentions délicates qui embellissent la vie, il tâchait d'adoucir la vie d'exil à cette famille, dont la fortune avait été si rapide et la ruine si brusque; il s'ingéniait d'une manière touchante à combler les lacunes du ménage modeste de Kossuth.

A côté de ces nobles qualités, on voyait çà et là reparaître l'élément barbare et un défaut de vraie culture. C'est à ce point de vue surtout que François Pulsky était très supérieur à ses compatriotes. Non seulement il était cultivé, mais il était érudit, et son caractère modéré et sûr justifiait l'amour et la vénération d'une femme comme Thérèse.

Cependant je ne fréquentais pas souvent ces milieux, car mon temps était très pris et j'étais si fatiguée que le plus souvent je ne tenais pas aux sorties du soir. De plus Mme de Bruning tomba subitement malade; une maladie de cœur l'alita et cet événement modifia mes relations avec elle; j'y allai bien plus souvent qu'auparavant. Cette femme, dont la frivolité et la vanité m'avaient souvent déplu au temps où elle brillait de tout son éclat, me devint chère dans sa souffrance. La patience, la sérénité avec laquelle elle supportait ses maux, le calme stoïque et souriant avec lequel elle voyait l'approche d'une mort qu'elle savait imminente, me touchèrent vivement. Souvent, quand le petit cercle d'amis intimes était réuni autour de son lit, elle parlait de sa fin, et l'on peut dire qu'ayant depuis longtemps renoncé à toute croyance à l'immortalité, elle allait avec grâce au devant du néant. Je veillai plus d'une nuit auprès d'elle, le plus souvent avec Lœwe, qui était son médecin, et dont j'appris à connaître le côté humain, tandis que jusqu'ici je n'avais vu en lui que l'homme d'esprit. Nous passions la nuit à soigner ensemble la malade; souvent nous causions avec elle, car elle dormait peu; non seulement elle avait toute sa connaissance, mais elle avait une certaine excitation cérébrale; le matin, à l'aube naissante, nous retournions chez nous à travers Regent's Park, et nos entretiens étaient graves après ces heures passées près d'une mourante. Lœwe trouvait comme moi que l'approche de la mort ayant dépouillé son âme de toute sa vanité, de toute sa futilité, son amabilité naturelle se montrait dans sa plénitude et qu'elle était plus sympathique qu'autrefois. Nous parlâmes de l'art de vivre; nous remarquions combien peu de gens, même parmi les meilleurs, savent préserver leur vie du gaspillage, l'empêcher de se perdre en vains bavardages et saisir l'heure fugitive pour l'employer à ce qui « seul est nécessaire », au sens moral du mot. Lœwe me raconta que le plus grand compliment qu'on lui eût fait dans la vie, c'est de dire qu'il était passé maître dans l'art de vivre.

Nous tombâmes d'accord pour dire que la tâche suprême de l'éducation devrait être de former à cet art de la vie, afin que toute notre existence ne fût que le développement d'une idée élevée ; nous devrions travailler à faire de nous-mêmes une œuvre d'art et supprimer de notre vie les entraves qui en font « un mouvement perpétuel dans le vide ».

Après ces veillées, je ne pouvais pas me reposer ; je rentrais déjeuner chez moi, puis je repartais reprendre le travail du jour, mes leçons si fatigantes ; de plus nous étions en hiver, et cela dura non seulement des jours, mais des semaines et des mois. L'angoisse resserra nos liens d'amitié dans le petit cercle de la maison Bruning plus que le plaisir n'avait pu le faire, et nous entourions M. de Bruning d'une vraie sympathie pendant ces heures douloureuses, où il oublia tout ce qui l'avait séparé autrefois de sa femme pour se dévouer à elle d'une manière absolue. Vers la mi-janvier, elle sentit que sa fin était proche. Une nuit que Lœwe et moi nous étions près d'elle, elle parla d'une manière calme et lucide de sa mort ; elle me chargea de dire à un ami qu'elle avait beaucoup aimé, et qu'un malentendu avait séparé d'elle, qu'elle n'était pour rien dans ce qui s'était passé, qu'elle lui avait gardé l'amitié la plus pure, et qu'elle pouvait le dire en toute sincérité à la veille de mourir. Le lendemain j'entrai chez elle un instant vers le soir pour voir comment elle allait. Elle était très faible, mais elle me serra les mains avec effusion et me dit avec un doux sourire : « Comment vous remercier pour tout le bien que vous m'avez fait ? » Nous nous embrassâmes tendrement pour la première fois depuis que nous nous connaissions, et je la quittai. Le lendemain matin, j'appris qu'elle était morte dans la nuit. Le surlendemain elle fut enterrée dans ce beau cimetière de Highgate, destiné à recevoir encore plus d'une victime de l'exil. Le cortège était nombreux de ceux qui entourèrent le mari en deuil et les enfants orphelins. Sur la tombe, Lœwe, très ému, dit quelques paroles admirables, et une société chorale d'ouvriers allemands chanta des chœurs. A la sortie du cimetière, je rencontrai Herzen, qui était venu à l'enterrement. Il avait peine à maîtriser son émotion, et me dit en me donnant la main : « Il y a un an à peine, j'étais aussi sur une tombe avec mes orphelins ».

Peu de temps après la mort de Mme de Bruning, le cercle qui se réunissait dans sa maison se dispersa. La famille de Bruning quitta l'Angleterre. Les Reichenbach, Lœwe et d'autres partirent pour l'Amérique. Tous insistaient pour m'emmener et j'étais bien tentée de les suivre, mais j'hésitais à recommencer ma vie, je craignais de donner un nouveau coup à ma mère, qui commençait à peine à se remettre de mon départ ; je ne partis pas, et je les vis s'en aller avec mélancolie, surtout les Reichenbach, que j'aimais beaucoup, et dont le sort ne laissait pas de m'inquiéter.

Après leur départ, je me sentis très seule. Je ne voyais pas souvent les Kinkel. Ils avaient pris une maison plus belle, plus grande, plus centrale ; leur situation commençait à s'améliorer ; la réputation qu'ils s'étaient acquise comme professeurs leur amenait des élèves en foule, ce qui leur permettait de demander des prix plus élevés. Une vie si laborieuse laissait peu de temps au loisir, et il nous arrivait rarement de passer une soirée ensemble; en revanche on en jouissait doublement.

Le printemps était venu, lorsque je reçus un jour une lettre de Herzen, me disant qu'il voulait absolument avoir ses deux petites filles auprès de lui pour l'anniversaire de la mort de sa femme, qu'il allait les faire venir de Paris, où elles étaient restées chez des amis. Il me demandait conseil sur l'organisation de leur vie. Il ne voulait pas les mettre dans une pension, l'hypocrisie de la vie anglaise lui faisant horreur; il me dit la confiance qu'il avait en moi, et me demanda si je consentirais à donner des leçons à sa fille aînée. Je lui répondis que j'avais encore quelques heures libres, que je me chargerais d'elle volontiers et que le reste s'arrangerait ensuite. Je lui exprimai à cette occasion toute ma sympathie pour sa destinée si triste et tous les malheurs qui l'avaient frappé, et je lui dis combien je serais heureuse de contribuer à adoucir l'amertume de sa vie, en m'occupant de ses enfants, qu'il semblait aimer avec une tendresse des plus dévouées. Il me remercia de cette sympathie en disant : « Votre amitié me rappelle ma jeunesse; c'est une amitié active, la seule vraie, la seule que je comprenne et que je pratique. L'amitié passive on la trouve partout autour de soi, l'amitié raisonnée, la collaboration, la conspiration, la franc-maçonnerie, le besoin d'émancipation, les amitiés politiques, mais tout cela est vague et abstrait. Je vous remercie chaudement de m'avoir rappelé qu'il y a une autre sympathie plus humaine et plus personnelle dans ce *vacuum horcendum* dont le monde nous entoure. Croyez-moi, malgré mes airs de Falstaff, il n'y a pas de sentiment, quelque délicat qu'il soit, qui ne trouve un écho dans mon cœur. »

À quelques jours de là, il m'amena sa fille aînée, une enfant de sept ans, d'une beauté originale ; elle avait un type étrange que le père me dit être le vrai type russe, des yeux superbes et une expression rare, à la fois énergique et douce, un peu rêveuse. Elle gagna mon cœur dès l'abord et j'étais touchée de voir la tendresse maternelle avec laquelle son père s'occupait d'elle, en disant : « Il faut que je fasse la bonne ».

Le lendemain j'allai dans la maison neuve qu'il avait prise près d'un des grands squares de Londres et je trouvai dans le « parlour » où j'entrai une bonne allemande occupée à un ouvrage de couture, et dans un grand fauteuil, ma petite amie de la veille, et à côté d'elle une fillette de deux ans, une miniature délicieuse. Herzen entra et m'initia à l'organisation de son intérieur. La maison était simple, mais très bien aménagée ; le fils avait ses professeurs, les petites étaient entre les mains de la bonne allemande qui était une fille cultivée. Je commençai donc à donner des leçons à l'aînée. Après la leçon, Herzen m'invitait souvent à monter dans sa chambre, et il essayait de m'initier à la littérature russe en me lisant des passages de Pouchkine, de Lermontoff, de Gogol, en me dépeignant les mœurs et le caractère russes d'une manière très vivante.

Le monde nouveau qui s'ouvrait devant moi

ALEXANDRE HERZEN

m'intéressait vivement. J'y trouvais parfois une fraîcheur, un naturel, une absence de toute phraséologie, une poésie vraie, qui ressort des situations; cela me rappelait le mot de Gœthe, qui disait : « Toute poésie devrait être une poésie de circonstance ». C'est Pouchkine qui m'attirait le moins, bien qu'au point de vue de la forme, de la composition, il fût supérieur aux autres, mais on sentait trop en lui l'homme du monde blasé de la société aristocratique russe qu'il a peint dans *Onéghine*. On a voulu y voir une imitation de Byron. Herzen réfute cette opinion dans son *Développement des idées révolutionnaires en Russie* quand il dit :

« On a cru voir dans Pouchkine un imitateur de Byron. Le poète anglais a en effet exercé une grande influence sur le poète russe. On ne sort jamais du commerce d'un homme fort et sympathique sans subir son influence, sans mûrir à ses rayons. La confirmation de ce qui gît dans notre cœur par l'assentiment d'un esprit qui nous est cher nous donne un élan et une portée nouvelle. Mais il y a loin de cette action naturelle à l'imitation. Après les premiers poèmes de Pouchkine, où l'influence de Byron se fit sentir puissamment, il devint à chaque nouvelle production de plus en plus original; toujours plein d'admiration pour le grand poète anglais, il ne fut ni son client ni son parasite, ni « traditore » ni « traduttore ».

« Pouchkine et Byron s'écartent complètement l'un de l'autre vers la fin de leur carrière, et cela par une cause bien simple : Byron était profondément anglais et Pouchkine profondément russe, et russe de la période de Pétersbourg. Il connaissait toutes les souffrances de l'homme civilisé, mais il avait une foi dans l'avenir que l'homme de l'Occident n'avait plus. Byron, la grande individualité libre, l'homme qui s'isole dans son indépendance et qui s'enveloppe de plus en plus dans son orgueil, dans sa philosophie fière et sceptique, devient de plus en plus sombre et implacable. Il ne voyait aucun avenir prochain ; accablé de pensées amères, dégoûté du monde, il alla livrer ses destinées à un peuple de pirates slavo-helléniques, qu'il prenait pour des Grecs de l'ancien monde. Pouchkine, au contraire, se calme de plus en plus, il se plonge dans l'étude de l'histoire russe, rassemble des matériaux pour une monographie de Pougatcheff, il compose un drame historique, *Boris Godounoff*, il a une foi instinctive dans l'avenir de la Russie.....

« Ceux qui disent qu'*Onéghine*, le poème de Pouchkine, est le *Don Juan* des mœurs russes ne comprennent ni Byron, ni Pouchkine, ni l'Angleterre ni la Russie ; ils s'en tiennent à la forme extérieure. *Onéghine* est la production la plus importante de Pouchkine ; elle a absorbé la moitié de son existence. Ce poème sort même de la période qui nous occupe, il a été mûri par les tristes années qui ont suivi le 14 décembre, et l'on irait croire qu'une œuvre pareille, une autobiographie poétique serait une imitation !

« Onéghine, ce n'est ni Hamlet, ni Faust, ni Manfred, ni Obermann, ni Trenmoor, ni Charles Moor ; Onéghine est un Russe, il n'est possible qu'en Russie ; là il est nécessaire et on l'y rencontre à chaque pas. Onéghine est un fainéant, parce qu'il n'a jamais eu d'occupation; un homme superflu dans la sphère où il se trouve, sans avoir assez de force de caractère pour s'en aller ailleurs. C'est un homme qui tente la vie jusqu'à la mort et qui voudrait essayer de la mort pour voir si elle ne vaut pas mieux que la vie. Il a tout commencé sans rien poursuivre, il a pensé d'autant plus qu'il a moins fait, il est vieux à l'âge de vingt ans, et rajeunit par l'amour en commençant à vieillir. Il a toujours attendu comme nous tous quelque chose, parce que l'homme n'a pas assez de folie pour croire à la durée de l'état actuel de la Russie... Rien n'est venu, et la vie s'en allait. Le personnage d'Onéghine est si national qu'il se rencontre dans tous les romans et dans tous les poèmes qui ont eu quelque retentissement en Russie, non qu'on ait voulu le copier, mais parce qu'on le trouve continuellement autour de soi ou en soi-même ».

J'admirais davantage Lermontoff, à qui la désespérance et le scepticisme donnent un souffle puissant, et qui, dépouillé désormais de toute pensée personnelle, ouvre à nos yeux tout un monde de beauté, de merveilles et de mélancolie, où la douleur se tait, comme dans ses Scènes de la vie du Caucase, dont il avait pu admirer la splendeur sauvage et romantique pendant son exil.

Si l'on voulait comparer Lermontoff avec un poète d'une autre nation, je le rapprocherais de l'Italien Leopardi, qu'il ne connaissait certes nullement et avec qui il a de grandes affinités. Dans l'un comme dans l'autre, la foi et la poésie sont en lutte avec le scepticisme, qui voit les puissances obscures présidant au destin des mortels et livrant le coupable à la loi d'airain du châtiment. Mais tandis que Lermontoff, pour fuir un monde qui lui répugne, cherche un refuge dans la beauté sauvage des steppes montagneuses du Caucase, auprès de peuplades plus hardies, que nulle civilisation n'a touchées, Leopardi tourne sans cesse son regard vers la Grèce, désirant repeupler ses collines et ses bocages de ces formes poétiques, dont les yeux des Grecs les avaient animés.

Les heures où Herzen m'ouvrait le monde inconnu de sa grande et lointaine patrie, enveloppée de brumes, étaient autant d'oasis dans ma vie aride et monotone, et bientôt cette maison, avec ces enfants pleins de charme, devint pour moi un coin où je me retrempais, où je recommençais à trouver du plaisir à vivre, où le travail, cessant d'être une corvée, me semblait un effort béni qui portait ses fruits.

Herzen m'invita un jour à venir passer la soirée chez lui avec quelques-uns de ses amis. C'était le cercle de Mazzini, un des héros de l'émigration que je ne connaissais pas encore. Sauf Mazzini et son ami Aurelio Saffi, tout ce milieu ne comptait que des Anglais. Depuis très longtemps je désirais voir le grand Italien, le triumvir romain, le génie fougueux, qui depuis vingt ans enflammait son peuple d'un enthousiasme patriotique contre l'oppression des prêtres et des tyrans. Je n'avais jamais pu réussir à le rencontrer, car Mazzini n'était pas en relation avec les autres milieux d'émigrés. J'étais donc ravie de cette occasion si longtemps désirée, et j'allai chez

GIUSEPPE MAZZINI

Herzen avec cette attente anxieuse, cette excitation que nous donne un événement extraordinaire. Tandis que dans le cercle hongrois, l'étiquette de cour dont on entourait Kossuth, et l'attitude de condescendance digne d'un monarque de celui-ci, m'avaient choquée, je fus surprise de la simplicité absolue et de la modestie de celui que Herzen me présenta comme Joseph Mazzini, cet homme dont la pensée inspirait et conduisait toute une nation et dont la grandeur politique faisait trembler de puissants souverains. Mazzini était de taille moyenne, mince, élégant, plutôt maigre que fort; il n'avait rien d'imposant; sa tête seule répondait à l'idée qu'on se faisait de lui, et en regardant la noblesse de ses traits, son front plein de pensées, ses yeux noirs, brillants et doux, où se reflétait à la fois le fanatique et l'homme de cœur, on se sentait fasciné; ce n'était pas une de ces personnalités auprès de qui on peut passer indifférent. Je ne lui parlai que peu en tête à tête ce soir-là, mais j'écoutai avec un vif intérêt une discussion qu'il soutint contre Herzen et Saffi, défendant le dogme du devoir révolutionnaire, la sainte mission de « l'action », attaquant avec violence le scepticisme qui se contente de nier. Herzen, avec sa puissante dialectique, lui cita les défaites innombrables des révolutionnaires, notamment l'incapacité que le parti démocratique avait montrée tout récemment encore d'une manière si notoire, et Saffi lui donnait raison. Mazzini semblait très sensible à ce que ce jeune homme, son collègue dans le triumvirat de Rome, son disciple d'hier et son ami, osât le combattre et se ranger du côté de Herzen; celui-ci affirmait que pour l'instant il n'y avait rien à faire sinon de protester contre l'état des choses, et de nier le vieux monde dans ses formes politiques, religieuses et sociales surannées. Mazzini, au contraire, était convaincu que la négation pure est un principe démoralisant, et que le vrai devoir des révolutionnaires, c'est de donner aux nations le sentiment qu'elles ont une tâche à remplir. Il répéta à plusieurs reprises qu'il ne tiendrait pas à l'Italie si celle-ci ne cherchait que sa grandeur et sa prospérité matérielles. La lutte ne lui semblait valoir la peine d'être soutenue que si l'Italie accomplissait une grande mission civilisatrice en devenant elle-même plus noble, plus morale, plus éprise du devoir. Il en vint à parler de sa foi presque mystique dans le rôle de Rome, dont le nom même renfermait une allusion à ses destinées merveilleuses ; en effet *Roma* c'est *Amor*; la ville éternelle est donc prédestinée à dominer le monde une troisième fois, mais cette fois par la puissance de l'amour, de la fraternité, et alors elle entraînera les autres peuples par son exemple.

L'intérêt avec lequel je regardais, j'écoutais cet homme était si intense, que le reste de la compagnie n'existait plus à mes yeux et je gardai un souvenir mémorable de cette soirée, bien que je ne dusse revoir le réfugié italien de longtemps.

La saison était terminée; l'été était revenu et commençait à rendre insupportables les rues de Londres, avec leur atmosphère étouffante. La série des bals et des soirées était close, les jouissances musicales si nombreuses pendant trois à quatre mois, et si diverses qu'elles produisent la satiété, avaient fait leur temps; la noblesse et la bourgeoisie aisée partaient pour la campagne ou pour le continent, et il n'y avait plus d'élèves, partant plus de leçons. Heureusement que le résultat matériel de mon travail me permettait d'aller au bord de la mer, et je me décidai à partir, ma santé ayant besoin d'une cure fortifiante. Je cherchai un endroit peu coûteux, une station à l'embouchure de la Tamise, où s'arrêtent les vapeurs qui descendent le fleuve. Ma compagne était retenue à Londres; je partis donc seule, à ma grande satisfaction, car après mon activité de fourmi, et un hiver et un printemps laborieux, j'éprouvais le besoin d'être seule et de me reprendre. Je ne regrettais qu'une chose, c'était de quitter mes délicieuses petites amies Herzen et d'interrompre les leçons de l'aînée. Mais Herzen me fit espérer qu'il m'enverrait les enfants avec leur bonne, ou qu'il me les amènerait lui-même. Je partis donc, ravie d'être délivrée pour un temps de mes corvées et jouissant de tout cœur de ma liberté. Le voyage sur la Tamise est charmant; j'en jouis bien plus que lors de mon arrivée, et la petite station de Broadstairs, où je comptais m'arrêter, me souriait du haut des blanches falaises. Sur le rivage je trouvai des gens tout prêts à me mener voir des appartements. La plupart des petites villes de la côte sont installées pour recevoir des baigneurs pendant la saison. Broadstairs n'était alors qu'une petite station fort modeste qui s'est, dit-on, modifiée depuis et qui est devenue plus importante dans le cours des années. La seule beauté de l'endroit ce sont ses hautes falaises, où déferle la mer du Nord et d'où on a une belle vue de mer. A cette époque il n'y avait là qu'une seule maison intéressante; elle était isolée et dominait la falaise. C'est celle que Charles Dickens venait souvent habiter l'été et dans laquelle il écrivit plusieurs de ses romans. On me promena à travers la ville; je vis quelques appartements d'une extrême banalité, relativement chers, et qui n'avaient pas de vue. Ils ne me plaisaient pas, dépassaient mon budget et ne remplissaient pas mon attente; c'était le « lodging » de Londres en plus petit. « Mais n'avez-vous pas d'appartement donnant sur la mer? » demandai-je enfin avec désespoir. « Il y a bien une chambre chez des marins, mais ce n'est pas un appartement pour une lady », me dit-on. « N'importe, je veux la voir », répliquai-je; on me montra le chemin et on m'abandonna à mon sort; il ne semblait pas qu'il valût la peine de se déranger pour quelqu'un qui avait des goûts aussi plébéiens. Je trouvai sur une saillie de la falaise une petite maison adossée au roc, entourée d'une pelouse que bordaient des buissons rabougris, trop souvent baignés par les flots amers. Une femme me reçut, et sa bonne figure sembla confuse lorsque je demandai à voir l'appartement qu'elle avait à louer. Elle me dit que la chambre ne serait sans doute pas assez bien pour moi. Mais sur mes instances elle me fit entrer; je traversai la salle du rez-de-chaussée, qui était à la fois la cuisine et la chambre où se tenait la famille; nous montâmes un étroit escalier et elle me montra l'unique chambre du premier étage. Il y avait un lit, une commode, une table et deux chaises, mais l'unique fenêtre donnait sur la falaise, où venaient se briser les flots, d'où montaient de hautes vagues d'écume, et plus loin on voyait la mer, la vaste mer. J'avais trouvé ce que je cherchais et j'étais ravie; le spectacle ne laissait rien à désirer, c'était bien la solitude sauvage que j'avais cherchée; la chambre, toute simple qu'elle fût, n'était pas banale, et très propre; je demandai le prix et la propriétaire me répondit d'une voix hésitante que ce serait cinq shellings par semaine, me regardant avec inquiétude pour voir si ce n'était pas trop cher. J'acceptai avec plaisir ce prix modique; elle s'offrit à me faire mes repas, qu'elle me servirait dans la salle du rez-de-chaussée. Au-dessus de ma chambre il y avait la chambre à coucher de la famille, composée du père, un pilote, de la femme et de deux enfants, dont le plus jeune était encore à la mamelle. J'étais installée selon mon cœur et c'est avec une joie intense que je me préparai à passer ainsi mes vacances.

Les bains de mer anglais ont sur les stations balnéaires du continent le grand avantage d'être vraiment reposants; on n'y transporte pas les distractions mondaines, comme cela est la mode ailleurs. Chacun y vit à sa guise; on n'a pas besoin de faire de frais de toilette; on rencontre des gens sur la plage, où des bandes d'enfants jouent dans le sable, mais on n'y fait pas de connaissances; il n'y a ni casinos, ni tables d'hôte; chacun prend un appartement, où l'hôtesse se charge de préparer les repas; les familles nombreuses prennent une maison. On retrouve là le bon sens pratique des Anglais, leur *common sense*; ils ont ainsi un séjour réparateur où l'on se remet des fatigues de l'hiver, où l'air, les vagues et le repos tonifient le corps. Je goûtais ma solitude avec une joie fanatique, et je fuyais toutes les occasions de me mettre en rapport avec mes semblables. Je n'avais de commerce qu'avec mon ménage de marins et la foule des enfants de pêcheurs des environs. Quand j'étais fatiguée de lire ou d'écrire, je m'asseyais sur la petite terrasse sauvage, devant la maisonnette, et, entourée d'enfants, je leur racontais des histoires, je leur faisais chanter leurs chansons ou bien j'allais avec eux chercher des coquillages dans les rochers de la grève. Souvent je m'en allais avec mon livre le long des falaises, je m'installais au point le plus élevé, là où le roc descend à pic dans les flots et, la pleine mer devant moi, je me mettais à lire. J'étais alors sous l'influence des études scientifiques commencées à l'École supérieure de Hambourg. Je croyais trouver la solution de tous les problèmes de la vie dans les sciences naturelles. L'atome de carbone qui prend dans le cerveau du poète la forme d'une pensée immortelle, qui demain s'épanouira dans le calice d'une fleur ou éclatera dans l'hymne de joie que l'alouette chante à la lumière du jour, semblait pour moi la preuve d'une unité de tout l'univers, qui remplissait mon cœur d'une mystérieuse félicité. Parfois, dans ma joie profonde, levant mes yeux de dessus mes livres allemands, j'envoyais un regard d'amour par delà les vertes vagues à ma patrie, que je m'étais remise à aimer dans sa vie intellectuelle. Le soir je restais à écrire dans ma petite chambre et les idées affluaient, comme si des esprits me parlaient à l'oreille. Souvent je contemplais la mer, qui brillait à la clarté de la lune; elle semblait un large fleuve d'argent avec des vagues qui passaient dans le silence de la nuit et j'entendais son mugissement calme, grave et solennel. Il me semblait voir à l'horizon l'eau se soulever vers la lune, mue par la force d'attraction; peut-être était-ce là une forme primordiale de l'amour. Je songeais à l'imagination si séduisante des Grecs, qui ont su personnifier ce mystère de l'amour entre les astres dans la fable de Luna qui baise au front Endymion endormi. Quelle intensité de sentiment a guidé ce peuple d'élite à fixer par la magie poétique en des formes d'une beauté impérissable le mystère du monde, dont notre esprit moderne n'a retenu que le squelette! Dans l'état d'âme étrange où vous plongent ces clairs de lune au bord de la mer, on comprend comment les Grecs ont vu dans Diane l'idéal de la pureté virginale; touchée du charme éternel de la beauté, elle dépose un chaste baiser sur le front du beau dormeur, sans le réveiller, sans demander de tendresse en retour. Et qui sait si leur sens de la nature, exprimé par ce symbole, n'est pas conforme à la vérité? Qui sait si ces manifestations du monde sensible, fermées à notre entendement, ne cachent pas une jouissance dont l'expression est lettre close pour nous? Qui sait, par exemple, si la ronde des sphères de Pythagore n'est pas en vérité, dans sa forme première, l'idée éternelle du rythme? Pourquoi le rythme serait-il une loi qui nous appartienne en propre? pourquoi ne serait-il pas une loi inhérente au mouvement des astres?

Parfois j'étais attirée vers le rivage, même par les nuits sombres, où le mugissement de la mer m'apportait de bruyants échos. Parmi ces braves gens de la côte je me sentais libre, nulle considération mondaine ne m'arrêtait, je m'enveloppais de mon manteau et je descendais à la plage. Là le vent et les vagues grondant à l'envi, je me sentais pénétrée d'une divine indépendance. Je ne connaissais ni peur ni contrainte; c'est avec joie que j'entendais hurler les profondeurs de l'eau, c'est avec délices que j'aspirais l'air vif de la nuit où se mêlait une douce brise de mer. Puis je songeais aux erreurs coupables d'une éducation qui écarte les femmes de ces puissantes influences de la nature, de ces forces élémentaires, de tout ce qui est spontané, et qui tue ainsi la spontanéité dans l'âme même.

Se livrer aux grandes impressions, voilà ce qui fait la force des hommes et leur bonté. Contempler les étoiles dans les nuits d'été, affronter les labyrinthes de la pensée, endurcir son corps dans la lutte contre la tempête et les vagues, envisager la mort face à face, la comprendre et la célébrer, voilà ce que les éducateurs taxent en général d'extravagance et de folie. Mais exposer sa santé et sa vie, en robe de bal, à danser, avec d'insipides bavards, des danses vertigineuses, voilà ce qu'on appelle les plaisirs permis à la jeunesse. L'autorité qui décrète de tels règlements, c'est la voix de la raison. Les petites âmes que la nuit, la tempête et les vagues font frémir, mais qui enseignent à leurs filles dans l'atmosphère factice de la vie moderne à devenir d'élégantes poupées comme elles-mêmes, ce sont les femmes par excellence, les vraies femmes !

Quand je songeais à cela, j'étais reprise de mon amour de la lutte. Je souhaitais vivre, avoir la force et l'occasion de former des femmes héroïques, capables d'élever une génération qui ne connût pas la lâcheté morale, mère de la lâcheté politique et sociale. Le vrai courage, le courage moral ne sera-t-il donc jamais que le secret des natures d'élite? mon cœur se posait cette question avec angoisse. « Non », disait l'espérance, « il est possible de répandre ce courage par l'éducation, d'élever les hommes à la liberté morale, cette loi qui suppose une nécessité dans l'ordre universel, qui la crée au besoin et s'y soumet. Mais, avant tout, il faudrait conserver intacte l'originalité des caractères; si nous arrivions à comprendre que la véritable éducation consiste à respecter la personnalité humaine, nous serions plus avancés qu'avec toutes nos théories destinées à faire le bonheur des peuples. »

Un soir, dans une de ces courses nocturnes sur la falaise, je me trouvai tout à coup face à face avec un individu enveloppé d'un grand manteau; à sa ceinture il avait deux pistolets et une épée, sa tête était couverte d'un chapeau à larges bords. Au premier moment, je fus un peu surprise de cette étrange rencontre, mais je me rassurai bien vite quand l'homme s'arrêta, me demandant d'un ton plein de bonhomie si je n'avais pas peur de me promener ainsi seule, la nuit, sur la falaise. Comme je lui demandai ce qu'il faisait là, il me répondit qu'il était un des gardes-côtes chargés de surveiller la contrebande française des cognacs et des liqueurs, fréquente à cet endroit. Sa bonhomie m'inspira confiance et désormais je n'évitais pas sa société quand je le rencontrais. Il me parlait de sa vie solitaire sur cette côte, vie qui n'était pas sans dangers. Les contrebandiers viennent aborder dans les criques formées par la mer sur ce rivage rocheux; ils cachent leur marchandise dans des cavernes et quand les gardes-côtes les surprennent dans cette opération, ils se défendent à coups de feu; les éléments aussi sont redoutables à ces modestes soldats du devoir, dont plus d'un a payé sa vigilance de sa vie. Il me raconta, par exemple, qu'une nuit un de ses camarades, enlevé par un violent coup de vent par-dessus la falaise, avait été enseveli sous le sable et les galets, qui sont l'éternel jouet du flux et du reflux. Pendant longtemps on n'avait su ce qu'il était devenu, jusqu'à ce que, quelques mois après sa disparition, le vent souleva le sable et mit son cadavre à découvert. Parfois, en hiver, quand il gèle à pierre fendre, de gros blocs de falaise se détachent et vous ensevelissent sous les décombres, ou bien on sent la falaise manquer sous les pieds et on est entraîné dans l'abîme, ou bien la tempête vous précipite du haut de la falaise dans la mer. L'homme racontait cela d'un ton simple comme s'il allait de soi qu'il en fût ainsi, et qu'il fallût accepter sans murmure un pareil salaire pour un devoir consciencieusement rempli. Il ne lui venait pas l'idée qu'une meilleure conception administrative, le libre-échange, la suppression des douanes supprimerait la contrebande et faciliterait la fonction de garde-côtes, que lui-même n'aurait plus à s'exposer à la fureur des éléments pendant les nuits dangereuses que les contrebandiers choisissent pour leur triste besogne.

Il n'en est pas ainsi des marins de l'équipe de sauvetage dont mon hôte faisait partie. Leur fonction consiste à exposer à la fureur des éléments leur propre vie pour sauver la vie du prochain. Non seulement on ne pourra jamais les affranchir de ce devoir difficile et sublime, mais le développement des sentiments d'humanité et de conscience rendra cette tâche de plus en plus impérieuse. Je fus témoin moi-même d'une de ces heures, où les hommes de cœur qui forment le corps de sauvetage de la côte, exposent leur vie sans hésiter. C'était un soir; je dînais dans la salle du rez-de-chaussée, qui servait à la fois de cuisine et de salon. La mer était démontée, on entendait son mugissement sauvage, la tempête faisait rage, la pluie tombait à torrents. Tout à coup on entendit un bruit sourd retentir à intervalles réguliers dans la nuit. La femme du pilote se leva, épouvantée. « Ce sont des signaux de détresse ! » s'écria-t-elle, et avant que j'eusse le temps de lui demander des explications, le mari entra précipitamment : un navire était en détresse en mer, il fallait partir avec la barque de sauvetage. En un clin d'œil il mit ses grosses bottes imperméables, endossa son manteau de caoutchouc à capuchon, puis, après un bref adieu à sa femme et à ses enfants, il partit résolument retrouver au rivage l'embarcation, qui, aussitôt équipée, fut lancée sur les vagues en fureur. J'étais là, consternée, à côté de la pauvre femme, qui se lamentait, maintenant, après avoir d'abord aidé son mari sans se plaindre, et qui avait attendu son départ pour donner un libre cours à son angoisse. « Voilà ma vie, toujours je tremble de le perdre », dit-elle en pleurant; tout à coup elle mit son nourrisson dans mes bras. « Tenez-le-moi, dit-elle, il faut que je le voie partir. » Elle mit sa jupe sur sa tête et courut vers le rivage afin de voir le canot aussi longtemps que l'obscurité le lui permettait, jusqu'à ce qu'il disparût derrière une vague énorme. J'étais restée dans la cabane, tenant l'enfant dans mes bras, étrangement émue de ce petit drame. Cet homme, risquant sa vie sans hésiter, au premier appel du devoir, cette femme au cœur aimant, que la muette angoisse poussait à suivre son mari dans cette nuit effrayante, non pour le retenir — elle ne le voulait, elle ne le pouvait pas — mais pour l'accompagner de sa tendresse, tandis qu'elle me confiait son enfant, tous ces traits, si humains, étaient pleins de poésie. Le mari ne revint que le lendemain vers midi; la mer s'était calmée, la besogne avait été rude. Mais le sauvetage s'était effectué sans perte d'hommes et notre marin rapportait le salaire modique dû aux sauveteurs.

Une seule joie me fut refusée pendant ce séjour, je ne vis pas arriver mes petites amies, les filles de Herzen. Je désirais vivement les avoir et je savais que les enfants avaient envie de venir. J'écrivis enfin à Herzen; je lui demandai pourquoi elles ne venaient pas et j'ajoutais, à moitié en plaisantant, qu'il avait sans doute de la peine à quitter Londres, ses nombreuses relations et ses distractions de toutes sortes;

je terminais en disant que Broadstairs en effet ne lui offrirait pas grand intérêt, car les falaises et les vagues en faisaient tout le charme. Quelques jours après je reçus la réponse suivante :

« Vous avez affaire à un homme que la fatalité poursuit jusque dans les moindres choses.

« Je ne sais quand nous pourrons venir. Mon fils est malade, j'aurais pu vous envoyer les petites avec la bonne, mais celle-ci est indispensable en ce moment. Je vous enverrai mon ultimatum dans quelques jours.

« Je viens de recevoir votre lettre — et toi, Brutus, aussi? Il me semblait que vous me connaissiez mieux que qui que ce soit à Londres, et vous aussi vous croyez vraiment que le café Véry, le restaurant de Piccadilly, Regent street, la foule, les discussions me sont nécessaires? car, au fond, c'est tout ce que j'ai ici. Vous connaissez maintenant notre vie; elle est brisée, désolée, elle ressemble à un de ces vieux palais du passé où il ne reste qu'un seul petit coin habitable. Quel charme m'attacherait à cette vie? Il y a une chose au monde que j'aime avec fanatisme, c'est mon indépendance, mais là-bas, au bord de la mer, vous ne voudriez pas me tyranniser, je pense; il y en a une autre, ce sont les enfants; or, ils seraient là-bas. Non, vous avez eu tort de me juger ainsi.

« J'ai connu une vie large, une vie d'entraînement et de bonheur — *tempi passati*! La seule chose qui me reste, c'est l'énergie pour la lutte — et je lutterai. La lutte, voilà ma poésie. Tout le reste m'est presque indifférent. Et vous croyez que je tiens à être à

Londres ou à Broadstairs, près de Newroad ou près de Ramsgate ? Un jour que nous causions ensemble, je vous ai dit que vous êtes la seule personne avec laquelle je parle à cœur ouvert, non seulement de questions générales (ce que je fais avec toutes les personnes que j'estime), mais d'affaires personnelles. Ce plaisir compense largement, ce me semble, tout le reste. »

Je répondis à Herzen, je lui demandai des nouvelles de la santé de son fils, je lui racontai les plaisirs de ma solitude et je le priai de m'envoyer quelques livres scientifiques que je savais en sa possession, entre autres le *Cours de la vie* de Moleschott. Au bout de quelques jours, je reçus une nouvelle lettre de Herzen me disant que son fils n'allait pas encore bien et il ajoutait : « En lisant votre lettre, j'ai dit involontairement : Mon Dieu, que vous êtes jeune de cœur ! tout ce que vous dites, je le sais par le souvenir ! moi aussi je suis né en Arcadie ! mais je n'ai plus cette fraîcheur, cette sonorité. Vous allez encore de l'avant, moi je rétrograde. La seule consolation qui me reste, c'est l'amour du travail. Là, je suis resté jeune, je me possède comme par le passé. Moleschott traite les questions d'une manière bien spéciale dans le *Cours de la vie*. Connaissez-vous l'excellent ouvrage de Gugot, *Earth and man*? la Botanique de Schleiden ? Je peux vous envoyer tous ces livres. »

Et il me les envoya. Puis je ne reçus pas de nouvelles pendant quelque temps ; inquiète de la santé de l'enfant, étonnée de ce silence inexplicable, fâchée de ne pas les voir venir, je demandai quelques mots de nouvelles, disant en manière de plaisanterie que j'espérais que sa désespérance ne l'avait pas conduit au suicide. Je reçus la réponse suivante :

« D'abord j'ai reçu des lettres de Russie dans lesquelles on me promettait une visite que j'attendais avec des battements de cœur ; j'ai appris hier que cette visite n'arriverait à Londres qu'en septembre. Puis le *Morning Adviser* a publié un article où on traitait Bakounine d'espion russe. L'article était signé F. M. Il fallait donner une bonne leçon à F. M. et attendre sa réponse. Enfin j'étais mêlé à toutes espèces de polémiques très déplaisantes. Je n'étais pas disposé à écrire gaîment, et voilà comment les jours se sont succédé sans que vous receviez de mes nouvelles.

« Me suicider ? On ne se tue pas par suite d'un raisonnement ; une balle n'est pas un syllogisme ; une seule fois dans ma vie, j'ai songé au suicide, personne n'en a jamais rien su ; je rougissais de l'avouer et de faire comme ces misérables, qui exploitent le suicide. Je n'ai plus de passions assez fortes pour me pousser à cette extrémité ; je sens même un désir ironique, une curiosité de voir le tour que prendront les choses. Il y a deux ans, j'écrivis dans une dédicace à un ami : « Je n'attends plus rien pour moi-même ; rien ne me causera plus ni un grand étonnement, ni une grande joie. J'ai atteint un tel degré d'indifférence, de résignation, de scepticisme, que je survivrai à tous les coups du sort, quoique je ne souhaite ni vivre longtemps, ni mourir bientôt. La fin viendra comme est venu le commencement, par hasard, sans prescience, sans raison. Je ne voudrais ni la hâter, ni la fuir. »

« Ces lignes étaient l'expression sincère de ma pensée. Méditez-les. Vous pourriez me reprocher ma lassitude, si je me plaignais, mais je ne me plains jamais, sauf quand une main amie me met le doigt sur la plaie. D'habitude je ne parle que de révolution, de comités démocratiques, de Milan, d'Amérique, de la Moldau, etc. Il y a des gens qui me croient l'homme le plus heureux de la terre, par exemple G... et C...; d'autres, quand ils me voient pensif, n'attribuent ma gravité qu'à l'ambition, comme la plupart des Polonais.

« Il y a des moments où une tempête vous agite le cœur — où l'on éprouve le désir ardent d'avoir un ami, de serrer une main, de faire couler une larme — on a tant de choses à dire! — alors je sors et je vais par les rues de la ville; j'aime Londres la nuit, je marche, je marche; un de ces soirs j'ai été jusqu'au pont de Waterloo, j'étais seul — je me suis assis, mon cœur était si lourd, un adolescent de quarante ans!

« Cela ne dura pas. Le vin est pour moi un don du ciel, un verre de vin me rend à moi-même... Mais en voilà assez sur ce sujet! On peut en lire autant dans le premier roman venu. Je n'aime pas me laisser aller à ces épanchements lyriques. »

Je lui répondis de suite : « L'indifférence stoïque où vous êtes réduit, vous, un des rares élus de la liberté, me fait mal. Ce que vous dites est un côté de la vérité, et vous auriez tout à fait raison si la vie n'était vraiment que le jeu de la fatalité ou du hasard, si nous naissions pour avoir un semblant de jeunesse, d'amour, de beauté, d'intelligence, cruelles illusions, après quoi nous retomberions dans le néant de la matière, afin que de nos atomes naissent à leur tour de nouveaux semblants d'existences. Voilà où aboutit l'esprit de négation, la science expérimentale, un cœur désespéré. En présence de ces données, il ne reste que deux alternatives : le suicide ou une résignation passive, ironique et curieuse. Si la vie n'était pas autre chose que ce jeu monotone qui se renouvelle sans cesse, d'existences qui se succèdent et s'engendrent, je ne dirais rien, parce que, dans ce cas, le récit de votre état d'âme serait en effet une effusion lyrique à laquelle ce serait faiblesse de se livrer, et qui ne mène à rien. Mais, heureusement, il n'en est pas ainsi; la poésie éternelle de la vie, la raison suprême ou quelque nom que vous vouliez lui donner, se révolte contre ce jugement; elle sort triomphante de l'analyse et de la tristesse du cœur. Après des lettres comme la vôtre, je me demande toujours si je suis moins radicale que vous, s'il me reste encore quelque chose du dogme d'autrefois? Mais non; sans ménagement d'aucune sorte j'ai détruit mes illusions, brisé mes liens les plus chers, sacrifié les relations les plus agréables, écarté tout ce qui barrait mon chemin vers la liberté. Et cependant, quelque amère qu'eussent été mes luttes et ma douleur, j'ai toujours retrouvé cette unité de la vie, non comme un dogme, mais comme une intuition. Non, la vie n'est pas un simple recommencement sans autre but que la nouveauté, qui finirait par ne plus en être une. Il est évident que l'individu et son intelligence, liés à l'organisme humain, disparaissent avec lui; mais le développement général de l'esprit humain devient en quelque sorte un bien concret ; il marche vers un idéal nouveau, vers une vie meilleure, dont les voies lui ont été préparées. Je suis heureuse de vivre pour être témoin de ce triomphe un jour, quoique personnellement j'aie fait le deuil des plus belles heures de ma vie. Voilà pourquoi j'aime tant être avec des enfants ; je vois en eux les héritiers de cet avenir fécond, ils récolteront la moisson dont je voudrais faire germer en eux la semence. Voilà pourquoi j'ai été si heureuse de recevoir Moleschott ce soir ; lui aussi annonce une partie du nouvel Évangile, auquel l'humanité se prépare, le transformisme ; je jouis des folies de la réaction, non pour le misérable plaisir de voir son ignominie, mais parce que je prévois le progrès de l'humanité après cette crise qui semble la destruction de nos espérances. Croyez-moi, des heures comme celles que vous avez passées à Waterloo-Bridge sont la revanche de la raison et de la poésie que votre esprit critique a voulu asservir ! »

Il fallut cependant me décider à renoncer à ma chère solitude et retourner au rude labeur de ma vie de Londres. Mais je me sentais retrempée, j'avais retrouvé mon courage, en tête à tête avec moi-même, et dans ces méditations qui nous font saisir le mystère de la vie, qui nous montrent la grande unité des choses et nous donnent la force de supporter ce que la vie quotidienne a de fragmentaire, de dispersé. Le dernier soir, la lune brillait dans son plein et elle éclairait de son éclat argenté la surface de la mer ; je me fis conduire par mon hôte, le pilote, dans sa barque, en pleine mer. Je ne connais guère de plus grande jouissance que d'aller ainsi, sur la mer calme et dans la nuit tiède, de glisser tantôt sur des flots brillants, tantôt sur des vagues sombres, et de partir doucement vers le lointain infini; on passe silencieux, comme dans un rêve, et il semble qu'on sorte du monde réel pour entrer au sein de l'éternité. J'étais plongée depuis longtemps dans une sensation voisine de celle que donne la musique, et j'avais presque oublié que les coups de rame venaient d'un être humain, lorsque tout à coup le batelier rompit le silence et commença à me raconter qu'il était parti en mer tout enfant, qu'il avait fait des voyages au long cours et passé bien des nuits sous les tropiques. Il me décrivait avec de vives couleurs la splendeur de ce ciel étoilé du sud et l'air embaumé et les merveilles exquises de cette zone fantastique. « Mais, ajouta-t-il, dès que nous descendions à terre, je courais bien vite lire les journaux, car rien au monde ne m'intéresse comme la politique; il faut vous dire que je suis républicain et je le suis devenu par la réflexion; j'ai comparé les conditions des différents pays que j'ai vus, et j'ai trouvé que la république était la seule forme politique digne d'hommes libres. J'ai beaucoup de sympathie, d'ailleurs, pour tous les républicains qui séjournent maintenant dans notre île. »

Je lui dis que, moi aussi, je comptais parmi ceux-ci; il s'écria vivement qu'il s'en doutait depuis longtemps, et qu'il avait dit à sa femme que je devais être une républicaine parce que je m'entretenais avec eux si simplement. Puis il me demanda si je connaissais Ledru-Rollin. Je lui répondis que je ne le connaissais pas personnellement, mais qu'il me serait facile de le voir, si je le voulais.

« Eh bien », reprit-il après avoir hésité un instant, « dites-lui que s'il a jamais besoin d'un marin sur qui il puisse compter, pour le mener dans une barque solide, sur la côte de France, afin de délivrer le peuple de là-bas de son tyran et pour le ramener ici, qu'il pense à moi, il n'a qu'à me faire signe. Je suis prêt. »

Cette étrange confidence me rappela des rêves enchanteurs de cette nuit silencieuse dans le monde de la réalité; là règnent les passions violentes qui font les tyrans et les meurtriers; l'idéal, fuyant ces sombres étreintes, éclaire un instant le monde, pour disparaître comme un météore dans un lointain mystérieux.

TABLE DES MATIÈRES

Préface..	v
Avant-propos de l'auteur.............................	xviii
Chapitre I. — Premiers souvenirs...................	1
— II. — Changements publics et privés.........	4
— III. — Notre vie de famille.......................	7
— IV. — Le premier voyage.........................	12
— V. — Rêves et réalités.............................	16
— VI. — La première révolution...................	20
— VII. — Changements complets...................	27
— VIII. — Vie ambulante.............................	30
— IX. — Une résidence stable.....................	35
— X. — Du dedans au dehors.....................	54
— XI. — Le grand monde............................	72
— XII. — L'art...	82
— XIII. — Le jeune apôtre..........................	87
— XIV. — Le Midi......................................	97
— XV. — Retour...	115
— XVI. — Catastrophe................................	150
— XVII. — 1848..	162
— XVIII. — La réaction et la prison..............	203
— XIX. — Une nouvelle vie.........................	222
— XX. — Dénouements...............................	268
— XXI. — L'exil...	303
— XXII. — Échos de la patrie et études de la vie anglaise....................................	320
— XXIII. — Les réfugiés politiques................	349
— XXIV. — Années d'apprentissage...............	378